North Pole
ARCTIC OCEAN
Spitzbergen
North Cape
Nova Zembla
Iceland
Arctic Circle
SWEDEN
RUSSIA
Gulf of Obe
Lena R.
L. Baikal
Irtish R.
Don
Volga R.
Black S.
Sea of Aral
Str. of Gibraltar
MEDITERRANEAN SEA
TRIPOLI
TUNIS
MOROCCO
ALGIERS
Isthmus of Suez
EGYPT
TURKESTAN
PERSIA
AFGHANISTAN
BELOOCHISTAN
CHINESE
Hoang Ho
Yang tse Kiang R.
Himalaya Mts.
Ganges R.
Indus R.
Persian Gulf
Tropic of Cancer
SAHARA OR GREAT DESERT
HINDOSTAN
ARABIAN SEA
BAY OF BENGAL
CHINA SEA
Hainan
Formosa
Luzon I.
PHILIPPINE ISLANDS
Ladrone Islands
Caroline Is.
Kong Mts
UPR GUINEA
SENEGAMBIA
SOUDAN
NUBIA
L. Tchad
Str. of Bab el Mandeb
Socotra
C. Guardafui
C. Comorin
Ceylon
GULF OF GUINEA
Albert Nyanza L.
Victoria Nyanza L.
Equator
Longitude East from Greenwich
C. Lopez
Ascension I.
L. Tanganyika
L. Nyassa
L. Dilolo
Zambesi R.
St. Helena
Mozambique Channel
Bourbon
Mauritius
Tropic of Capricorn
L. Ngami
Orange R.
CAPE COLONY
Cape of Good Hope
INDIAN OCEAN
Equatorial Current
North West Cape
AUSTRALIA
C. Leeuwin
Gulf of Carpentaria
New Guinea
New Ireland
New Britain
Celebes
Java
Kerguelen I.
Van Diemens Land or Tasmania
Bass Strait
PACIFIC OCEAN
SOUTH PACIFIC OCEAN
Antarctic Circle
Enderby's Land
ANTARCTIC CONTINENT
ANTARCTIC OCEAN
South Pole
South Frigid Zone

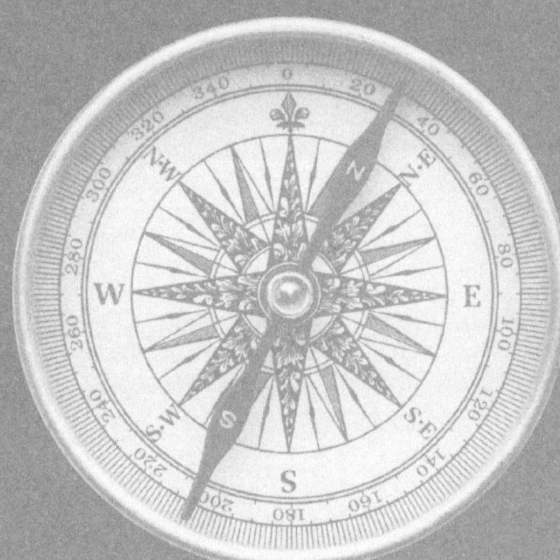
N·W
N·E
W
E
S·W
S·E
S

50
DOKUMENTE
die die Welt veränderten

An unsere Kinder und Enkelkinder

Die Originalausgabe erschien bei © Welbeck Non-fiction Limited 2020,
20 Mortimer Street, London, W1T 3JW

Ein Gesamtverzeichnis der lieferbaren Titel schicken wir Ihnen gerne zu.
Bitte senden Sie eine E-Mail mit Ihrer Adresse an vertrieb@koehler-books.de
Sie finden uns auch im Internet unter www.koehler-books.de

Bibliografische Information der Deutschen Nationalbibliothek
Die Deutsche Nationalbibliothek verzeichnet diese Publikation
in der Deutschen Nationalbibliografie; detaillierte bibliografische Daten
sind im Internet über https://portal.dnb.d-nb.de/ abrufbar.

ISBN 978-3-8132-0996-9
© 2020 by Mittler
im Maximilian Verlag GmbH & Co. KG für die deutsche Ausgabe
Ein Unternehmen der **TAMM**MEDIA

Übersetzung: Bernd Gutberlet, Berlin
Covergestaltung: Fred Münzmaier, Hamburg
Produktion: Marisa Tippe, Hamburg
Printed in Dubai

PETER SNOW & ANN MACMILLAN

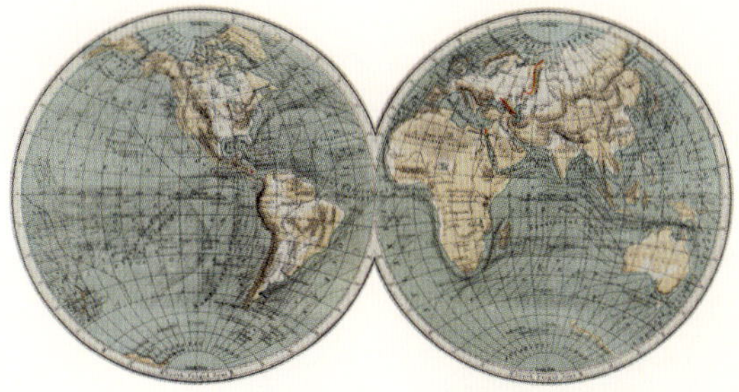

50 DOKUMENTE
die die Welt veränderten

DIE WELTGESCHICHTE DER ZIVILISATION, ERZÄHLT
ANHAND IHRER BEDEUTENDSTEN DOKUMENTE

VORWORT VON
DAN SNOW

ÜBERSETZUNG
BERND GUTBERLET

Mittler

Inhalt

Bronze- und Eisenzeit

ca. 1800 v. Chr. bis 100 n. Chr.

Mittelalter und Frühe Neuzeit

ca. 600 bis 1648

Das Zeitalter der Revolutionen

1776 bis 1893

Vom 20. Jahrhundert bis heute

Vorwort von Dan Snow

Das Original ist unschlagbar. Zwar können wir heute alles einfach aufrufen. Der gesamte Output aus fünf Jahrtausenden intellektueller und kreativer Anstrengungen der Menschheit erscheint im Handumdrehen auf unseren Bildschirmen. Aber das macht die Originaldokumente erst recht zu etwas Besonderem. Denn sie sind viel mehr als nur ihre Abschrift, viel mehr als nur eine Ansammlung von Worten. Sie wurden von Menschen, von Künstlern und Denkern geschaffen und gehören zu einer ganz bestimmten Zeit an einem ganz bestimmten Ort.

Ihre Geschichte und ihr Kontext erhellt sich durch ihre Stofflichkeit. Der seltsame Kontrast zwischen rauem Fels und der feinen Beschaffenheit des Rosettasteins, die brüchigen Schriftrollen vom Toten Meer, die überlegte, kanalisierte Wut der Unabhängigkeitserklärung – selbst die Planungen für die legendäre Nordamerika-Tournee der Beatles, gekritzelt auf die Rückseite eines Umschlags, das alles sind Schätze. Nicht nur wegen ihres Inhalts, sondern ebenso wegen ihrer Form.

Der historische Blick darauf wertet sie immens auf, durch das Wissen darum, was diese Dokumente, Geschichten, Reden und Darlegungen in Menschen bewirkten. Wir sind das einzige Lebewesen auf der Erde, das für eine Idee sein Leben gibt. Für einen Plan, eine Religion, einen Aufruf von jemandem, dem wir nie begegnen, der vielleicht längst tot ist. Worte, Poesie oder Musik können uns dazu bringen, Geld zu spenden oder für eine Politik abzustimmen, die sich für uns nachteilig auswirken kann. Die Kostbarkeiten, die für die folgenden Seiten ausgewählt wurden, haben inspiriert, überwältigt, erhellt, mobilisiert, seitdem sie geschrieben, eingraviert oder gedruckt wurden. Sie halfen beim Aufbau einer unsichtbaren Infrastruktur von Gesetzen, Konventionen, Moral und Glaube, die uns stets begleiten. Sie lieferten ein Verständnis des Universums, das uns mit all seinem unerforschten Ungewissen umgibt. Manches hat in seiner Bedeutung nachgelassen, während in anderen Fällen die Faszination ungebrochen ist. Zum Beispiel hat die Unabhängigkeitserklärung nach wie vor ihren zentralen Platz als Ausgangspunkt der Vereinigten Staaten, so wie Mary Wollstonecrafts Erklärung zur Gleichberechtigung der Frauen heute einflussreicher sein mag als zur Zeit ihrer Veröffentlichung.

Es ist seltsam und wunderbar zugleich, die eigene Kindheit in Buchform vor sich liegen zu haben. Die beiden Autoren, die diese Schätze ausgewählt haben, sind mein Vater und meine Mutter. Sie nehmen uns mit zu den Büchern, Karten, Geschichten und der Musik, die ihnen besonders viel bedeuten, und wenig überraschend kommt mir vieles davon sehr bekannt vor. Beethovens Fünfte haben wir auf Autofahrten zu Orten von historischer Bedeutung gehört. Die Gettysburg-Rede war uns ebenso vertraut wie die Worte Nelson Mandelas und das Tagebuch der Anne Frank. Diese Schätze sind universal, aber auch besonders, weil sie Teil der Geschichte von Familien und Gemeinschaften sind. Jeder einzelne erlangt Bedeutung durch die Hoffnungen und die Erfahrungen des Lesers. Sie gehören der gesamten Menschheit, aber ebenso zu jedem Einzelnen von uns.

November 2019

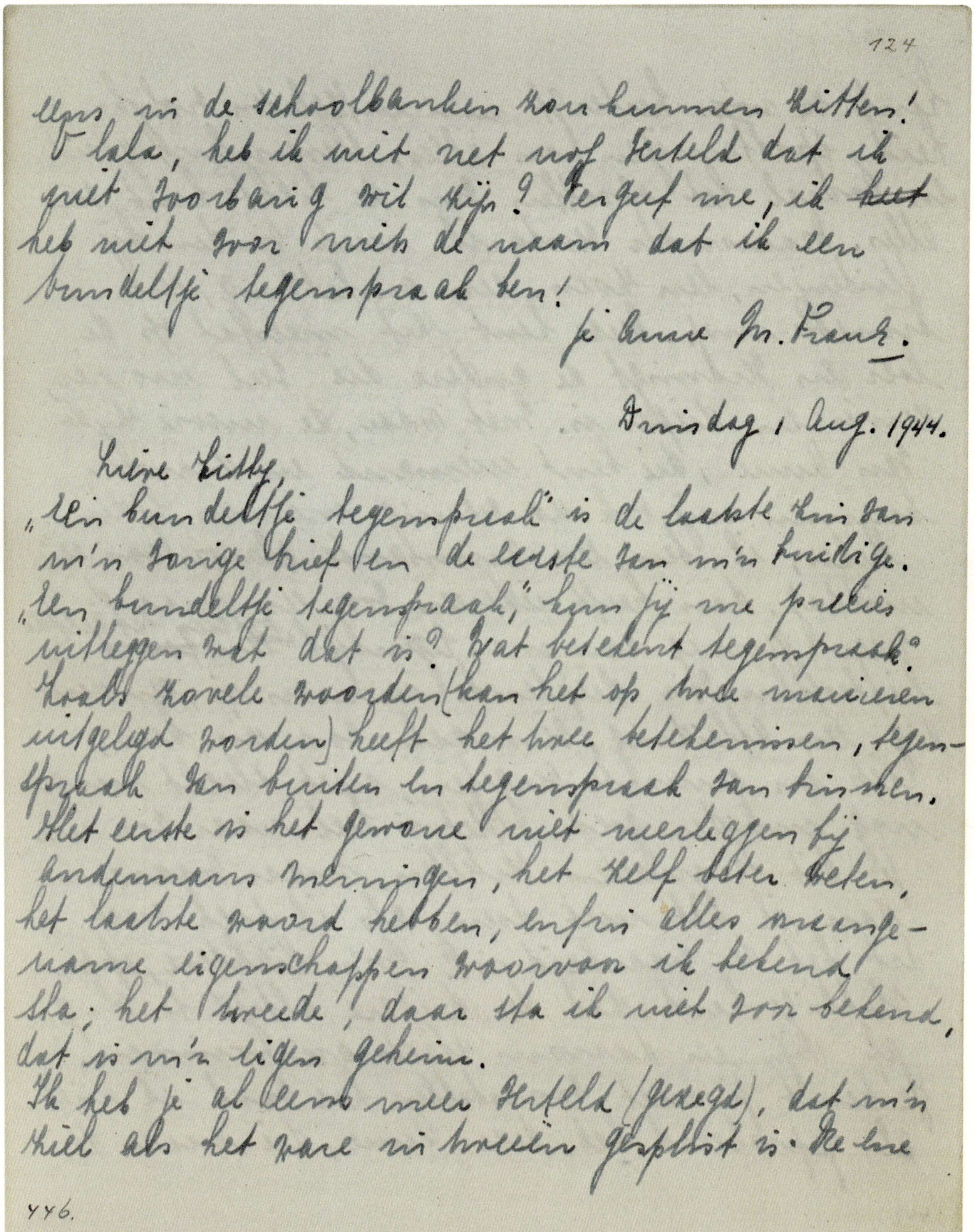

124

ons, in de schoolbanken zou kunnen zitten!
O lala, heb ik niet net nog verteld dat ik geen voorbarig uit wil zijn? Vergeef me, ik ~~heet~~ heb niet voor niets de naam dat ik een bundeltje tegenspraak ben!

je Anne M. Frank.

Dinsdag 1 Aug. 1944.

Lieve Kitty,

„Een bundeltje tegenspraak" is de laatste zin van m'n vorige brief en de eerste van m'n huidige. „Een bundeltje tegenspraak", kun jij me precies uitleggen wat dat is? Wat betekent tegenspraak? Zoals zovele woorden (kan het op twee manieren uitgelegd worden) heeft het twee betekenissen, tegenspraak van buiten en tegenspraak van binnen. Het eerste is het gewone niet neerleggen bij andermans meningen, het zelf beter weten, het laatste woord hebben, enfin alles onaangename eigenschappen waarvoor ik bekend sta; het tweede, daar sta ik niet voor bekend, dat is m'n eigen geheim.
Ik heb je al eens meer verteld (gezegd), dat m'n ziel als het ware in tweeën gesplitst is. De ene

446.

Eine Seite aus dem Tagebuch der Anne Frank, datiert vom 1. August 1944 (siehe Seite 170).

NORTH PACIFIC OCEAN
NORTH ATLANTIC OCEAN
ARCTIC OCEAN
NORTH AMERICA
CANADA
UNITED STATES
ALASKA
RUSSIA
ASIA
EUROPE
SIBERIA
KAZAKHSTAN
MONGOLIA
GOBI
JAPAN
BERING SEA
GULF OF ALASKA
BEAUFORT SEA
BAFFIN BAY
HUDSON BAY
LABRADOR SEA
NORWEGIAN SEA
GREENLAND SEA
EAST SIBERIAN SEA
Greenland
ICELAND
UNITED KINGDOM
IRELAND
FRANCE
ALGERIA
LIBYA
NORTHWEST TERRITORIES
NUNAVUT

Einleitung

Es war der Erfolg von »Treasures of British History« von Peter und unserem Sohn Dan, der uns bewogen hat, den Horizont zu erweitern. Mit unserer langen Erfahrung als Journalisten wissen wir die Herausforderung zu schätzen, 50 Dokumente auszuwählen und zu recherchieren, die die Menschheitsgeschichte am besten illustrieren. Wir begannen mit ungefähr 200 Texten und diskutierten leidenschaftlich, wie wir die Liste ausdünnen könnten. Am Ende einigten wir uns auf eine große Spanne von 4.000 Jahren und allen fünf Kontinenten.

Wir beginnen im alten Babylon mit den Bestimmungen eines Gesetzgebers und enden mit den jüngsten Erkenntnissen über die Unermesslichkeit des Universums. Viele unserer Entdeckungen stammen aus Europa und Nordamerika, aber wir behandeln ebenso entfernte Länder wie China, Südafrika oder Australien.

Einige dieser Dokumente haben den Lauf der Geschichte verändert, darunter die englische Magna Charta, der Ballhausschwur, der die Französische Revolution auslöste, oder die amerikanische Unabhängigkeitserklärung. Die visionären Notizen und Skizzen von Leonardo da Vinci oder die erste gebundene Ausgabe der gesammelten Werke Shakespeares sind Meilensteine der Kunst und Literatur. Wir würdigen Technologie-Sprünge wie Brunels geniale Schiffsingenieursarbeiten und Berners-Lees World Wide Web. Beispiele für spektakuläre Durchbrüche der Wissenschaften sind Einsteins Relativitätstheorie oder die Entdeckung der DNA-Struktur. Ebenso revolutionär ist Mary Wollstonecrafts mutige Forderung nach Gleichberechtigung der Frauen und die 270 Meter lange Petition, die Neuseeland zum ersten Land der Welt machte, das Frauen das Wahlrecht gewährte. Zwei Meilensteine in der Geschichte von Krieg und Frieden sind in unseren Augen der Westfälische Friede, der zum Standard für Konfliktbewältigung wurde, und eine Karte der alliierten Landung im Zweiten Weltkrieg, die größte seegestützte Invasion aller Zeiten. Um keinen Bereich menschlichen Bemühens auszulassen, wählten wir das eilends niedergekritzelte Gedicht aus, aus dem die Nationalhymne der USA wurde, das Originalregelwerk des englischen Fußballs und die Städtenamen, die auf einen Umschlag gekritzelt Ausgangspunkt einer rekordbrechenden Beatles-Tournee wurden.

Einige unserer Dokumente hätten für immer verlorengehen können. Die berührende Inschrift auf Tutanchamuns Kelch und die verstreuten Seiten von Anne Franks Tagebuch überlebten nur durch Zufall. Andere wären fast nicht veröffentlicht worden. Sowohl Kopernikus als auch Darwin mussten ihre Furcht überwinden, christliche Glaubenssätze in Frage zu stellen.

Die Arbeit an diesem Buch ließ uns überlegen, was ein Dokument ausmacht. Für Peter war die graphische Abbildung der Herzschläge von Neil Armstrong bei der Mondlandung aussagekräftiger als die eher nüchternen Zeilen des offiziellen Berichts von Apollo 11. Ann bestand darauf, eine Künstlerskizze von Coco Chanels bahnbrechender Mode zu berücksichtigen.

Was Sie hier sehen, ist eine recht persönliche Auswahl. Sie, unsere Leser und Leserinnen, mögen anderer Meinung sein, und wir rechnen auf Ihre eigenen Vorstellungen, wie diese Auswahl aussehen müsste. Schließlich ist die Menschheitsgeschichte so reich an Schätzen, dass ungezählte Dokumente dieses Buch füllen könnten. Uns ist es eine beständige Quelle des Staunens, welche Vielzahl davon unsere Welt bereithält.

Peter Snow und Ann MacMillan,
Dezember 2019

Bronze- und Eisenzeit

ca. 1800 v. Chr.
bis 100 n. Chr.

1

Der Codex des Hammurabi

Als eines der frühesten Beispiele eines vollständigen niedergeschriebenen Rechtssystems ist der Codex des Hammurabi ein Schlüsseldokument dieses Grundgerüsts der Zivilisation. Es enthält 282 Bestimmungen des babylonischen Königs Hammurabi, der Mesopotamien regierte. Diese Gesetze wurden um 1750 v. Chr. in eine Stele graviert und könnten eines der frühesten Beispiele von etwas »in Stein Gemeißeltem«, etwas Unveränderlichem, darstellen. Der Codex des Hammurabi deckt alles Mögliche ab, vom Handel über die Bezahlung von Arbeitern und Besitz bis zu Heirat, Ehebruch und Erbschaft. Er hat rechtliche Grundsätze geschaffen, die bis heute Gültigkeit haben, etwa »unschuldig bis zum Beweis des Gegenteils«.

RECHTS: Die Gesetze des Hammurabi wurden in einen Steinblock oder eine Stele von 2,25 Meter Länge gemeißelt. Er wurde 1901 bei Ausgrabungen im Iran von französischen Archäologen gefunden und wird im Pariser Louvre gezeigt.

GEGENÜBER: Die 282 Gesetze sind in Keilschrift auf Akkadisch geschrieben, einer babylonischen Sprache. Gesetz 196 besagt, dass ein Mann, der einem anderen das Auge zerstört hat, das eigene verlieren soll. Es ist das erste Beispiel für ein »ius talionis«, ein Gesetz nach dem Vergeltungsprinzip.

Als Teilnehmer einer französischen archäologischen Expedition 1901 in der antiken Stadt Susa in Persien (dem heutigen Iran) drei Stücke schwarzen Steins ausgruben, konnten sie nicht wissen, dass sie auf einen der ältesten und wichtigsten Schätze gestoßen waren. Die zerbrochene Steinplatte oder Stele des Hammurabi, König des antiken Babylon von 1792 bis 1750 v. Chr., sieht aus wie ein übergroßer Finger, gen Himmel gereckt, und steht heute im Pariser Louvre. Sie besteht aus Diorit, ist 2,25 Meter hoch und zeigt ganz oben Hammurabi mit Shamash, dem Sonnengott der alten Mesopotamier, der für Gerechtigkeit, Moral und Wahrheit zuständig ist. 16 Spalten in Keilschrift sind auf der Vorderseite eingemeißelt, 28 Spalten auf der Rückseite. Der Codex ist in Akkadisch verfasst, der Alltagssprache des Babylonischen Reiches, sodass er allgemein gelesen und verstanden werden konnte.

König Hammurabi war ein großer Krieger, der seinen Stadtstaat Babylon auf ganz Mesopotamien in den fruchtbaren Tälern von Euphrat und Tigris ausdehnte. Er bestand darauf, dass die Menschen verschiedener Kulturen in den diversen Territorien, die er erobert hatte, in Frieden miteinander leben sollten. Im Text der Stele bezeichnet er sich selbst als »schützender König«, der die Gesetze niedergelegt hatte, damit »die Starken den Schwachen nichts antun, um Witwen und Waisen zu schützen [...] um alle Streitigkeiten zu regeln und Verletzungen zu heilen«. Er schreibt, seine Gesetze dienten dazu, »die Macht der Rechtschaffenheit im Land zu verankern, die Bösen und Schuldigen zu bekämpfen [...] und das Land aufzuklären, um dem Wohlergehen der Menschen zu dienen«. Im Ganzen sind es 282 Gesetze, die vor allem mit Geschäften, Besitz und Familie zu tun haben. Sie hatten erheblichen Einfluss nicht nur auf Hammurabis Untertanen, sondern die Geschichte seither.

Die Gesetzessammlung enthält eines der frühesten Beispiele dafür, dass ein Angeklagter so

lange als unschuldig gilt, bis seine Schuld bewiesen ist. Außerdem gibt es eine bahnbrechende Bestimmung für Fälle, in denen Streitparteien vor einen Richter treten sollen, um mit Zeugen ihre

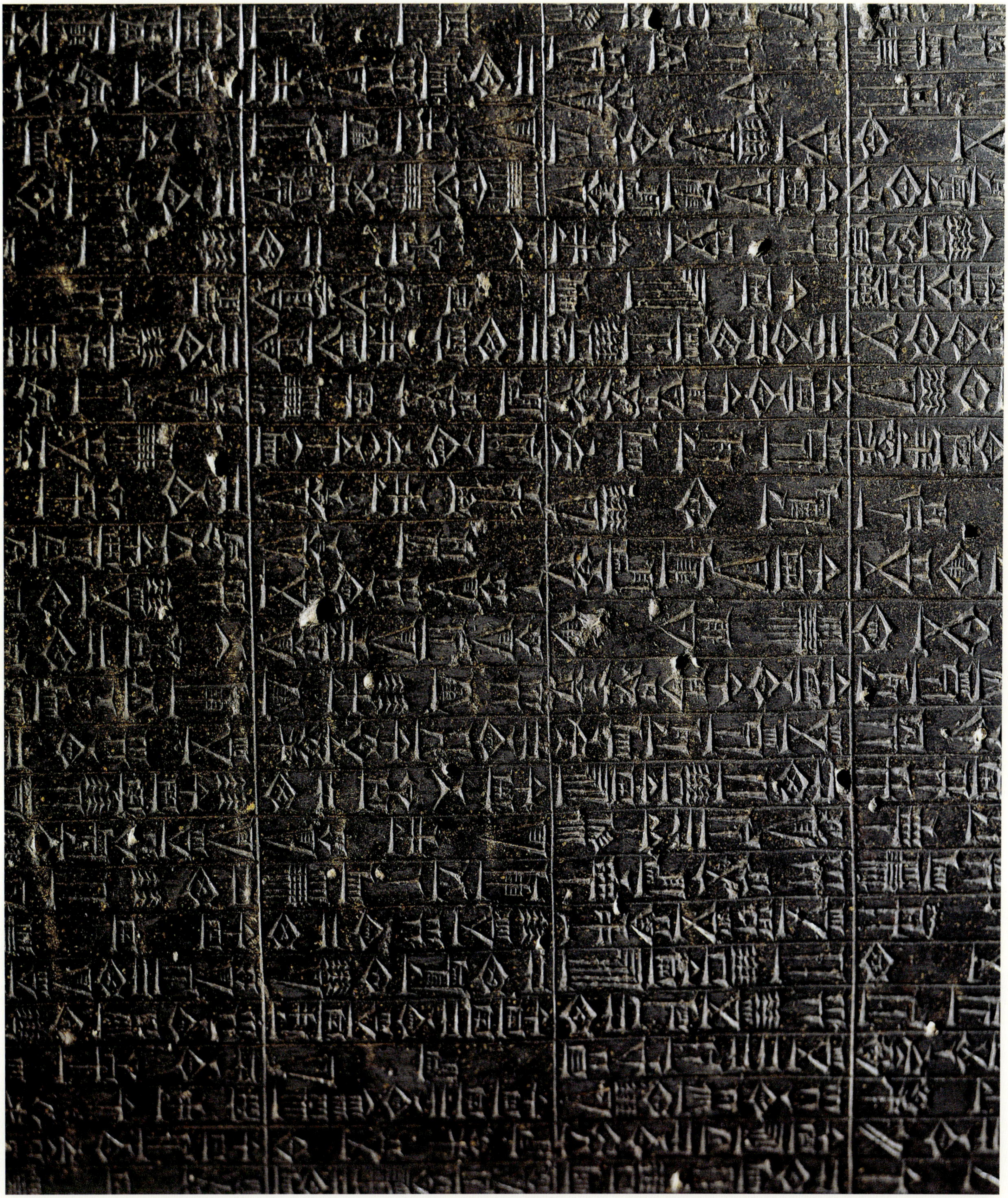

Die Karte zeigt Babylonien beim Machtantritt Hammurabis 1792 v. Chr. und am Ende seiner Regierung 1750 v. Chr.

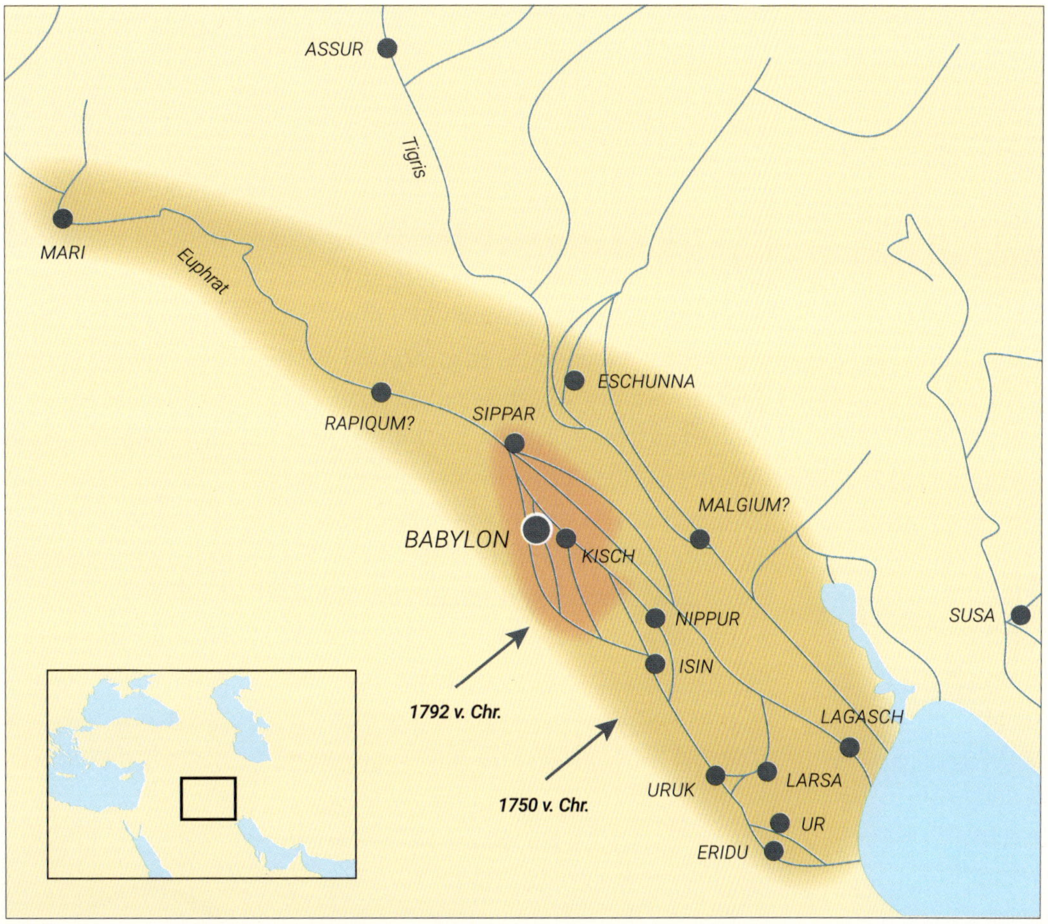

GEGENÜBER: Auf der Spitze der Stele ist Hammurabi abgebildet, der die Gesetze von Shamash empfängt, dem Gott der Sonne, der Gerechtigkeit, der Moral und der Wahrheit. Im Text auf der Stele erklärt Hammurabi, das Gesetz solle »die Macht der Rechtschaffenheit im Land verankern«.

Ansprüche geltend zu machen. Auch Mindestlöhne werden bestimmt: So stehen Feldarbeitern und Hirten »acht gur [1 gur = 303 Liter] Korn pro Jahr« zu, während ein Ochsentreiber oder ein Matrose nur sechs gur erhielt. Drei soziale Klassen werden im Text genannt: Männer, befreite Männer und Sklaven. Ärzte werden entsprechend der Klasse ihrer Patienten entlohnt. Gesetz 221 besagt: »Wenn ein Arzt einen gebrochenen Knochen oder einen kranken weichen Teil eines Mannes heilt, möge der Patient dem Arzt fünf Schekel zahlen.« In Gesetz 223 heißt es: »Wenn es ein Sklave war, soll sein Herr dem Arzt zwei Schekel zahlen.« Der Codex listet auch Strafen auf, viele davon drakonisch. Wenn ein Sohn seinen Vater schlägt, wird ihm die Hand abgeschlagen. Wenn ein Sohn seine Adoptiveltern zurückweist, wird ihm seine Zunge herausgeschnitten. Einer Amme, deren Schützling stirbt, während sie ein anderes Baby stillt, wird die Brust abgenommen. Im Falle von Inzest zwischen Mutter und Sohn werden beide bei lebendigem Leibe verbrannt (während ein Vater für Inzest mit seiner Tochter nur verbannt wird). Auf 28 Verbrechen, darunter Ehebruch, Raub, Meineid und Hexerei, steht die Todesstrafe.

Am bedeutendsten aber ist, dass das Gesetz frühe Beispiele für das »ius talionis« liefert, das Gesetz der Vergeltung – das bekannte Auge-um-Auge-Prinzip des Alten Testaments. Gesetz 196 besagt: »Wenn ein Mann einem anderen Mann das Auge aussticht, soll er sein eigenes verlieren.« Abermals unterscheidet sich die Schwere der Strafe je nach dem sozialen Status des Täters. Zum Beispiel heißt es in Gesetz 199: »Wenn er das Auge eines Sklaven ausgestochen hat, [...] soll er den halben Wert [des Sklaven] zahlen.«

Nach Ansicht von Historikern wurde die Stele mit Hammurabis Gesetzen im 12. Jahrhundert v. Chr. von Eroberern aus der babylonischen Stadt Sippar geraubt und nach Susa gebracht, wo sie die Zeit irgendwie überstand. Als sie 1901 n. Chr. gefunden wurde, hielt man sie zunächst für den ältesten niedergeschriebenen Gesetzestext der Welt. Seither konnten frühere Gesetzestexte bis ins 21. vorchristliche Jahrhundert nachgewiesen werden, aber keiner davon ist so umfassend wie der des Hammurabi. Ganz offenbar hatten seine Gesetze auf Dauer Einfluss: Teile davon fanden sich auf Tontafeln aus dem 5. Jahrhundert v. Chr. im Nahen Osten, 1300 Jahre nach der Regierungszeit Hammurabis. Auch wenn uns manche Gesetze übermäßig streng erscheinen, Hammurabis Gesetzestext bleibt der früheste umfassende der Menschheitsgeschichte. Sein Bildnis steht neben dem anderer historischer Gesetzgeber im US-amerikanischen Repräsentantenhaus im Kongressgebäude, im Obersten Gerichtshof der Vereinigten Staaten und in vielen Gerichtsgebäuden auf der ganzen Welt.

2

Tutanchamuns Wunschkelch

Es war das erste Stück, das Howard Carter ins Auge fiel, als er 1922 das berühmte Grab des Tutanchamun im Tal der Könige öffnete. Der Kelch, der dem jungen König das ewige Leben verspricht, trägt die Inschrift: »Deine Seele möge leben Millionen Jahre, der du Theben liebst, das Gesicht dem Nordwind zugewandt, im Angesicht der Glückseligkeit.« Das Grab datiert auf das Jahr 1330 v. Chr. und gilt als größte archäologische Entdeckung aller Zeiten.

Der britische Archäologe Howard Carter war ein eher scheuer Mensch, aber er war so hartnäckig und besessen wie ein Terrier. Seit den 1890er Jahren hatte er in Ägypten nach Schätzen aus der Vergangenheit gesucht, und 1922 erforschte er das Tal der Könige, jenen magischen Ort, der uns – wie viele andere – auf unseren Reisen in Oberägypten so fasziniert hat. Bis dahin hatte sich jedes Grab, das Carter und alle anderen Archäologen fanden, als leer erwiesen. Aber einen ägyptischen Pharao gab es, dessen Grab noch niemand gefunden hatte – der jung verstorbene Kindkönig Tutanchamun, der Ende des 14. Jahrhunderts v. Chr. gestorben war. Carters Entschlossenheit, es zu finden, war so stark wie eh und je, aber sein wohlhabender Finanzier, Lord Carnarvon, verlor allmählich die Geduld. Wenn Carter das Grab nicht in der nächsten Grabungssaison finden würde, drohte er ihm, würde er seine Zahlungen einstellen.

Eines Tages entdeckte ein kleiner Junge beim Wasserholen für Carters Team zufällig eine Steinstufe neben dem riesigen leeren Grab von Ramses VI. Es war am Morgen des 4. November 1922. Mit wachsender Erregung ließ Carter seine Leute freilegen, was sich als sechzehn Stufen erwies, die zu einer Tür führten. Sie war markiert mit der Kartusche, oder der Signatur,

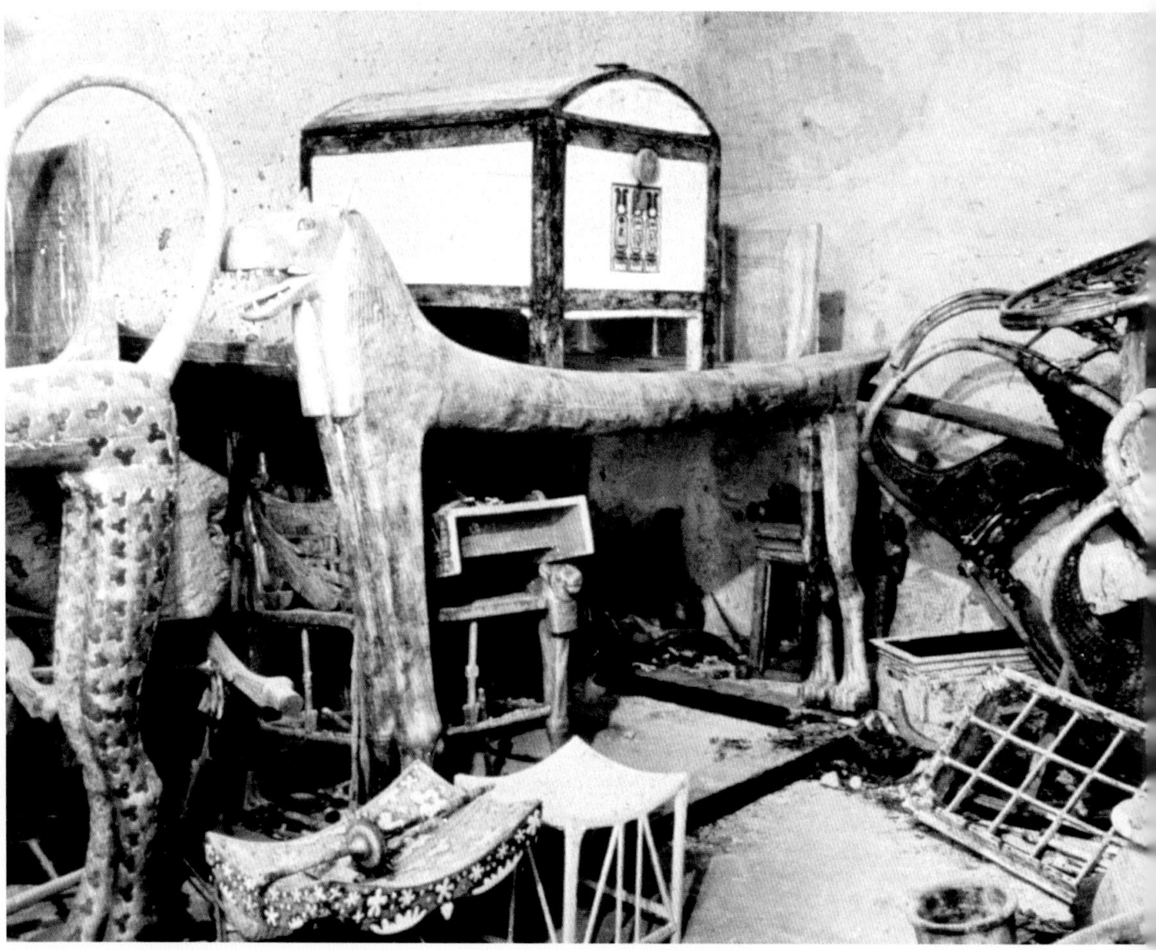

GEGENÜBER: Die erste Kammer – das Vorzimmer – im Zustand, in dem es sich Howard Carter offenbarte, als er das Grab öffnete. Es ist vollgestopft mit Möbeln und anderen Stücken, die Tutanchamun in sein nächstes Leben mitnehmen soll.

GEGENÜBER OBEN: Der Wunschkelch aus Alabaster in Form einer Lotosblüte. Im Kasten sind die Titel des Königs abgebildet, oben verläuft rundum die Inschrift, die dem König ewiges Leben verheißt.

des Tutanchamun, und dahinter befand sich ein Korridor, der zu einer weiteren Tür führte. In seinem Tagebuch beschrieb Carter, wie überaus aufgeregt er und Lord Carnarvon waren, als sie am 26. November das Grab betraten. »Fieberhaft räumten wir die letzten Stücke Gerümpel beiseite, bis vor uns nur noch die versiegelte Tür lag. In die Ecke links oben machten wir ein kleines Loch, um zu sehen, was sich dahinter befand.«

Mit einer Kerze spähte Carter durch die Öffnung.

Lord Carnarvon sagte: »Können Sie etwas erkennen?« Ich antwortete ihm: »Ja, das ist wundervoll.« Dann vergrößerte ich vorsichtig die Öffnung, damit wir beide hindurchsehen konnten. Mit einer elektrischen Lampe und einer Kerze spähten wir hinein. Unsere Gefühle und unser Erstaunen sind schwer zu beschreiben, als bessere Lichtverhältnisse die herrliche Ansammlung von Schätzen zu erkennen gaben. Wir waren perplex und in einer emotionalen Ausnahmesituation.

Was sie da sahen, war die unglaublich reiche Ausstattung eines Königsgrabs, das fast 3.400 Jahre lang unentdeckt geblieben war. Es war ihr erster Blick auf über 5.500 Stücke – einige davon aus Gold und juwelengeschmückt. Sie waren in vier kleine Kammern gestopft worden, die die Mumie Tutanchamuns umgaben, um ihn mit allem auszustatten, was er im Jenseits brauchen würde, denn dort würde er in Ewigkeit leben. Eines der ersten Objekte, auf die Carter stieß, war der elegante Wunschkelch aus Alabaster, der in einer kurzen Inschrift dem König ein Nachleben von Millionen Jahren verheißt und uns die Botschaft dieser überwältigenden Grabstätte am besten vermittelt.

Der Höhepunkt von Carters Entdeckung war Tutanchamun selbst. Vier Schreine – einer im anderen – umschlossen den Sarkophag, der wiederum drei Särge ineinander enthielt. Der letzte Sarg aus reinem Gold enthielt die Mumie des Königs, den Kopf verbunden in juwelengeschmückten Bandagen in einer überwältigenden Goldmaske, die weltberühmt wurde.

All diese Schätze, so wie Carter und Carnarvon sie fanden, sind ab 2020 im Großen Ägyptischen

Museum von Gizeh bei Kairo zu sehen. Wir verbrachten einen ganzen Tag im alten Museum in Kairo, fasziniert nicht nur von der unvorstellbaren Opulenz der Grabbeigaben, sondern ebenso von der handwerklichen Qualität. Diese Phase der ägyptischen Geschichte, gegen Ende der 18. Dynastie, die von 1550 bis 1290 v. Chr. dauerte, war die Blütezeit altägyptischer Kunst, wie sie sich im Schatz des Tutanchamun darstellt.

Leben und Sterben des Tutanchamun markieren auch einen der dramatischsten Momente in der Geschichte des alten Ägypten. Einiges ist noch immer umstritten, aber offenbar war er der Sohn des Amenophis IV., dessen einzigartiger Beitrag zur ägyptischen Geschichte war, dass er den Pantheon der ägyptischen Götter auf einen einzigen reduzierte, den Sonnengott Aton, und sich selbst eine neue Hauptstadt baute, die er Achetaton, das heutige Amarna – eine Ruine am Ostufer des Nils. Mit neun oder zehn Jahren erbte Tutanchamun den Thron, heiratete seine Halbschwester und starb, nach einer Malariaerkrankung und anderen Leiden, nach nur neun Jahren Regierungszeit. Als er zur Welt kam, betrachtete das priesterliche Establishment Ägyptens den Glauben an einen einzigen Gott als Häresie und brachte ihn dazu, zu den alten Glaubenssätzen und in die alte Hauptstadt Theben zurückzukehren. Auch wenn Tutanchamuns Regierung keine besondere Bedeutung erlangte, sicherte ihm seine Grablege ewigen Ruhm.

GEGENÜBER: Die Goldmaske, die die Mumie des Königs krönte, wiegt 10 Kilo und besteht aus Gold mit Intarsien aus Edelstein. Die Augen sind aus Quarz, die Pupillen aus Obsidian. Carter beschrieb sie als »friedlich und wunderschön«.

RECHTS: Howard Carter öffnet die Tür zum zweiten der vier Goldschreine, die den Körper des Königs schützten.

3

Das I Ging

Das I Ging, auch Buch der Wandlungen genannt, ist eines der ältesten und bekanntesten chinesischen Bücher und wird bis heute häufig konsultiert. Fachleute nehmen an, dass es vor über 3.000 Jahren als Handbuch der Wahrsagerei entstand, um die Zukunft vorherzusagen. In späteren Jahrhunderten fügten Gelehrte, Dichter, Philosophen und Könige diesem Buch der Weisheit ihre Beiträge hinzu. Auch wenn es offen für Interpretationen ist, gilt es als universeller Ratgeber und übte auf das östliche Denken großen Einfluss aus.

RECHTS: Bambusstreifen in einem chinesischen Text aus der Zeit um 300 v. Chr. Sie sind die älteste bekannte Version des I Ging, eines Handbuchs, um die Zukunft vorherzusagen.

GEGENÜBER: Der chinesische Philosoph Konfuzius, umgeben von seinen Anhängern, zieht das I Ging zu Rate. Angeblich ließ er sein Exemplar dreimal neu binden, weil er es so oft benutzte.

1994 tauchte auf einem Antikmarkt in Hongkong ein besonderes Manuskript auf. Grabräuber hatten es in Zentralchina geraubt, von einer Grabstätte des antiken Staates Chu (8. bis 3. Jahrhundert v. Chr.). Das aus 58 Bambusstreifen bestehende, in einer altchinesischen Handschrift versteckte Manuskript befindet sich heute im Museum von Shanghai. Es handelt sich um die älteste bekannte Version des I Ging aus der Zeit um 300 v. Chr., aber archäologische Entdeckungen haben bestätigt, dass die Ursprünge des Textes sehr viel weiter zurückliegen.

Die Ursprünge des I Ging liegen im Ungewissen. Der Legende nach wurde es vom ersten, mythischen Kaiser von China geschaffen, Fu Xi, der halb Mensch, halb Schlange war. Solidere Hinweise von Orakelknochen (beschriebene Schulterknochen von Ochsen oder Schildkrötenpanzer) lassen vermuten, dass es von Wahrsagern stammt, die auf Fragen der Menschen über die Zukunft antworteten. Die Fragen bezogen sich auf Familien- und Geschäftsangelegenheiten oder den geeigneten Zeitpunkt zur Aussaat. Der Wahrsager ritzte die Fragen auf die Knochen oder auf Muscheln, erhitzte sie, bis Risse auftraten, und las aus dem Muster der Risse die Antworten. Ein gerader Riss oder Strich (Yang) bedeutete Ja, ein gebrochener (Yin) bedeutete Nein. Über die Zeit wurde das simple System zur Wahrsagung verfeinert. Ein Trigramm (drei Striche übereinander) ersetzte den einfachen Strich. Man unterschied acht mögliche Kombinationen von geraden oder gebrochenen Strichen in einem Trigramm, sodass es auf jede Frage acht mögliche Antworten gab.

Man vermutet, dass das I Ging um 1050 v. Chr. nochmals verfeinert wurde, als König Wen, der Begründer der Zhou-Dynastie, aus den dreistrichigen Trigrammen Hexagramme aus sechs Strichen machte. Das erhöhte die Zahl der möglichen Er-

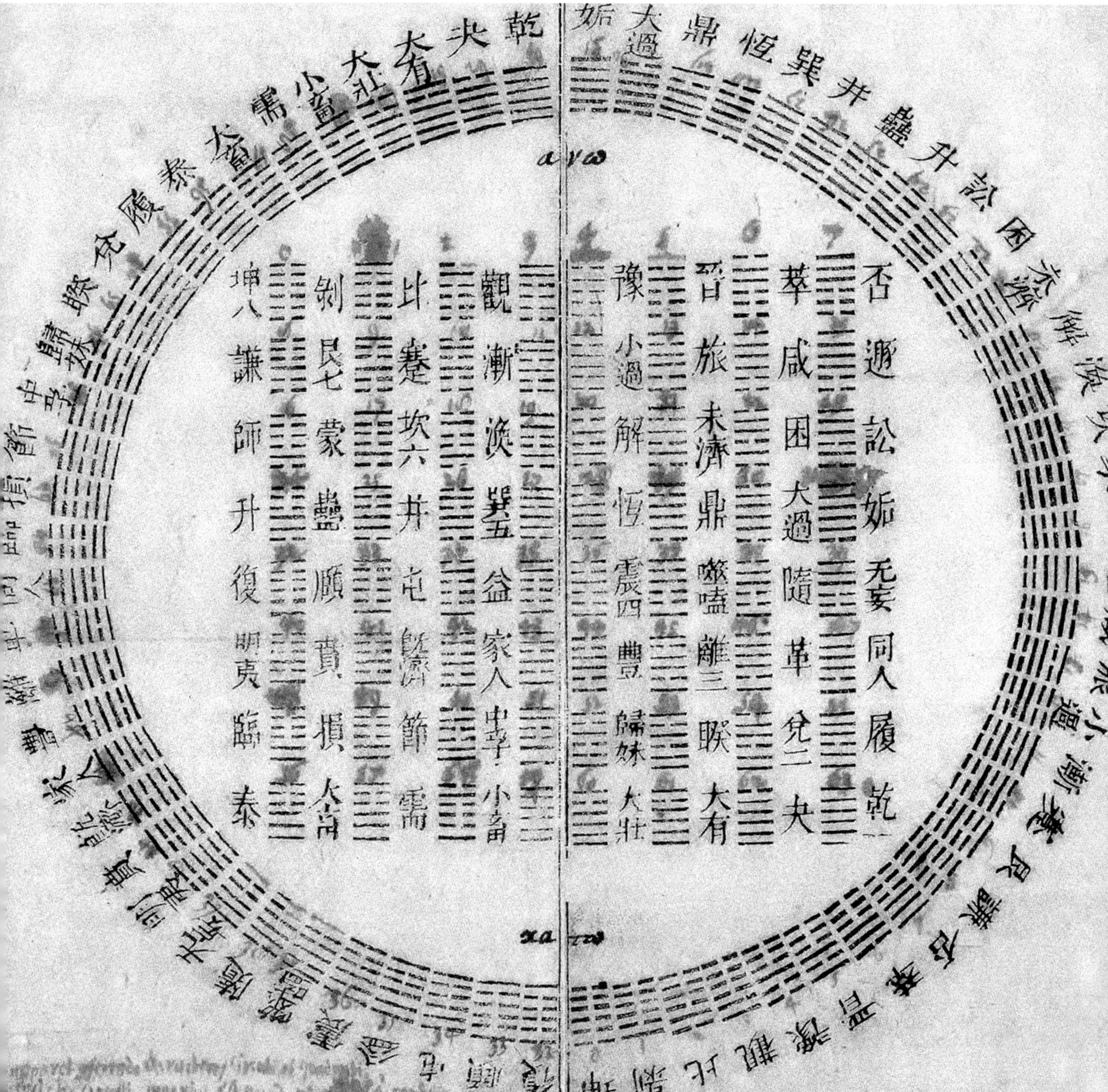
否 遯 訟 姤 无妄 同人 履 乾一
萃 咸 困 大過 隨 革 兌二 夬
晉 旅 未濟 鼎 噬嗑 離三 睽 大有
豫 小過 解 恆 震四 豐 歸妹 大壯
觀 漸 渙 巽五 益 家人 中孚 小畜
比 蹇 坎六 井 屯 既濟 節 需
剝 艮七 蒙 蠱 頤 賁 損 大畜
坤八 謙 師 升 復 明夷 臨 泰

gebnisse – das Verhältnis von geraden und unterbrochenen Strichen – auf 64. Der Ratschlag wurde jedem Hexagramm schriftlich beigefügt, manchmal Beharrlichkeit anratend, während andere zur Heirat rieten oder vor Unglück warnten. Wens Dichtersohn Wu soll noch einen Schritt weitergegangen sein und unterschiedliche Interpretationen für jeden der sechs Striche des Hexagramms geliefert haben.

Der erste niedergeschriebene Text des I Ging tauchte vermutlich um 800 v. Chr. auf und basierte auf mündlicher Überlieferung. Um 300 v. Chr. wurden dem I Ging philosophische und ethische Kommentare hinzugefügt, die als Zehn Flügel bekannt sind und es von einem Wahrsagebuch zu einem Buch der Weisheit fortentwickelten – ein Handbuch für ein positives und sinnvolles Leben durch Selbsterkenntnis und -verbesserung. Die meisten Fachleute gehen nicht mehr davon aus, dass der große Philosoph Konfuzius die Zehn Flügel verfasst hat, aber er soll seine Ausgabe des I Ging so oft konsultiert haben, dass sie dreimal neu gebunden werden musste. Konfuzius sagte einmal, wenn er noch 100 Jahre länger leben würde, verbrächte er die Hälfte davon mit dem Studium des I Ging. Die heutige Version des I Ging stammt aus dem Jahr 136 v. Chr., als Kaiser Wu aus der Han-Dynastie verschiedene Versionen davon zu einem Standardtext zusammenfasste.

Im Lauf der Zeit wurden die Orakelknochen durch gängigere Wahrsage-Instrumente ersetzt. Anstatt zu einem Wahrsager zu gehen, verwendeten Antwortsuchende Dinge wie Münzen, was noch heute diejenigen tun, die das I Ging konsultieren. Dafür werden drei Münzen sechsmal geworfen. Nach jedem Wurf werden ganze oder unterbrochene Linien danach bestimmt, wie die Münzen aufliegen. Nach sechs Würfen wird ein Hexagramm erstellt, das einem der 64 des I Ging entspricht, und der Antwortsuchende kann das Handbuch heranziehen, um den Ratschlag zu erhalten, der zum jeweiligen Hexagramm gehört. Allerdings bleibt dann noch das Problem, wie der Ratschlag auszulegen ist.

Das I Ging bezieht sich auf Mythos, Sprüche, Philosophie, Geschichte und Poesie, um die Welt zu erklären. Es hat die Gedankenwelt Chinas und Asiens darüber hinaus für 3.000 Jahre beherrscht. Beide Richtungen der chinesischen Philosophie – Konfuzianismus und Taoismus – wurden vom I Ging beeinflusst. Die westliche Welt hat es aber erst im späten 17. Jahrhundert erreicht, als jesuitische Missionare, die in China tätig waren, eine Übersetzung anfertigten.

Viele Vorreiter unserer Zeit haben sich zur Inspiration an das I Ging gewandt. Der Singer-Songwriter Bob Dylan nannte es »das Einzige, das ungeheuer wahr ist, Punkt [...] und es ist nicht nur ein großes Buch, an das man glauben kann, sondern auch phantastische Poesie«. Die Texte der Beatles und von Pink Floyd wurden vom I Ging inspiriert, dasselbe gilt für die Werke von Autoren wie Hermann Hesse, Douglas Adams oder Philip Pullman. Aber vielleicht sollte das abschließende Wort über diese Enzyklopädie der Orakel an einen chinesischen Philosophen des 11. Jahrhunderts gehen, Cheng Yi. »Das I Ging ist groß in seinem Maßstab, es ist allumfassend. Wer sich auf seinen Tiefgang einlässt und seine Lehren befolgt, wird von ihm alles bekommen.«

GEGENÜBER: Das I-Ging-Hexagramm, das ein jesuitischer Missionar aus China an den deutschen Mathematiker Gottfried Wilhelm Leibniz schickte. Es wurde zum Vorbild für Leibniz' neues Dualsystem der Zahlen.

OBEN: Diese antiken chinesischen Münzen wurden geworfen, um ein Orakel des I Ging zu erhalten. Sie ersetzten die weniger einfache Weise, Risse in Tierknochen auszulegen. Noch heute benutzt man Münzen, wenn man das I Ging zu Rate zieht.

4

Das Mahabharata

Das Mahabharata wird auch als alte Enzyklopädie indischen Wissens beschrieben. Es ist eines der ältesten und längsten epischen Gedichte und gilt heute als das wichtigste Werk der indischen Literatur, das je verfasst wurde. In der Entwicklung der Hindu-Kultur hat es eine zentrale Rolle gespielt und wurde auf eine Stufe gestellt mit der Bibel, dem Koran und den Werken Homers und Shakespeares, als eine der einflussreichsten Handschriften der Weltgeschichte.

RECHTS: Eine indische Zeichnung des 16. Jahrhunderts mit einer Szene aus dem Mahabharata, dem alten Epos über die Machtkämpfe in einer Königsfamilie. Man sieht Prinz Arjuna (Mitte), den Kopf der Familie Pandava, wie er in seinem Streitwagen auf die feindlichen Kräfte der Kaurava zurast.

Als 1998 im indischen Fernsehen eine dramatisierte Fassung des Mahabharata gezeigt wurde, leerten sich überall im Land die Straßen. Ganze Dörfer versammelten sich um Fernsehgeräte, um die faszinierende und sehr vertraute Geschichte der Fehde zweier verfeindeter Linien einer Familie zu sehen, die in einen blutigen Kampf um die Kontrolle über das alte Indien verstrickt waren. Es brauchte 139 Folgen, um das ganze Epos mit seinen fast zwei Millionen Wörtern darzustellen.

Das Mahabharata war ursprünglich ein mündlich überliefertes Gedicht aus dem 8. Jahrhundert v. Chr. Es wurde von Priestern, professionellen Geschichtenerzählern, Sängern und Tanzgruppen rezitiert und weiterentwickelt. Der erste Nachweis für eine schriftliche Fassung stammt aus dem 4. Jahrhundert v. Chr., aber erst um 350 n. Chr., 700 Jahre später, wurde es zu einem einheitlichen Text in Sanskrit, der klassischen Sprache des alten Indien. Manche Historiker glauben, dass es sich auf einen Konflikt bezieht, der sich während der

vedischen Periode (1500 bis 500 v. Chr.) zutrug. Dabei ging es um einen erbitterten Kampf zwischen zwei Gruppen von Cousins: den Pandavas und den Kauravas. Beide wollen das Königreich Bharata in Nordindien unter ihre Kontrolle bekommen. Wer genau das Mahabharata schuf, ist unklar, aber in der Überlieferung wird es Vyasa zugeschrieben, auch bekannt als Krishna, der große Weise, den Hindus für unsterblich halten. Er spielt im Epos eine zentrale Rolle als Großvater der verfeindeten Cousins. Einer Hindu-Legende zufolge erzählte Vyasa das Epos Ganesha, der Gottheit mit dem Elefantenkopf, die es mit einem ihrer Stoßzähne aufschrieb.

Das Epos besteht aus ungefähr 100.000 Couplets und Prosa-Passagen, die eine große Menge Themen umfassen. Geschichte, Philosophie und spirituelle Vorstellungen sind mit der Geschichte der Pandavas und Kauravas verwoben. Es knistert von Romantik, Intrige, Rittertum, ethischen Rätseln und hat zahlreiche Nebenhandlungen. Es kommt

LINKS: Ein Bildnis des Pandava-Prinzen Arjuna aus dem 17. Jahrhundert, auf dem Pferd sein Wagenlenker, der Gott Krishna.

UNTEN: Eine Ausgabe des Mahabharata mit einer Stelle aus der Bhagavad Gita, einem der meistverehrten Texte des Hinduismus. In 700 Versen teilt Gott Krishna dem Krieger Arjuna seine philosophischen Auffassungen mit.

GEGENÜBER: Eine Abbildung aus dem 9. Jahrhundert von der epischen Schlacht von Kurukshetra, die achtzehn Tage andauerte. Auf Pferden und Elefanten reiten die Soldaten in die Schlacht.

nicht von ungefähr, dass es auch als antiker Vorläufer von »Game of Thrones« gehandelt wird.

Kern des Mahabharata sind 700 Verse, die Bhagavad Gita oder einfach Gita genannt werden, einer der meistverehrten Texte des Hinduismus. Die meisten Fachleute vermuten, das Gita sei später entstanden als der Rest des Mahabharata, vermutlich nach dem 3. Jahrhundert v. Chr. – eine unsichere Zeit, in der die Regeln des Krieges eine große Rolle spielten. Es handelt sich dabei um einen Dialog zwischen Arjuna, einem Prinz der Pandavas, und seinem Wagenlenker Krishna, der nach und nach sein göttliches Wesen enthüllt. Es findet statt kurz vor einer bedeutenden Schlacht mit der Familie Kaurava. Arjuna beschleichen plötzlich Skrupel darüber, seine Cousins und Freunde zu töten, und er fragt Krishna um Rat. Krishna rät ihm, sein Dharma zu erfüllen: seiner Pflicht als Krieger gerecht zu werden. Als eines der ersten Male in der indischen Literatur gibt es eine Diskussion darüber, was ein gerechter Krieg sei. Krishna erklärt Arjuna, dass jeder Krieg als ein gerechter ausgefochten werden solle, wenn er erst einmal ausgebrochen sei. Krishna gibt außerdem Hinweise auf den Sinn des Lebens, Reinkarnation und viele andere philosophische und religiöse Fragen. Weil sie kurz und schlüssig ist, war die Gita allen sozialen Schichten leicht verständlich und wurde so zu einer beliebten Anleitung für die Pflichten eines Hindu, für Moral und Erlösung.

Prinz Arjuna erkennt, dass er zum Kämpfen verpflichtet ist, und ein Viertel des Mahabharata widmet sich der Beschreibung der verhängnisvollen, achtzehn Tage währenden Schlacht von Kurukshetra. Fast vier Millionen Soldaten aus ganz Indien nehmen daran teil. Die Armee der Kauravas umfasst elf Divisionen, Arjunas Pandava-Kräfte bestehen aus sieben. Sie kämpfen mit Pfeilen, Schwertern, Lanzen und Morgensternen. Fast alle auf dem Schlachtfeld kommen zu Tode. Das Epos beschreibt, wie Prinz Arjuna an einem einzigen Tag eine Schlachtformation mit einer riesigen Zahl an Streitwagen, Elefanten, Kavallerie und Infanterie vernichtet. Beide Seiten greifen zu Tricks und Täuschung, um aus dem Konflikt siegreich hervorzugehen. Am Ende gewinnen die Pandavas, aber der hohe Blutzoll lässt wenig Grund zum Triumph. Das Thema des Epos, die Sinnlosigkeit von Krieg und Gewalt, hat indische Politiker über Jahrhunderte beschäftigt. Es hatte großen Einfluss auf Mahatma Gandhi, der Indiens gewaltlose Unabhängigkeitsbewegung gegen die britische Herrschaft vom frühen bis zur Mitte des 20. Jahrhunderts anführte.

Das Mahabharata ist seit seiner Entstehung ebenso sehr eine Quelle der Unterhaltung wie ein spiritueller Führer. Es wird noch immer viel gelesen, rezitiert und in Theatern, Kinos und im Fernsehen aufgeführt. Noch immer werden Kinder nach Charakteren des Epos benannt, und seine Botschaften sind heute so vertraut wie vor Jahrtausenden.

5

Die Odyssee des Homer

Die Odyssee des Homer ist eine der größten Geschichten, die je erzählt wurden. Dieses Papyrus-Fragment von ca. 250 v. Chr. erzählt von der abenteuerlichen Reise des griechischen Helden Odysseus ins heimische Ithaka. Gefunden wurde es in Ägypten, das damals zur Griechisch sprechenden hellenistischen Welt gehörte. Das winzige Dokument veranschaulicht, wie Homers Dichtung, die schon damals 600 Jahre alt war, über die Jahrhunderte von Generation zu Generation zum Lesen weitergereicht wurde.

Seit fast 3.000 Jahren wird die Geschichte der Odyssee erzählt. Zusammen mit der Ilias gilt sie als Schatz der Weltliteratur, seit sie um 700 v. Chr. zum ersten Mal zusammengestellt wurde. Wir sagen »zusammengestellt«, weil den wirklichen Autor niemand kennt und auch niemand weiß, wie die Erzählung von Generation zu Generation weitergereicht wurde. Wir sprechen von jemandem namens Homer, der die beiden großen Dichtungen möglicherweise verfasst hat, aber es ist auch möglich, dass der fesselnde Rhythmus der Verse, den wir heute lesen, eine Zusammenstellung von Gedichten und Liedern ist, die in der Frühzeit des alten Griechenland von verschiedenen Leuten zusammengestellt wurden. Gemeinsam erzählen Ilias und Odyssee eine Geschichte, die wahr sein könnte oder auch ein Mythos oder eine Mischung aus beidem, und sie stammen aus der Frühzeit der überlieferten griechischen Geschichte.

Wo auch immer die Ursprünge, das Heldenepos Odyssee berichtet von den außergewöhnlichen Abenteuern des gewitzten griechischen Kriegers Odysseus (Ulysses im Lateinischen) auf dem Heimweg von der Belagerung von Troja. Die Belagerung begann, als Paris, ein trojanischer Prinz, mit der schönen Helena durchbrannte, der Königin von Sparta, und ihr gehörnter Ehemann Menelaos verlangte, Troja dem Erdboden gleichzumachen. Zehn Jahre dauerte der Kampf zwischen den angreifenden Griechen und den Verteidigern von Troja, den die Ilias beschreibt. Er endete mit dem

RECHTS: Das winzige Fragment aus Papyrus wurde in Ägypten gefunden und entstand um 250 v. Chr. Es ist aus dem 20. Gesang der Odyssee von Homer, Vers 41–68. Odysseus vertraut sich der Göttin Athena an.

GEGENÜBER: Die Titelseite der Übersetzung von George Chapman aus dem Jahr 1616. Nach der Lektüre schrieb der Dichter John Keats: »Da fühlte ich wie ein Himmelssucher, dem ein neuer Planet in seine Ansicht schwimmt …«

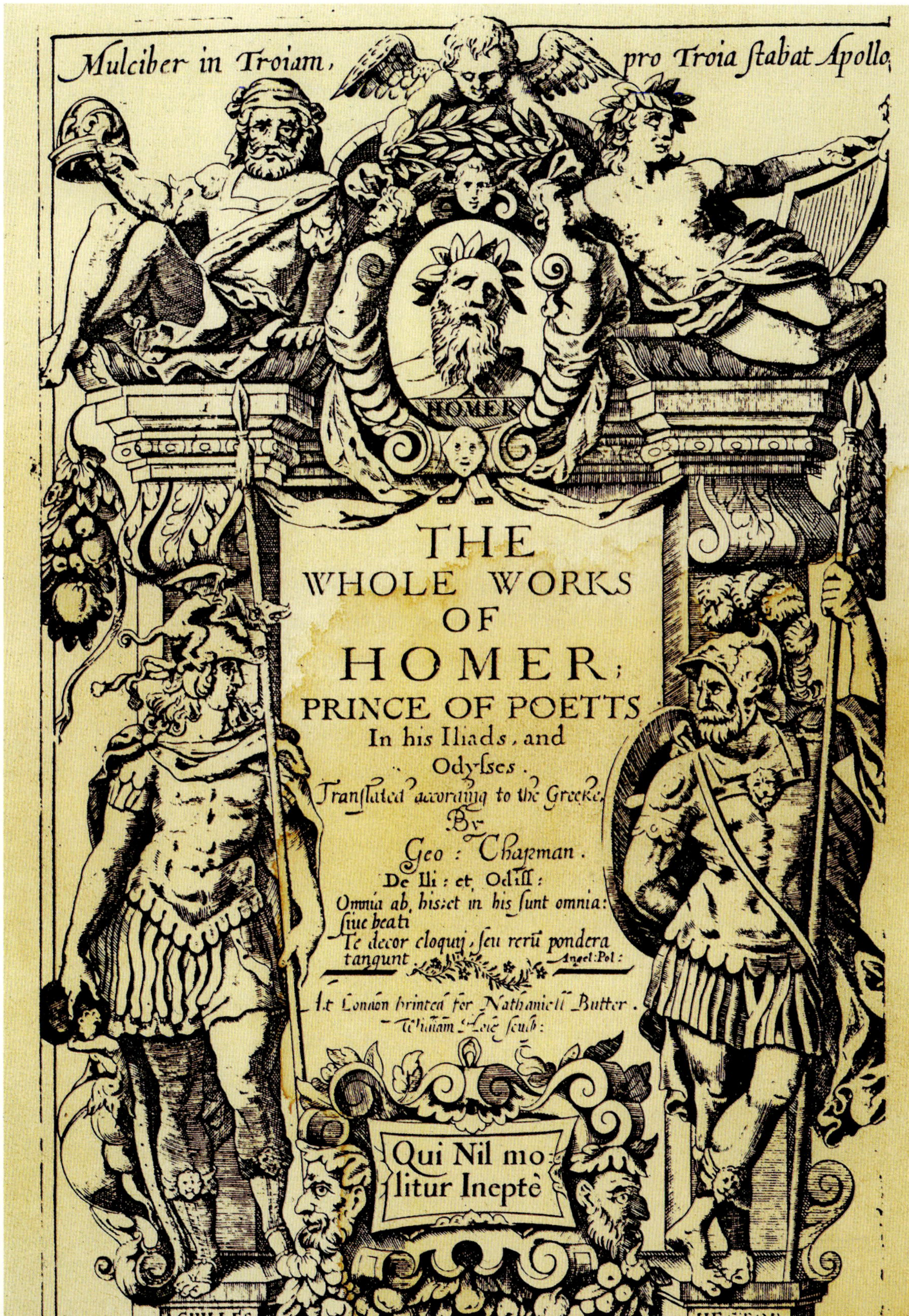
Mulciber in Troiam, pro Troia ſtabat Apollo
HOMER
THE
WHOLE WORKS
OF
HOMER;
PRINCE OF POETTS
In his Iliads, and
Odyſses.
Tranſlated according to the Greeke.
By
Geo: Chapman.
De Ili: et Odiſſ:
Omnia ab his: et in his ſunt omnia: ſiue beati
Te decor eloquij, ſeu rerũ pondera tangunt
Angel: Pol:
At London printed for Nathaniell Butter.
William Hole ſculp:
Qui Nil molitur Inepte
ACHILLES
HECTOR

ΟΔΥΣΣΕΙΑΣ Λ.

ὃν γόον ἐξαγόρευεν· ἐγὼ δ' ἐρέεινον ἁπάσας·
ἔνθ' ἤτοι πρώτην Τυρὼ ἴδον εὐπατέρειαν,
ἣ φάτο Σαλμωνῆος ἀμύμονος ἔκγονος εἶναι·
φῆ δὲ Κρηθῆος γυνὴ ἔμμεναι Αἰολίδαο·
ἣ ποταμοῦ ἠράσσατ' Ἐνιπῆος θείοιο·
ὃς πολὺ κάλλιστος ποταμῶν ἐπὶ γαῖαν ἵησι·
καί ῥ' ἐπ' Ἐνιπῆος πωλέσκετο καλὰ ῥέεθρα.
τῷ δ' ἄρα εἰσάμενος γαιήοχος ἐννοσίγαιος
ἐν προχοῇς ποταμοῦ παρελέξατο δινήεντος·
πορφύρεον δ' ἄρα κῦμα περιστάθη οὔρεϊ ἶσον
κυρτωθέν· κρύψεν τε θεὸν θνητήν τε γυναῖκα·
λῦσεν δὲ παρθενίην ζώνην, κατὰ δ' ὕπνον ἔχευεν.
αὐτὰρ ἐπεί ῥ' ἐτέλεσε θεὸς φιλοτήσια ἔργα,
ἔν τ' ἄρα οἱ φῦ χειρί, ἔπος τ' ἔφατ' ἔκ τ' ὀνόμαζεν·
Χαῖρε γύναι φιλότητι, περιπλομένου δ' ἐνιαυτοῦ
τέξεις ἀγλαὰ τέκνα, ἐπεὶ οὐκ ἀποφώλιοι εὐναὶ
ἀθανάτων· σὺ δὲ τοὺς κομέειν, ἀτιταλλέμεναί τε.
νῦν δ' ἔρχευ πρὸς δῶμα καὶ ἴσχεο, μηδ' ὀνομήνῃς·
αὐτὰρ ἐγώ τοί εἰμι Ποσειδάων ἐνοσίχθων·
Ὣς εἰπὼν, ὑπὸ πόντον ἐδύσατο κυμαίνοντα·
ἡ δ' ὑποκυσαμένη Πελίην τέκε καὶ Νηλῆα,
τὼ κρατερὼ θεράποντε Διὸς μεγάλοιο γενέσθην
ἀμφοτέρω· Πελίης μὲν, ἐν εὐρυχόρῳ Ἰαολκῷ
ναῖε πολύρρηνος· ὁ δ' ἄρ, ἐν Πύλῳ ἠμαθόεντι·
τοὺς δ' ἑτέρους, Κρηθῆϊ τέκε βασίλεια γυναικῶν·
Αἴσονά τ', ἠδὲ Φέρητ', Ἀμυθάονά θ' ἱππιοχάρμην.
τὴν δὲ μετ' Ἀντιόπην ἴδον Ἀσωποῖο θύγατρα,
ἣ δὴ καὶ Διὸς εὔχετ' ἐν ἀγκοίνῃσιν ἰαῦσαι·
καί ῥ' ἔτεκεν δύο παῖδας, Ἀμφίονά τε, Ζῆθόν τε,
οἳ πρῶτοι Θήβης ἕδος ἔκτισαν ἑπταπύλοιο,
πύργωσάν τ'

Marginal notes:

Et il cacha le Dieu et la mortelle

stériles

Il trouve ici la ancienne souveraineté d'Iolchos et Pylos.

Tyro n'allait pas de main morte!

Supplianta

Amythaon

Feres Jason, roi de ... en Thessalie

Antiope

Zethus, Amphion

* γόνον

GEGENÜBER: Ein venezianischer Text der Odyssee, 11. Gesang, Vers 234–263, mit zahlreichen Anmerkungen. Odysseus berichtet, wie er die Geister von Tyro und Antiope trifft, der Geliebten von Poseidon und Zeus.

RECHTS: Die Büste Homers im British Museum. Alle Porträts von Homer sind Produkte künstlerischer Vorstellungskraft, denn niemand weiß, ob der große Dichter überhaupt je existierte.

griechischen Sieg, als Odysseus seine Landsleute überredete, ein Holzpferd zu bauen und dann den Abzug vorzutäuschen und es zurückzulassen. Die Trojaner zogen das Pferd in die Stadt, nicht wissend, dass sich darin eine Einheit griechischer Kämpfer verbarg. Spätnachts kamen sie aus dem Pferd und nahmen Troja ein. Homers Odyssee – der Begriff steht längst für jede denkwürdige Reise – nimmt den Faden auf und berichtet von der Heimkehr unseres Helden in seinen Palast auf der Insel Ithaka, westlich des griechischen Festlands. Die Reise dauert weitere zehn Jahre, und Odysseus erleidet eine lange Reihe schrecklicher Vorkommnisse, deren eindrucksvollstes ist, als er und seine Seeleute es mit dem riesigen einäugigen Kyklop namens Polyphem zu tun bekommen. Sie treiben eine rotglühende Stange in das Auge des Ungeheuers und entkommen, aber der Vater des Polyphem, Meeresgott Poseidon, verdammt Odysseus auf seinem Weg nach Hause zu weiteren Prüfungen. Als er Ithaka endlich erreicht, sind alle seiner Begleiter tot, während er noch mit einer Gruppe Verehrer fertig werden muss, die seinen Palast besetzt halten und verlangen, seine Frau Penelope zu ehelichen.

In diesem Moment nimmt unser kostbares Papyrus-Fragment die Geschichte auf. Die kurze Passage beschreibt, wie Odysseus sich Sorgen macht über die Herausforderung, die vor ihm liegt, und seiner Schutzgöttin Athena anvertraut, dass er keinen Schlaf finden kann. Da weiß seine treue Gattin Penelope noch nicht, dass Odysseus zurückgekehrt ist. Sie beklagt, die Zukunft erscheine so düster,

GEGENÜBER: *Das italienische Gemälde aus dem 15. Jahrhundert zeigt den siegreichen griechischen Krieger Odysseus auf seinem Streitwagen. Er zieht den toten Körper des trojanischen Helden Hektor um die Stadtmauern von Troja.*

UNTEN: *Odysseus, von seiner erschütternden Reise ins heimatliche Ithaka zurückgekehrt, tötet eine Reihe von Verehrern, die die Gastfreundschaft seiner treuen Gattin Penelope missbraucht haben.*

dass sie lieber weit weg oder gar tot wäre. Das große Epos setzt zu einem Happy End an, aber erst nach einer gewalttätigen Szene im Palast. Odysseus offenbart sich gegenüber Penelope und seinem Sohn Telemachos, und gemeinsam mit ein oder zwei ihrer Diener überwältigen sie die Verehrer in einem blutigen Kampf mit Schwert, Pfeil und Bogen.

Unser Fragment der Odyssee bestätigt, dass um 250 v. Chr. schriftliche Versionen davon selbst im weit entfernten Ägypten kursierten. Bis heute streiten Gelehrte und Archäologen darüber, wie viel von der Geschichte auf Tatsachen beruht. Gab es die Belagerung von Troja wirklich? Und sind wirklich Heerscharen von Kriegern aus Mykene und anderen griechischen Städten über die Ägäis gesegelt, um die Stadt nach langer Belagerung einzunehmen? Unbestritten gab es eine große Kultur im griechischen Mykene von ungefähr 1600 bis 1100 v. Chr. Auch eine Stadt im Nordwesten der Türkei bei den Dardanellen ist nachweisbar. Ihre Überreste liegen bei Hisarlık, und wir konnten uns bei einer Reise davon überzeugen, dass die Ruinen auf einer Anhöhe liegen, die, durch eine darunterliegende Ebene getrennt, rund sieben Kilometer vom Meer entfernt ist. Darüber hinaus lassen sich diese Überreste (sie werden als Troja VIIA bezeichnet) auf die Zeit um 1200 v. Chr. datieren und weisen Brandspuren auf.

All dies ist noch immer Gegenstand intensiver Debatten unter Fachleuten, aber es ist eine verlockende Möglichkeit, dass dieser Hügel bei Hisarlık die Überreste von Troja verbirgt. Es ist aufregend, heute auf den Mauerresten zu stehen und sich die Schlacht auf der weiten Ebene auszumalen, den Untergang von Troja und die nachfolgenden ausgedehnten Reisen des Odysseus, die den (oder die) antiken Dichter so faszinierten, dass sie daraus zwei Meisterwerke der europäischen Literatur schufen. Dank dieses alten Textfragments und anderen davon wird die Geschichte niemals vergessen werden.

6

Das Ostrakon

Diese kleine Tonscherbe aus dem antiken Athen nennt man Ostrakon. Es ist die antike Version eines Stimmzettels. Für Megakles, dessen Name auf diese Scherbe geritzt wurde, hat sich der Wähler beim Scherbengericht (Ostrakismus) entschieden: Vertreibung aus Athen. Dies ist ein faszinierendes Zeugnis der ältesten Demokratie der Welt.

OBEN: Vier Exemplare eines Ostrakon, auf das die Wähler Athens ihren Kandidaten für den Ostrakismus ritzten, um ihn ins Exil zu schicken. Auf drei der Tonscherben steht der Name des Megakles.

GEGENÜBER: Kleisthenes, einer der Begründer der griechischen Demokratie, erfand das Scherbengericht Ende des 6. Jahrhunderts v. Chr. Ironischerweise nutzten die athenischen Wähler das Instrument Ostrakon später, um Kleisthenes' Neffen Megakles ins Exil zu schicken.

FOLGENDE SEITEN: Der Blick eines Künstlers auf die Agora, den Marktplatz im antiken Athen, unterhalb der Akropolis. Die athenische Demokratie erblühte, als die Stadt seit dem 6. Jahrhundert v. Chr. sich ihrer Freiheit erfreute.

Es ist das früheste Beispiel direkter Demokratie – Volksmacht – in ihrer reinsten Form. Einmal im Jahr konnte sich jeder Bürger des antiken Athen des 5. Jahrhunderts v. Chr. auf die Agora, den zentralen Marktplatz, begeben und ein Ostrakon hinterlassen, eine Tonscherbe, in eine Vase gelegt. Es war die antike Version eines modernen Wahlzettels, aber statt eines Kreuzes auf einem Stück Papier ritzte der Athener Wähler einen Namen in den Ton. Aber der Name war nicht der eines Mannes, dem der Wähler seine Stimme für ein Amt geben wollte, sondern desjenigen, dem er die Macht entziehen – und den er aus der Stadt werfen lassen wollte. Sobald der Unglückliche, dessen Name auf die Tonscherben geritzt wurde, 6.000 von den geschätzten rund 30.000 athenischen Wählerstimmen auf sich vereinte, musste er seine Siebensachen packen und ins Exil gehen. Die Negativstimme auf der Tonscherbe war eine direkte Machtausübung der Bürger.

Ostrakismus war nur eine der Möglichkeiten für Athener und die Bürger anderer griechischer Stadtstaaten mitzuentscheiden. Wenn die Wähler sich auf der Agora oder auf dem Pnyxhügel in Sichtweite der Akropolis trafen, gaben sie ihre Stimme nicht als Volksvertreter ab, wie das die Parlamentarier heute tun. Sie *waren* das Volk. Über jede größere Entscheidung, jede wichtige Berufung musste mit einem direkten Votum des Volkes entschieden werden. Man kann sich vorstellen, wie chaotisch es dabei zugegangen sein mag, wenn Tausende Rederecht forderten oder dazwischenriefen: Pfeifkonzerte oder lautstarke Zustimmung und dann das Handzeichen zur eigentlichen Stimmabgabe. Es war so, als würden Regierungen von heute nicht nur eine besonders wichtige Angelegenheit, sondern *alle* Entscheidungen an ein sofortiges Referendum der Gesamtbevölkerung vergeben.

Die athenische Demokratie war das Ergebnis eines Reformprozesses, der in den 590er Jahren v. Chr. begann und fast 300 Jahre später endete. Frauen und Sklaven waren vom Wahlrecht ausgeschlossen, nur Athener, die freie Männer waren, durften sich beteiligen. Aber bevor wir über diesen Umstand allzu hart urteilen, sollten wir uns vor Augen führen, dass Frauen erst seit Ende des 19. Jahrhunderts in modernen Demokratien das Wahlrecht zugestanden bekamen und dass kein männlicher Bürger unserer Zeit jemals per Stimme eine ähnliche Macht ausüben kann wie die alten Athener.

Die Helden der Demokratie, die Männer, die mehr als irgendjemand sonst dafür taten, der Welt das zu geben, was – in den Worten Abraham Lincolns – »die Regierung des Volkes durch das Volk und für das Volk« bedeutete, waren die athenischen Gesetzgeber Solon und Kleisthenes. Sie führten im 6. Jahrhundert v. Chr. die direkte Demokratie ein, indem sie allen freien, männlichen Bürgern eine direkte Mitsprache gewährten: bei Entscheidungen und der Vergabe von Ämtern an diejenigen, die den Staat regieren sollten. Solon hatte begonnen, als er die alte Aristokratie beiseiteschob, Kleisthenes vervollkommnete das Ganze in den Jahren 508 bis 507 v. Chr. Alle männlichen Bürger von Athen sollten das gleiche Recht haben, im regierenden Rat der Fünfhundert mitzuentscheiden. Dieser Rat war

der Souveränität der Volksversammlung aller Bürger untergeordnet und kontrollierte die laufenden Staatsgeschäfte. Das war die Regierungsform, die Athen ein goldenes Zeitalter der Demokratie und des Wohlstands ermöglichen sollte, das andauerte, bis fast zwei Jahrhunderte später Mazedonien ganz Griechenland unter seine Kontrolle brachte.

Kleisthenes war auch der Erfinder des Scherbengerichts, das mittels eine Tonscherbe selbst für die höchsten und mächtigsten Männer die Verbannung bedeuten konnte. Es war ein mächtiges Instrument der direkten Demokratie, auch wenn es mitunter von den Wählern skrupellos eingesetzt wurde, weil jemand bei ihnen in Ungnade gefallen war. Ein Opfer des Ostrakon war der findige athenische Politiker Themistokles, der 480 v. Chr. die Vernichtung der riesigen persischen Invasionsarmee geplant hatte. Nach einer Zeit als gefeierter Held wurde er nach einer Anklage wegen Korruption aus der Stadt geworfen. Ebenso wurde in einer vielsagenden ironischen Wendung, die die wechselhafte Natur der Demokratie bewies, Kleisthenes' Neffe Megakles ins Exil geschickt, nur ein Jahrzehnt nachdem sein Onkel der Stolz Athens gewesen war.

Unsere moderne Demokratie verdankt viel der Art und Weise, wie so viele Athener direkten Anteil an der Regierung erhielten, aber eine Facette der athenischen Politik kann nicht wiederholt werden. Moderne Staaten mögen das Wahlrecht auf alle Bürger erweitert haben, aber dadurch ist die Wählerschaft viel zu groß, als dass sie das Ausmaß an Macht erhalten könnte, das sie im alten Griechenland genoss.

7

Der Rosettastein

Der Rosettastein liefert den Schlüssel zur Entzifferung der altägyptischen Hieroglyphen. 196 v. Chr. wurde darauf eine priesterliche Verordnung in einer dreisprachigen Inschrift eingemeißelt. Zwei der Texte, in Griechisch und Demotisch, konnten leicht übersetzt werden. Damit konnten Fachleute auch die Bedeutung des dritten, in Hieroglyphen verfassten Textes entziffern.

Im Jahr 1799 war der 28 Jahre alte Pierre François Bouchard Leutnant in Napoleons Ägyptenarmee. Der französische Kaiser beauftragte den Ingenieur mit dem Wiederaufbau einer alten Festung im Nildelta nahe der Stadt Rosetta (dem heutigen Rashid). Mitte Juli stieß Bouchard zwischen all den Trümmern auf einen großen dunklen Stein, der mehr als einen Meter lang und 75 Zentimeter breit war. Er bestand aus Granodiorit, einem harten Stein aus Ostägypten, auf den in drei Sprachen ein Text gemeißelt war. Bouchard war fasziniert: Die große Stele war offensichtlich von Bedeutung, und er machte sofort seine Kollegen darauf aufmerksam – und Napoleon selbst.

Worauf Bouchard da gestoßen war, sollte sich als einer der wertvollsten archäologischen Funde aller Zeiten erweisen. Wahrscheinlich war der Stein 300 Jahre zuvor verwendet worden, als ägyptische Mameluken die Festung erbaut hatten. Sie konnten nicht wissen, worum es sich handelte oder was auf dem Stein geschrieben stand. Aller Wahrscheinlichkeit nach hatten sie ihn von einem zerstörten altägyptischen Tempel, nicht weit entfernt, in den Ruinen von Saïs im Nildelta.

Der unglückliche Bouchard wurde später von den Briten gefangen genommen, die Napoleon und seine Armee aus Ägypten vertrieben, aber zu

OBEN: Sir Thomas Young, der britische Wissenschaftler, den sein breites Wissen und seine unstillbare Neugier dazu trieben, 1813 die Entzifferung der ägyptischen Hieroglyphen zu wagen.

RECHTS: Der französische Gelehrte Jean-François Champollion, der den Rosettastein abschließend entschlüsselte. Eine Zeitlang arbeitete er mit Young zusammen, stellte ihn aber bald in seinen Schatten. Seine detaillierten Ergebnisse veröffentlichte er 1824.

GEGENÜBER: Der Rosettastein – oben der Hieroglyphen-Text, dann der demotische in der Mitte und der griechische unten. Die Hieroglyphen-Kartusche (Signatur) des ägyptischen Pharaos Ptolemäus V. ist hervorgehoben.

diesem Zeitpunkt begeisterten sich Fachleute, erst in Frankreich, dann in England, bereits für die neue Entdeckung, die sie Rosettastein nannten. Schnell befanden sie, dass darauf eine Art Verordnung in drei Sprachen eingemeißelt war – oben in ägyptischen Hieroglyphen, in der Mitte ägyptischem Demotisch und Altgriechisch ganz unten. Wenn die Worte in den drei Texten dasselbe bedeuteten, hatte man damit einen Schlüssel gefunden, um die bisher nicht entzifferte Hieroglyphen-Schrift Altägyptens zu entschlüsseln.

Bouchard hatte eine Inschrift gefunden, die aus dem Jahr 196 v. Chr. datierte, einem schwierigen Jahr für Ägypten. Im Jahr 204 v. Chr. war mit nur fünf Jahren Ptolemäus V. Pharao geworden, nachdem man seine Eltern ermordet hatte. Jetzt war er dreizehn, und sein Land befand sich in einer komplizierten Lage. In Teilen Ägyptens tobten Aufstände, und die Verordnung auf dem Stein enthüllt, in welchem Maß die königliche Familie für das eigene Wohl und das des Landes von der Priesterschaft abhängig war. Denn die Priester versprechen auf dem Rosettastein, zum Geburtstag des Königs und zum Krönungstag jährliche Feierlichkeiten abhalten zu lassen, im Austausch für das königliche Geschenk von Korn und Silber für die Tempel Ägyptens.

Aber die Bedeutung des Steins geht weit über diese triviale Episode der Dynastie-Geschichte hinaus. Er eröffnete den Zugang zum gesamten überlieferten Schrifttum einer der bedeutendsten Kulturen der Menschheitsgeschichte. Bald schon sollten all die anonymen Denkmäler und Gräber in Gizeh, Sakkara, Luxor und den anderen bedeutenden ägyptischen Stätten ihre Geschichte preisgeben. Allerdings brauchte es zwei Jahrzehnte englisch-französischer Forschung und Rivalität, bis sich das erfüllte. Die Zwietracht begann aber schon in Ägypten, wo die siegreichen Briten einen wilden Kampf um das Besitzrecht an dem Stein begannen. Nach einer Version der Geschichte wurde der besiegte französische Armeekommandeur erwischt, weil er versuchte, den Stein mit mehreren Teppichen umwickelt in seinem Gepäck herauszuschmuggeln, als er nach Frankreich aufbrach.

Auf einer eroberten französischen Fregatte, der HMS ÉGYPTIENNE, brachte man den Stein nach England und übergab ihn dem British Museum. Kopien der Inschrift wurden im In- und Ausland eifrig herumgereicht, und so entbrannte ein intellektueller Wettstreit zwischen Frankreich und Großbritannien. Die Schlüsselfiguren dabei waren Thomas Young in London und Jean-François Champollion in Grenoble. Insbesondere Young arbeitete überaus hart an dem, was man »Kartuschen« nannte, klar umrahmte Begriffe, hinter denen man die Namen ägyptischer Könige vermutete. Er fand heraus, dass eine der Kartuschen die Symbole enthielt, die für den Namen Ptolemäus standen. Für die vollständige Entschlüsselung der Hieroglyphen lieferten Young und Champollion wichtige Beiträge, aber die Ausgangsbasis für Ägyptologen zum Verständnis der Inschriften ägyptischer Gräber und Tempel wurde Champollions Veröffentlichung 1822, eine Art Wörterbuch für Hieroglyphen. Nun konnten die Texte über die ägyptischen Dynastien und ihre Könige und Beamten gelesen werden.

Die Rivalität der beiden Männer erhielt internationale Dimensionen, als Besucher des British Museum sich über die Größe ihrer ausgestellten Porträts beschwerten. In den frühen 1970er Jahren protestierten französische Besucher des Museums, Youngs Bildnis sei größer als das von Champollion, während britische Besucher das Gegenteil behaupteten – dabei waren beide Bilder genau gleich groß.

RECHTS: Champollions Notizbuch dokumentiert seine akribische Arbeit beim Entziffern der ägyptischen Hieroglyphen. Er untersuchte jedes Symbol und entschlüsselte so die vergessene Sprache Altägyptens.

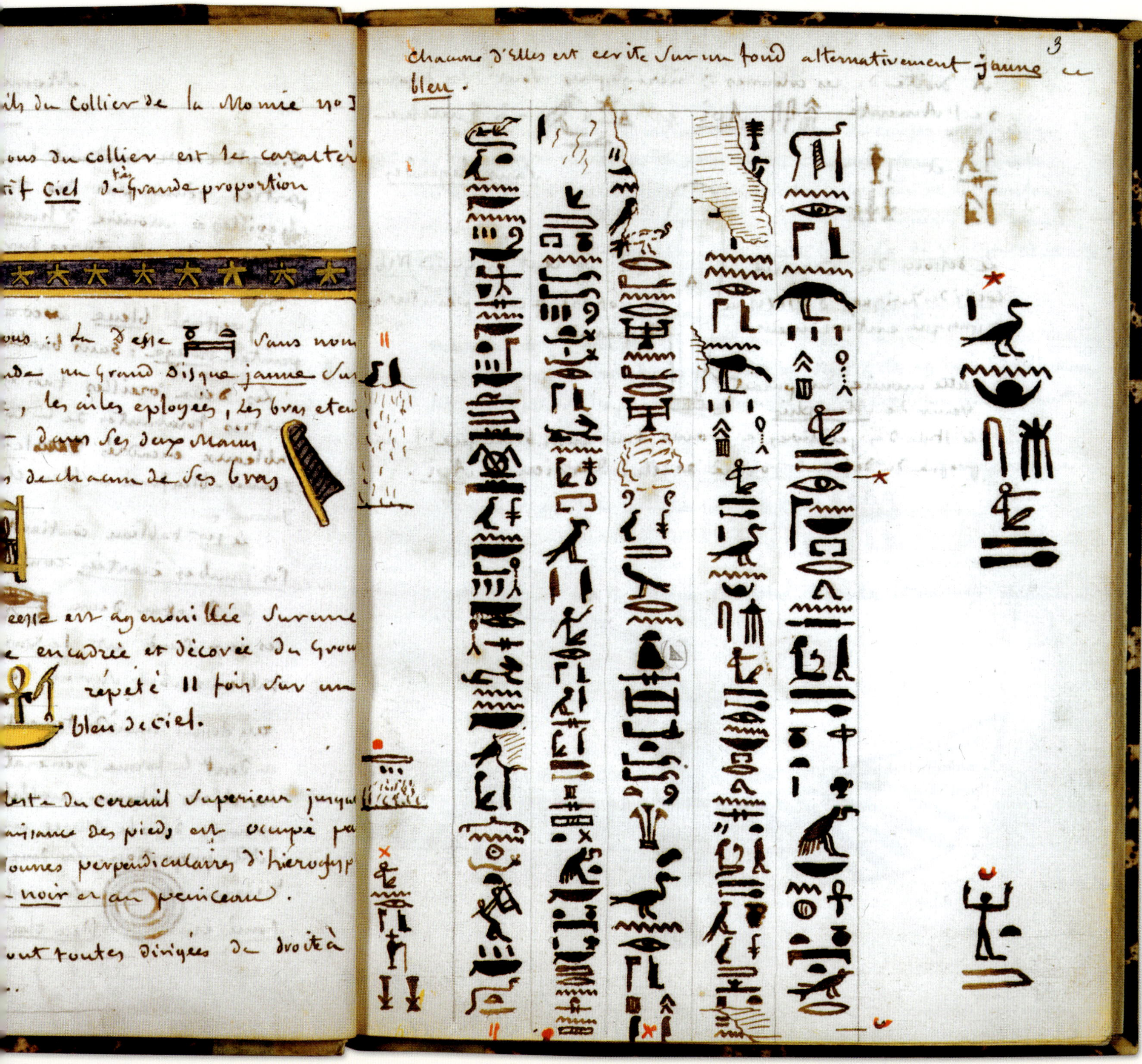
ils du Collier de la Momie n° I
ous du collier est le caractè
tif Ciel de très grande proportion
ous : la Déesse sans nom
nde un grand disque jaune sur
, les ailes éployées, les bras éten
dans ses deux mains
s de chacun de ses bras
esse est agenouillée sur une
encadrée et décorée du grou
répété 11 fois sur un
bleu de ciel.
este du cercueil supérieur jusqu
naissance des pieds est occupé pa
onnes perpendiculaires d'hiérogly
noir et au pinceau.
ont toutes dirigées de droite à

3
Chacune d'elles est écrite sur un fond alternativement jaune et bleu.

8

Die Schriftrollen vom Toten Meer

Palästinensische Schafhirten fanden sie zufällig 1946/47 in Höhlen ein Stück westlich vom Toten Meer: die Schriftrollen vom Toten Meer, ein archäologisches Wunder. Sie enthalten umfängliche Passagen der hebräischen Bibel, des Alten Testaments, die Mitglieder der strengen jüdischen Sekte der Essener vor rund 2.000 Jahren aus noch älteren Texten kopierten.

RECHTS: Die schmalen Amphoren, in denen die Schriftrollen vom Toten Meer entdeckt wurden. Die Deckel der Vasen bewahrten die Rollen vor der Feuchtigkeit.

GEGENÜBER: Eine Auswahl der Schriftrollen, vorsichtig von Experten entrollt. Im Ganzen sind es um die eintausend Texte, überwiegend aus der hebräischen Bibel.

Eine zufällige Entdeckung kurz nach dem Zweiten Weltkrieg beförderte einen Schatz hervorragend erhaltener biblischer Handschriften zutage. Die Schriftrollen vom Toten Meer, geschrieben auf Papyrus – hergestellt aus dem Stängel der Papyruspflanze – enthalten das geschriebene Wort der hebräischen Bibel, des Alten Testaments, und wurden eintausend Jahre vor allen anderen erhaltenen Texten geschrieben. Worauf die Hirten nahe der Nordwestecke des Toten Meeres da stießen, belegt, was die jüdische Welt um die Zeit von Christi Geburt von den älteren biblischen Schriften wusste.

Nachdem die Schafhirten die ersten Rollen gefunden hatten, versuchten sie sie auf lokalen Märkten zu verhökern, ohne dabei auf großes Interesse zu stoßen, und verkauften sie schließlich für ein paar Dollar. Es dauerte noch zwei oder drei Jahre, bis Gelehrte sie als das erkannten, was sie waren, und 1949 die Höhlen erneut untersucht wurden.

Wer immer diese Texte aufschrieb (sie müssen von noch älterem Material kopiert worden sein), es waren Mitglieder einer strengen jüdischen Sekte, die isoliert in einem Dorf namens Khirbet Qumran lebte, 40 Kilometer östlich von Jerusalem. Gelehrte vermuten, dass es sich um Essener handelte, die von ca. 300 v. Chr. bis zur römischen Niederschlagung des jüdischen Aufstands 73 n. Chr. ein Leben in extremer klösterlicher Abgeschiedenheit erduldeten. Der römische Autor Plinius beschrieb die Essener als »einzigartig und bewundernswerter als alle anderen auf der Welt, ohne Frauen und in Ablehnung von Liebe, ohne Geld und nur in Gesellschaft von Palmen«. In ihren Siedlungen hatten die keuschen Eremiten ein Skriptorium (eine Lese- und Schreibstube), wo sie tagein, tagaus auf ihr Papyrus schrieben, was sie dann in Amphoren in einem Dutzend Höhlen in der Nähe verwahrten. Inzwischen werden die Rollen nach der Höhle benannt, in der sie gefunden wurden. Die Essener trugen weiße Kleider, aßen frugale Kost und befolgten eine strikte Routine, vor allem am Sabbat, an dem sogar jegliche Ausscheidung verboten war. An Wochentagen mussten sie sich ein entferntes Örtchen suchen, um diese Bedürfnisse zu befriedigen, und ihren Kot vergraben. Unziemliches Verhalten (es ist nicht klar, ob sich das auf zufälliges oder absichtliches Verhalten bezieht) zog mindestens 30 Tage Bestrafung nach sich.

Das überlebende Zeugnis der bemerkenswerten Arbeit dieser Schreiberlinge umfasst rund 950 Manuskripte, die vor allem in Hebräisch und Aramäisch verfasst wurden. Sie enthalten Passagen unterschiedlicher Länge aus der hebräischen Bibel (dem Alten Testament), von der Genesis über die fünf Bücher Mose bis zu den Propheten. Die Schriftrolle vom Buch Jesaja umfasst alle 66 Kapitel.

Besonders faszinierend an diesem umfänglichen Schatz biblischer Schriften ist, wie sehr er abweicht vom masoretischen Text des Mittelalters,

der eintausend Jahre später zusammengestellt wurde – und der bis zur Entdeckung der Schriftrollen als klassische Quelle der heiligen Schriften galt. Um nur ein interessantes Detail herauszunehmen: Der Riese Goliath, den der berühmte David im Einzelkampf tötete, wird in der autorisierten Version der Bibel (aus dem masoretischen Text) beschrieben als sechs Ellen und eine Spanne groß (1 Samuel 17:4). Das wären fast drei Meter Größe. Die Schriftrolle vom Toten Meer mit dem Buch Samuel aus der Höhle Nr. 4 jedoch beschreibt ihn als vier Ellen und eine Spanne groß – das wären nur etwas mehr als zwei Meter.

Nicht nur weicht der Text selbst von dem der autorisierten Bibel ab, mitunter gehen die Schriftrollen auch darüber hinaus. Zum Beispiel macht sich im 12. Buch der Genesis Abraham mit seiner Frau Sarah auf nach Ägypten. Aber er befürchtet, der Pharao könnte so von ihr angezogen sein, dass er Abraham töten würde, um ihn aus dem Weg zu schaffen. Die Bibel beschreibt Sarah als »sehr hübsch«. Die Schriftrollen aber gehen viel mehr ins Detail: »So fein sind die Haare auf ihrem Kopf. Wie wundervoll sind ihre Augen. Wie anziehend ist ihre Nase und der Glanz ihres Angesichts [...] Keine Jungfrau oder Braut, die je ins Hochzeitszimmer geführt wurde, war so schön wie sie [...]« Diese zusätzliche Beschreibung wirkt besonders auffällig angesichts der puritanischen Ansichten der Essener!

Da es die Essener noch drei oder vier Jahrzehnte nach dem Leben und der Kreuzigung Jesu gab, suchten die Gelehrten in den Schriftrollen nach Hinweisen auf die neue christliche Religion. Manche vermuten, der Bezug auf einen »ermordeten Messias« könnte darauf verweisen, aber weder dies noch andere Hinweise sind allgemein akzeptiert.

Die meisten der Schriftrollen werden heute im Schrein der Bücher des Israelischen Museums von West-Jerusalem aufbewahrt. Zehntausende Besucher kommen jedes Jahr, um sie zu sehen. Jede Rolle wird nur drei bis sechs Monate ausgestellt und dann weggepackt, um sich selbst vom kleinsten bisschen Licht zu erholen, dem sie ausgesetzt war. Ein zeitloses Mysterium umgibt die Geschichte der Schriftrollen – ob man die Umstände ihrer Entdeckung nimmt oder das Rätsel ihres Gehalts. Sie sind auch eine Inspiration für Autoren. Dan Brown erwähnt sie mehrmals in seinem »Da Vinci Code«.

GEGENÜBER: In dieser kargen Landschaft wurden die Schriftrollen in Höhlen nicht weit von der antiken Siedlung Khirbet Qumran entdeckt, nordwestlich des Toten Meeres. 1946 stießen Schafhirten auf die ersten Amphoren.

LINKS: Viele der Rollen bestehen aus Pergament oder Papyrus. Experten setzen sie mit speziellen Instrumenten vorsichtig zusammen.

9

Die Res Gestae des Augustus

Diese gewaltige Inschrift ist bekannt als Res Gestae Divi Augusti (Die Taten des göttlichen Augustus) und nimmt eine ganze Mauer eines römischen Tempels im türkischen Ankara ein. Unser Dokument ist eine Kopie, die in eine Mauer in Rom gemeißelt wurde. Sie listet alle Verdienste des ersten römischen Kaisers auf, der von 30 v. Chr. bis 14 n. Chr. regierte.

RECHTS: Ein Mann passiert die moderne Kopie der riesigen Res-Gestae-Inschrift in Rom, die die Errungenschaften des Kaisers Augustus rühmt. Der Text besteht aus vier Abschnitten und preist die politische Laufbahn des Augustus, sein Können, seine militärischen Taten und den breiten Rückhalt im Volk, den er erfuhr.

Es ist kaum verwunderlich, dass Kaiser Augustus, der Rom zur selben Zeit regierte, in der Jesus Christus in Judäa lebte, in dieser gigantischen Inschrift seine Errungenschaften so stolz in die Welt hinaustrompetet. Er will sicherstellen, dass niemand in seinem riesigen Reich seine Taten je vergisst. Und er hinterließ ja tatsächlich eine Erbschaft, auf die er stolz sein konnte. Er war der Mann, der den brandgefährlichen Bürgerkrieg erbte, von dem die kollabierende Römische Republik heimgesucht wurde, und der einen konstitutionellen Leuchtturm der Stabilität errichtete, der 1500 Jahre lang Bestand haben sollte. Aus der Republik wurde ein Reich, das von einer Abfolge von Kaisern regiert wurde, die sich mit wechselndem Geschick bis zum Fall von Konstantinopel 1453 hielten.

Augustus war der erste Kaiser und einer der kompetentesten und erfolgreichsten. Er beendete den innerrepublikanischen Streit, indem er skrupellos alle seine Gegner ausschaltete, als deren letzten den unglücklichen Antonius, den seine Zuneigung zur ägyptischen Königin Kleopatra davon ablenkte, die Gelegenheit zur Herrschaft über die römische Welt zu ergreifen. Im Jahr 27 v. Chr. hatte Augustus keinen Rivalen mehr. »Ich befand mich«, so schreibt er recht offen in seinen Res Gestae, »im Besitz der staatlichen Allgewalt.« Das Ergebnis des Erfolgs von Augustus war eine überwiegend friedliche Regierungszeit von vier Jahrzehnten, die mit seinem Tod 14 n. Chr. endete. Es war das Zeitalter des Augustus, eine Epoche von aufblühender Kreativität in Literatur und anderen Künsten. Die Welt wurde reicher durch die Werke großer Männer wie Vergil, Horaz und Ovid, von Wohltätern und Architekten, und der Biograph Sueton schrieb Augustus den Satz zu: »Ich fand eine Stadt aus Backstein vor und hinterließ eine Stadt aus Marmor.« In seiner Aeneis pries Vergil »Caesar Augustus, des Göttlichen Sohn, der die goldenen

TERRARVM · IMPERIO · POPVLI · ROM
TILIO · CONSVLIBVS · ARAM · PACIS · AVGVSTAE · SENATVS · PRO · REDITV · MEO · CONSACRANDAM
TIVM · IN · QVA · MAGISTRATVS · ET · SACERDOTES · VIRGINESQVE · VESTALES · ANNIVERSARIVM
SIT · IANVM · QVIRINVM · QVEM · CLAVSSVM · ESSE · MAIORES · NOSTRI · VOLVERVNT · CVM
VLI · ROMANI · TERRA · MARIQVE · ESSET · PARTA · VICTORIIS · PAX · CVM · PRIVS · QVAM · NASCERER · A
CLAVSVM · FVISSE · PRODATVR · MEMORIAE · TER · ME · PRINCIPE · SENATVS · CLAVDENDVM · ESSE · CENSVIT
NES · MIHI · ERIPVIT · FORTVNA · GAIVM · ET · LVCIVM · CAESARES · HONORIS · MEI · CAVSSA
MANVS · ANNVM · QVINTVM · ET · DECIMVM · AGENTIS · CONSVLES · DESIGNAVIT · VT · EVM
OST · QVINQVENNIVM · ET · EX · EO · DIE · QVO · DEDVCTI · SVNT · IN · FORVM · VT · INTERESSENT
VIT · SENATVS · EQVITES · AVTEM · ROMANI · VNIVERSI · PRINCIPEM · IVVENTVTIS · VTRVMQVE
ARGENTEIS · DONATVM · APPELLAVERVNT · PLEBEI · ROMANANAE · VIRITIM · HS · TRECENOS
TO · PATRIS · MEI · ET · NOMINE · MEO · HS · QVADRINGENOS · EX · BELLORVM · MANIBIIS · CONSVL
AVTEM · IN · CONSVLATV · DECIMO · EX · PATRIMONIO · MEO · HS · QVADRINGENOS · CONGIARI
CONSVL · VNDECIMVM · DVODECIM · FRVMENTATIONES · FRVMENTO · PRIVATIM · COEMPTO
ICIA · POTESTATE · DVODECIMVM · QVADRINGENOS · NVMMOS · TERTIVM · VIRITIM · DEDI
RVENERVNT · AD · HOMINVM · MILLIA · NVNQVAM · MINVS · QVINQVAGINTA · ET · DVCENTA
DVODEVICENSIMVM · CONSVL · XII · TRECENTIS · ET · VIGINTI · MILLIBVS · PLEBIS · VRBANAE
ITIM · DEDI · ET · COLONIS · MILITVM · MEORVM · CONSVL · QVINTVM · EX · MANIBIIS · VIRITIM
DEDI · ACCEPERVNT · ID · TRIVMPHALE · CONGIARIVM · IN · COLONIS · HOMINVM · CIRCITER
CONSVL · TERTIVM · DECIMVM · SEXAGENOS · DENARIOS · PLEBEI · QVAE · TVM · FRVMENTVM
I · EA · MILLIA · HOMINVM · PAVLLO · PLVRA · QVAM · DVCENTA · FVERVNT · PECVNIAM · PRO
ATV · MEO · QVARTO · ET · POSTEA · CONSVLIBVS · M · CRASSO · ET · CN · LENTVLO · AVGVRE
VI · MVNICIPIS · EA · SVMMA · SESTERTIVM · CIRCITER · SEXSIENS · MILLIENS · FVIT · QVAM
MERAVI · ET · CIRCITER · BIS · MILLIENS · ET · SESCENTIENS · QVOD · PRO · AGRIS · PROVINCIALIBVS
LVS · OMNIVM · QVI · DEDVXERVNT · COLONIAS · MILITVM · IN · ITALIA · AVT · IN · PROVINCIS · AD
FECI · ET · POSTEA · TI · NERONE · ET · PISONE · CONSVLIBVS · ITEMQVE · C · ANTISTIO
CALVISIO · ET · L · PASIENO · CONSVLIBVS · LENTVLO · ET · M · MESSALLA · CONSVLIBVS · ET
COS · MILITIBVS · QVOS · EMERITEIS · NDIS · IN · SVA · MVNICIPIA · DEDVXI · PRAEMIA
NVMERATO · PERSOLVI · QVAM · IN · RE
MEA · IVVI · AERARIVM · ITA · VT · SESTE
DETVLERIM · ET · M · LEPIDO · ET · L
CONSTITVTVM · EST · EX · QVO · PRAEMIA
HS · MILLIENS · ET · SEPTINGENTIENS · EX
CONSVLES · FVERVNT · CVM · DEFICE
MVLTO · FRVMENTARIOS · ET · NVMMAR
ET · CONTINENS · EI · CHALCIDICVM
IVLI · LVPERCAL · PORTICVM · AD · CIR
PRIOREM · EODEM · IN · SOLO · FECERA
IOVIS · FERETRI · ET · IOVIS · TONANT
LIBERTATIS · IN · AVENTINO · AEDEM · L
IVVENTATIS · AEDEM · MATRIS · MAG
OPVS · IMPENSA · GRANDI · REFECI · S
LOCIS · VETVSTATE · LABENTES · REFECI
RIVVM · EIVS · INMISSO · FORVM · IV
SATVRNI · COEPTA · PROFLIGATAQVE
INCENDIO · AMPLIATO · EIVS · SOLO
PERFECISSEM · PERFICI · AB · HEREDIB
SEXTVM · EX · AVCTORITATE · SENATVS
CONSVL · SEPTIMVM · VIAM · FLAMINIA
ET · MINVCIVM · IN · PRIVATO · SOL
THEATRVM · AD · AEDEM · APOLLINIS
M · MARCELLI · GENERI · MEI · ESSET
APOLLINIS · ET · IN · AEDE · VESTAE · ET
HS · CIRCITER · MILLIENS · AVRI · CO
ITALIAE · CONFERENTIBVS · AD · TRIVMP

Das Römische Reich, ca. 20 v. Chr. bis 10 n. Chr.

GEGENÜBER: Ein Teil der originalen, heute unvollständigen Inschrift der Res Gestae im Tempel des Augustus in Ancyra (dem heutigen Ankara) in der Türkei.

RECHTS: Diese Marmorstatue des Augustus wurde 1863 in den Ruinen des Hauses seiner Gattin Livia gefunden und ist zwei Meter hoch. Roms erster Kaiser regierte 44 Jahre lang, von 30 v. Chr. bis 14 n. Chr.

Zeiten wieder nach Latium bringt, wo früher das Zepter Saturns herrschte.«

Wie aber schaffte es Augustus, dieses Goldene Zeitalter zu ermöglichen und eine Ära kaiserlicher Regierung zu installieren, die so lange Bestand haben sollte? Er bewerkstelligte das, indem er die Institutionen der alten Republik in einen Machtapparat überführte, der ihm eine stabile und dauerhafte Regierung ermöglichte. Das war ein längerer Prozess, während dem er stets vorsichtig sein musste, um seinen Respekt für ehrwürdige Institutionen wie den römischen Senat zu unterstreichen. Im Unterschied zu seinem Großonkel Julius Caesar, der zu rasch zu viel Macht auf sich vereinigte, verhielt sich Augustus besonnen und vorsichtig.

In seinen ersten Jahren an der Macht vermittelte der unangefochtene Anführer, er respektiere die Rechte der Senatoren und anderer Amtsinhaber, die wichtigen Entscheidungen zu treffen, aber allmählich übernahm er Machtbefugnisse, die seine Autorität unterstrichen. Augustus vermied alles, was ihn wie einen König aussehen ließ, doch im Jahr 27 v. Chr. wurde er *princeps senatus* und *imperator* – Erster Senator und Oberbefehlshaber. Dann verschaffte er sich die Macht eines Tribuns auf Lebenszeit und konnte so den Senat zusammenrufen und den Wahlen vorsitzen.

Sueton schrieb über Augustus ein Jahrhundert nach ihm und beschrieb ihn als Womanizer, der mit großer Grausamkeit vorgehen konnte, der aber auch großzügig war und Bescheidenheit und sogar Ablehnung zeigte, wenn man ihm allzu sehr schmeichelte. Augustus war nicht sehr groß und hatte »klare und helle Augen. Seine Augenbrauen stießen über seiner römischen Nase zusammen [...] und sein Haar war gelblich und recht lockig.« Blumige Rede mochte er nicht, sondern sprach klar und direkt, und er »trank nie mehr als drei Schalen Wein und Wasser zum Abendessen«.

Augustus arbeitete an der Vereinheitlichung der Verwaltung Roms und Italiens, und als er starb, umfasste das Römische Reich das gesamte Mittelmeer und erstreckte sich bis auf den Balkan. Wie die Res Gestae betonen, fügte er dem Reich mehrere Provinzen hinzu, darunter einige, die Roms Grenzen im Norden bis zur Donau ausdehnten.

Unter den Nachfolgern des Augustus versank das Herrscherhaus der Caesaren in einen Sumpf von Ausschweifung und Inkompetenz und erlangte erst fast ein Jahrhundert später wieder einige Größe unter Trajan, Hadrian und der Antoninischen Dynastie im zweiten Jahrhundert. Doch nie verblasste die Erinnerung an die Herrschaft des ersten römischen Kaisers. Im frühen 18. Jahrhundert erlebte England eine kreative Epoche intellektueller Blüte, die für ihre Schriftsteller, Philosophen und Satiriker so berühmt wurde, dass sie das zweite Augusteische Zeitalter genannt wurde.

WELTSYSTEM
oder
Darstellung des
nach der
des
COPERNI
PLANO
Schütze
Skorpion
Steinbock
Wassermann
Fische
Widder
Stier
Zwillinge
Die Bahn des Saturn
Der Mond mit der unter
ihm liegenden Welt.
dem Monde und den 4 Elementen um Sonne, Venus und Merkur bewegt.
VENUS
Bahn des Merkur
MERKUR
Bahn der Venus
Die Bahn des Mars
SATURN
MARS

Mittelalter und Frühe Neuzeit

ca. 600 bis 1648

10

Der Koran

Der Koran, das heilige Buch des Islam, ist das meistgelesene und -vorgetragene Buch überhaupt. Seine Philosophie, seine Gebote und Verhaltensregeln machten den Islam zur Religion eines Viertels der Weltbevölkerung. Muslime betrachten ihn als Wort Gottes, zwischen 610 und 632 n. Chr. dem Propheten Mohammed offenbart durch den Erzengel Gabriel. In ihrem Verständnis ist Mohammed der letzte und bedeutendste in einer langen Reihe von Propheten, zu denen auch Adam, Noah, Abraham, Moses und Jesus gehören, denen sich Gott offenbarte.

Muslime glauben, der Erzengel Gabriel habe den 40 Jahre alten Mohammed eines Nachts besucht, als er sich im Jahr 610 in der Höhle von Hirā nahe Mekka zur Meditation zurückgezogen hatte. Der Engel verkündete Mohammed, Gott habe ihn zu einem Propheten erwählt, und trug ihm drei Verse vor. Als er aufwachte, sagte der neu erwählte Bote Gottes, die Verse hätten sich seinem Herzen eingeschrieben. In den folgenden 22 Jahren gab es zahlreiche weitere Offenbarungen in Mekka und in Medina, und da Mohammed Analphabet war, lernte er sie auswendig. Er verkündete die Worte Gottes seinen Jüngern, von denen einige schreiben konnten. Sie schrieben Mohammeds Verse auf Tafeln, Palmblätter und Tierknochen. Nach dem Tod des Propheten 632 wurde sein Schwiegervater Abu Bakr zu seinem Nachfolger oder Kalifen berufen. Abu Bakr beauftragte Schreiber, so viele der aufgeschriebenen Verse wie möglich zu sammeln und zu einem Manuskript zusammenzufassen. Als sich der Islam von der arabischen Halbinsel nach Persien, auf den östlichen Mittelmeerraum und Nordafrika ausbreitete, sorgte man sich zunehmend, die Überlieferung des Koran könne Schaden nehmen. Nach einem Bericht nahm um 650 der dritte Kalif, Uthman (Mohammeds Schwiegersohn), das Manuskript des Abu Bakr und fügte Verse hinzu, an die sich Mohammeds Gefährten erinnerten. Diesen überarbeiteten Koran schickte er in alle islamischen Länder und befahl, alle anderen Texte zu zerstören. Der uthmanische Kodex wurde zur kanonisierten Form der Heiligen Schrift des Koran und blieb bis zum heutigen Tag unverändert.

Der Koran enthält etwas mehr als 77.000 Wörter (die Bibel des Christentums ist zehnmal länger). 114 Kapitel bestehen aus Mohammeds Offenbarungen, Suren genannt. Jede Sure besteht aus mehreren Versen über Themen von der Allmacht Gottes bis zur Armenfürsorge. Rund ein Drittel der Suren befasst sich mit dem Leben nach dem Tod und dem Jüngsten Gericht. Der Rest betrifft Gebet, Geschichte und Erzählungen, die auch die Bibel überliefert. Einige der Suren haben Kontroversen ausgelöst und führten zu unterschiedlichen Auslegungen. Zum Beispiel besagt die 4. Sure, Vers 34: »Die Männer stehen über den Frauen, weil Gott sie vor diesen ausgezeichnet hat [...] Und wenn ihr fürchtet, dass irgendwelche Frauen sich auflehnen, dann vermahnt sie, meidet sie im Ehebett und schlagt sie.« Daraus erwuchs eine große Debatte über die Rolle und Behandlung der Frau im Islam. In vielen Diskussionen geht es um Bestrafung. Sure 5, Vers 38 sagt von den Dieben: »Trennt ihnen ihre Hände ab als Lohn für das, was sie begangen haben, und als ein warnendes Beispiel von Allah.« Der Aufstieg des Jihadismus, eines militanten Islam, hat zu erhitzten Debatten geführt, ob der Koran die Tötung von Nicht-Muslimen erlaubt. Manche behaupten ja, aber die meisten Autoritäten sagen, der Koran verbiete Gewalt, und Gläubige dürften nur zur Selbstverteidigung kämpfen.

Es hat im Islam Brüche gegeben, vor allem im Disput über die Nachfolge Mohammeds. Eine Gruppierung, die als Schiiten Bekanntheit erlangte, verlangte Mohammeds Cousin Ali als Kalifen, einen direkten Blutsverwandten. Eine größere Gruppe, die Sunniten, wollten Mohammeds Schwiegervater Abu Bakr als neuen Anführer. Die Sunniten obsiegten in der Auseinandersetzung und machen heute fast 90 Prozent der Muslime weltweit aus. In jüngerer Zeit gerieten die beiden Fraktionen in Konflikt miteinander: Länder wie

GEGENÜBER: Dieses Pergament aus dem 7. Jahrhundert n. Chr. ist eine der ältesten Ausgaben des Koran und wurde von Arbeitern gefunden, die 1972 die Große Moschee im jemenitischen Sanaa renovierten. Es handelt sich um ein Palimpsest, überschrieben, ausradiert und erneut beschrieben.

اموالهم ابتغا مرضات الله و تثبيتا
من انفسهم كمثل جنه بربوه اصابها وابل
فاتت اكلها ضعفين فان لم يصبها وابل
فطل و الله بما تعملون بصير ايود احد
كم ان تكون له جنه من نخيل و اعنب تجرى
من تحتها الانهر له فيها من كل الثمرت و ا
صابه الكبر و له ذريه ضعفا فاصابها ا
عصار فيه نار فاحترقت كذلك يبين الله
لكم الايت لعلكم تتفكرون يايها الذ
ين امنوا انفقوا من طيبت ما كسبتم
و مما اخرجنا لكم من الارض و لا تيمموا
الخبيث منه تنفقون و لستم باخذيه
الا ان تغمضوا فيه و اعلموا ان الله
غنى حميد الشيطن يعدكم الفقر و يامر
كم بالفحشا و الله يعدكم مغفره منه و
فضلا و الله وسع عليم يوتى الحكمه م
ن يشا و من يوت الحكمه فقد اوتى خير
ا كثيرا و ما يذكر الا اولوا الالبب
و ما انفقتم من نفقه او نذرتم من نذر فا
ن الله يعلمه و ما للظلمين من انصر ا
ن تبدوا الصدقت فنعما هى و ان تخفوها
و توتوها الفقرا فهو خير لكم و يكفر عنكم
من سياتكم و الله بما تعملون خبير ليس

21

المص كتب انزل اليك

فلا يكن في صدرك حرج منه لتنذر به وذكرى للمومنين
اتبعوا ما انزل اليكم من ربكم ولا تتبعوا من دونه اولياء
قليلا ما تذكرون وكم من قرية اهلكنها فجاءها باسنا
بيتا او هم قائلون فما كان دعويهم اذ جاءهم باسنا
الا ان قالوا انا كنا ظلمين فلنسئلن الذين ارسل اليهم ولنسئلن
المرسلين فلنقصن عليهم بعلم وما كنا غائبين والوزن
يومئذ الحق فمن ثقلت موازينه فاولئك هم المفلحون ومن

خفت موازينه فاولئك الذين

خسروا انفسهم بما كانوا بايتنا يظلمون ولقد
مكنكم في الارض وجعلنا لكم فيها معايش قليلا ما
تشكرون ولقد خلقنكم ثم صورنكم ثم قلنا للملئكة
اسجدوا لادم فسجدوا الا ابليس لم يكن من السجدين قال
ما منعك الا تسجد اذ امرتك قال انا خير منه خلقتني من نار
وخلقته من طين قال فاهبط منها فما يكون لك ان تتكبر
فيها فاخرج انك من الصغرين قال انظرني الى يوم يبعثون

قال انك من المنظرين قال

Das islamische Imperium auf dem Höhepunkt seiner Ausdehnung

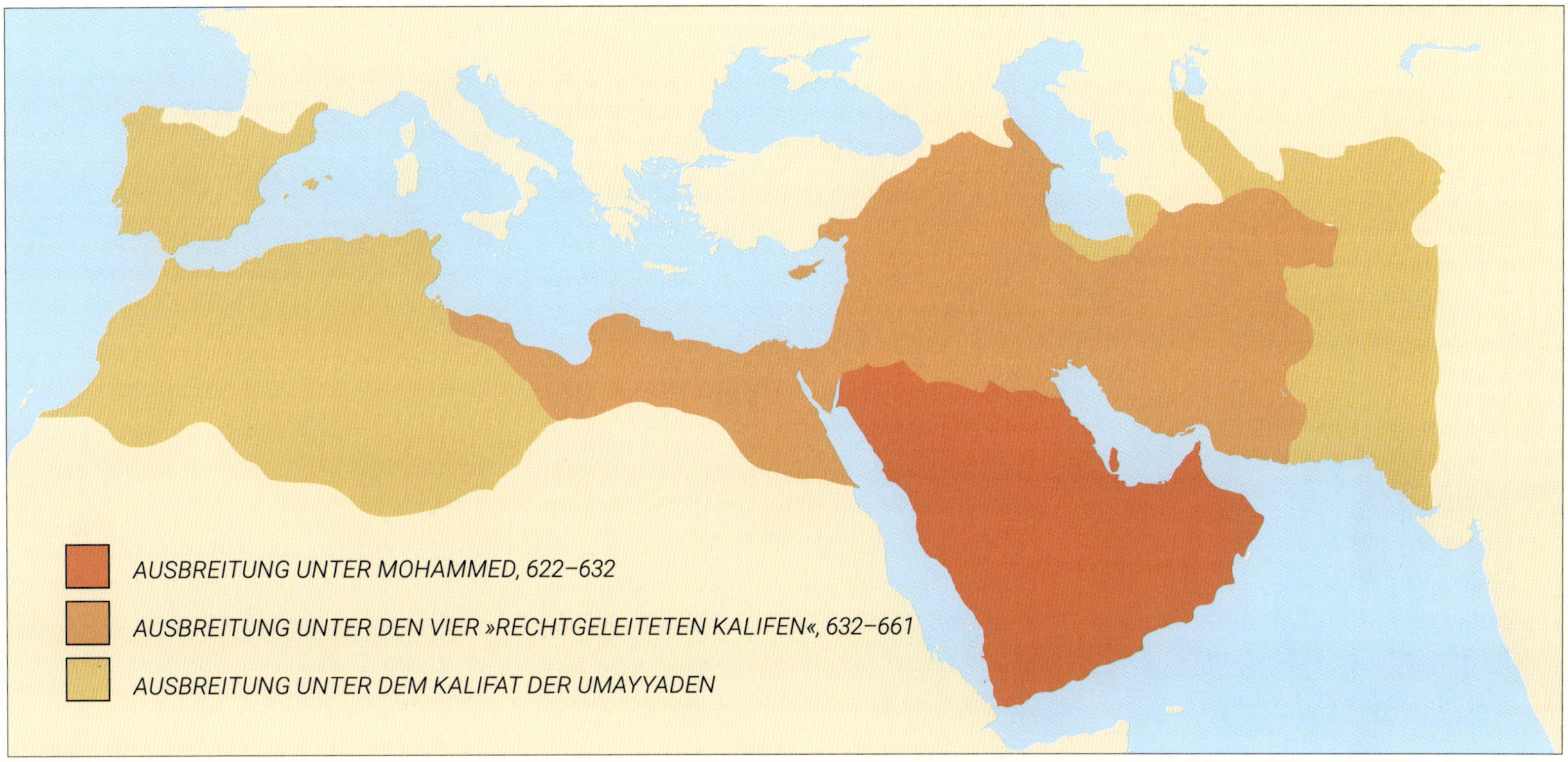

Saudi-Arabien, sunnitisch regiert, und Iran, wo Schiiten die Vorherrschaft haben. Bei allen Unterschieden erkennen beide Richtungen des Islam den uthmanischen Koran an.

Mohammed wird als Reformer angesehen, der heidnische Stammesriten der Arabischen Halbinsel mit seiner islamischen Lehre ersetzte, die sich auf Religion, Familienbeziehungen, Geschäftspraktiken und Politik bezieht. 80 Jahre nach Mohammeds Tod begannen die muslimischen Eroberungen, eines der größten Imperien der Weltgeschichte zu errichten. Die Bewohner der eroberten Länder konvertierten nicht sogleich zum Islam, aber mit dem Aufbau muslimischer Schulen und Moscheen verbreiteten sich arabische Sprache, Sitten und der islamische Glaube. Die Religion nahm ihren Weg entlang der Handelsrouten nach Afrika und Asien. Muslimische Armeen besetzten das gesamte Nordafrika, eroberten Spanien und vertrieben 1291 christliche Kreuzfahrer aus dem Nahen Osten. Die Osmanen, deren muslimisches Imperium vom 13. bis ins 20. Jahrhundert bestand, nahmen 1453 Konstantinopel ein und zogen bis vor die Tore Wiens. Heute gibt es auf der Welt rund zwei Milliarden Muslime. Diese Zahl wird sich bis 2060 wohl auf drei Milliarden erhöhen, dann wird der Islam das Christentum als größte Weltreligion übertrumpfen.

GEGENÜBER: Die Ausschmückungen im Oppenheim-Koran symbolisieren die Ausbreitung des Islam. Ähnliche Muster finden sich in der spanischen Alhambra oder in Marokko.

11

Das Book of Kells

Das Book of Kells ist eine illustrierte mittelalterliche Handschrift der vier Evangelien des Neuen Testaments. Die Handschrift stammt von Mönchen, die um das Jahr 800 Texte abschrieben und illustrierten, die aus noch älteren Handschriften stammten. Hier abgebildet ist die eine ganze Seite umfassende Abbildung der Jungfrau Maria mit dem Kind in all ihrer farbigen Pracht.

Das Book of Kells mit den vier Evangelien des Neuen Testaments der christlichen Bibel wird immer wieder als schönstes Buch überhaupt bezeichnet. Es ist nicht ganz klar, wo genau es hergestellt wurde, aber am wahrscheinlichsten ist die Erklärung, dass es die Arbeit eines außergewöhnlichen Teams von Kalligraphen und Buchmalern war, die um 800 n. Chr. auf der schottischen Insel Iona lebten. Sie lebten in einem Kloster, das der irische Missionar hl. Columban (irisch St. Colmcille) im 6. Jahrhundert gegründet hatte. Im Jahr 806 n. Chr. wurde es von Wikingern verwüstet, und viele Mönche kamen ums Leben. Wahrscheinlich setzten einige der überlebenden Mönche mitsamt dem Buch nach Irland über und suchten Zuflucht im Kloster von Kells, 70 Kilometer von Dublin entfernt. Dort wurde das Buch verwahrt und in etwas sichererer Umgebung weiter vervollständigt, obwohl die Wikinger auch Teile Irlands heimsuchten. Trotzdem konnten die Mönche dieses großartig illustrierte Manuskript bewahren.

Die Mönche, die das Book of Kells schrieben und illustrierten, waren akribische Fachleute. Ihre Version der Evangelien, der sogenannten Vulgata entnommen, dem lateinischen Text, wurde in glanzvollster Buchkunst extravagant illustriert und ist gespickt mit Abbildungen von Menschen, Pflanzen und Tieren. Vor allem die Tiere sind mit großem Können und mit Humor gemalt, bis hin zu allen möglichen Effekten und mitunter so klein, dass es eine Lupe braucht, um sie zu erkennen.

Viele der Initialen zu Satzanfängen wurden aus kleinen Tierfiguren in allerlei akrobatischen Verrenkungen gebildet. Im Bild der Jungfrau mit dem Kind, das im Buch recht weit vorne auftaucht, bildet die Rückenlehne ein furchterregendes Ungeheuer, das Mutter und Kind diensteifrig beschützt, indem es zwei Schlangen die Köpfe abbeißt. Man

OBEN: Das Kloster auf der schottischen Insel Iona. 563 n. Chr. gründete der hl. Columban den Konvent, dessen Mönche 806 n. Chr. vor den Dänen fliehen mussten. Im 20. Jahrhundert wurde es vollständig wiederaufgebaut und ist heute das Zuhause der christlichen Iona Community.

RECHTS: Die Ruinen von Kells Abbey 70 Kilometer nordwestlich von Dublin. Hier suchten die Mönche von Iona im frühen 9. Jahrhundert n. Chr. Schutz.

GEGENÜBER: Jungfrau und Kind, umgeben von Engeln, haben einen Ehrenplatz im Book of Kells. In Irland begann die Verehrung der Jungfrau Maria besonders früh.

vermutet, dass viele der abgebildeten Menschen wie in einem Cartoon echte Mönche des Klosters darstellen. In der Tat fällt uns und anderen auf, wie wenig das Gesicht des Kindes auf Marias Arm dem eines Babys gleicht.

Forscher haben herausgefunden, dass vier verschiedene Schreiber den Text zusammengestellt haben, und jeder Schreibstil ist etwas anders. Vor allem einer bevorzugt eher überladene Kapitale als die anderen, doch alle vier sind erkennbar beeinflusst von den Schulen der Buchkunst anderswo in Europa. Die Iren waren stolz auf das, was sie später den »insularen Stil« der Kalligraphie nannten, den irische Schreiber am Rand Europas schon zu Zeiten des hl. Columban entwickelten.

Das Buch wurde auf Pergament geschrieben, auf eigens präparierte Kalbshaut. Im feuchten Irland war diese Art Pergament besonders gesucht, denn andere Materialien waren weniger beständig. Die herrlichen Farben, die wundersamerweise erhalten sind, stammen von Pigmenten verschiedener Art. Blaue Pigmente kommen von der Indigopflanze oder Färberwaid, einer europäischen Kohlpflanze, die in Nordeuropa häufig ist. Das Gelb kommt von einem Mineral namens Orpiment (gelbes Arsensulfid), das Rot von rotem Blei.

Das Book of Kells besteht aus vier Teilen, einem für jedes Evangelium, und wird heute in vier verschiedenen Behältnissen verwahrt. Das Buch war ursprünglich sehr groß, mit einem aufwendig gefertigten Einband, der mit weiteren 30 Pergamentseiten verlorenging. Eine vierteilige einleitende Illustration zeigt die vier Evangelisten als lebende Wesen: Matthäus als Mensch, Markus als Löwe, König der Tiere, Lukas als Bulle, König der Haustiere, und Johannes als Adler, König der Vögel.

Niemand weiß, wofür genau das Book of Kells verwendet wurde in seinem Klosterleben des Mittelalters. Es war so groß, dass es kaum für tägliche Verrichtungen hervorgeholt wurde, sondern bei besonderen liturgischen Gelegenheiten zum Einsatz kam. Es ist erstaunlich, dass es sowohl die Wikinger überlebt hat als auch seinen Raub im Jahr 1007. Die Diebe scheinen den Einband abgerissen und dann das kostbare Buch unter irgendwelchem Gras versteckt zu haben, wo es einige Monate später gefunden wurde. Nachdem das Kloster von Kells Mitte des 16. Jahrhunderts aufgegeben wurde, brachte man das Book of Kells zur Aufbewahrung ins Trinity College von Dublin, wo es seither blieb.

Rund eine halbe Million Besucher pro Jahr wollen das Buch in der Bibliothek des Trinity College sehen. Zwei der Teile sind immer ausgestellt, und ihre Seiten werden einmal im Monat weitergeblättert. Mal ist es nur Text, mal eine ganzseitige Illustration.

GEGENÜBER: Die großartige Bibliothek des Trinity College in Dublin misst 65 Meter Länge. Das Book of Kells ist das berühmteste ihrer 200.000 Bücher.

OBEN: Die Seite mit den vier Evangelisten im Book of Kells. Drei sind als Tiere dargestellt: Markus als Löwe, Lukas als Bulle und Johannes als Adler. Nur Matthäus ist ein Mensch.

12

Die Magna Charta

Die Magna Charta (deutsch Große Urkunde) ist das grundlegende englische Rechtsdokument, das erstmals festlegte, dass niemand – nicht einmal der König – über dem Gesetz stand. Auch als Bibel der englischen Verfassung bezeichnet, gilt die Magna Charta als grundlegender Rechtstext, als erster Schritt auf dem Weg, gegen die willkürliche Ausübung von Macht Individualrechte zu etablieren. Im Laufe von acht Jahrhunderten beeinflusste sie Rechtssysteme, parlamentarische Demokratien und die Auffassung von Freiheit weltweit.

OBEN: Mit dem Siegel des Königs Johann wurde das königliche Dokument rechtskräftig. Vorne auf dem Siegel hält der König Schwert und Zepter. Auf der Rückseite reitet er auf einem Pferd. Dieses Siegel prangt auf allen Originalkopien der Magna Charta von 1215.

GEGENÜBER: Hier eine Ausgabe der Magna Charta von 1225, die dritte von Heinrich III. ausgestellte und die erste mit seinem eigenen Siegel. Die beiden vorherigen waren ausgestellt worden, als der König noch ein Kind war. Artikel 29 (in der Originalversion von 1215 Artikel 39) befindet sich fünf Zeilen oberhalb des zweiten Lochs der Handschrift. Er besagt: »Kein freier Mann darf entführt oder inhaftiert werden [...] außer durch rechtmäßiges Urteil der Seinesgleichen oder durch das Gesetz des Landes.«

Die mittellateinischen Worte der Magna Charta, mit dem Federkiel auf Pergament aus Schafshaut gekratzt, wurde zum Synonym für Gerechtigkeit und Freiheit. Sie mögen vor 800 Jahren aufgeschrieben worden sein, aber ihre Bedeutung ist nach wie vor ungebrochen.

Die Magna Charta geht auf das Jahr 1215 zurück. Es war ein Vertrag zur Beschneidung der Macht eines überaus unpopulären Monarchen, König Johann, der England von 1199 bis 1216 regierte. Zeitgenossen bezeichneten ihn als tyrannisches Balg, er verbrachte den Großteil seiner Regierungszeit damit, in Frankreich Schlachten zu kämpfen und zu verlieren und von seinen Baronen (den Großgrundbesitzern) zu erwarten, dass sie das finanzierten. Nach einer letzten, entwürdigenden und besonders teuren Niederlage im Jahr 1214 rebellierten einige der Barone und nahmen London ein. Als der König am 15. Juni 1215 seinen Adel auf dem angestammten Versammlungsort von Runnymede traf, am Ufer der Themse, sah er sich gezwungen, viele ihrer Forderungen zu erfüllen. Das Ergebnis des Treffens war die Große Freiheitsakte, bekannt als Magna Charta.

Die meisten ihrer 63 Artikel behandelten spezifische Beschwerden in Fragen wie Landbesitz, Steuern und Freiheit der Kirche, aber daneben machten einige radikal neue Grundsätze unmissverständlich klar, dass hier zum ersten Mal der Monarch die Gesetze seines Landes zu befolgen hatte. Der wichtigste Artikel, Nummer 39, besagt: »Kein freier Mann darf entführt oder inhaftiert werden oder seines Eigentums oder seiner Regeln oder seiner Gewohnheiten enteignet, geächtet oder ins Exil verbannt oder sonstwie vernichtet werden; noch werden Wir ihn nicht weitergeben oder ihn verurteilen, außer durch rechtmäßiges Urteil der Seinesgleichen oder durch das Gesetz des Landes.«

Zögernd willigte König Johann in die Charta ein, schickte sie dann aber an Papst Innozenz III., den Feudalherrn Englands, der sie für »illegal, ungerecht, gefährlich für die königlichen Rechte und beschämend für das englische Volk« bezeichnete und »null und nichtig für alle Zeiten« erklärte. Die Magna Charta hatte also gerade einmal zehn Tage Gültigkeit gehabt. Chaos brach aus, es gab einen Bürgerkrieg zwischen König und Adel. König Ludwig von Frankreich fiel in England ein, König Johann starb an der Ruhr. Sein neun Jahre alter Sohn Heinrich III. bestieg als sein Nachfolger 1216 den Thron und versuchte für den Kampf gegen die Franzosen die Unterstützung der Barone zu gewinnen. Seine Ratgeber überarbeiteten die Magna Charta, entfernten einige besonders kontroverse Artikel, beließen ihren ursprünglichen Charakter aber bei. Eine weitere Version wurde 1217 verfasst, nachdem die Franzosen aus England hinausgeworfen worden waren.

König Heinrich stellte die Magna Charta 1225 erneut aus, im Tausch für eine Steuer, die eine große Ratsversammlung ihm bewilligt hatte. 1297 wurde die Charta in die Verfassung aufgenommen und schließlich Gesetz. Während das Originaldokument sich nur auf freie Männer bezog, im damaligen England nur ein geringer Teil der Bevölkerung, entwickelte sich die sehr anpassungsfähige Magna Charta zum Symbol für Freiheit und Gerechtigkeit für jedermann.

OBEN: Ein Bleiglasfenster im Massachusetts State House verdeutlicht den Einfluss der Magna Charta auf den Freiheitskampf der Amerikaner. Ein amerikanischer Aufständischer hält in der einen Hand das Schwert, in der anderen die Magna Charta.

OBEN: König Johann unterzeichnet die Magna Charta. Um ihn herum stehen die Adeligen, deren Rebellion ihn zwang, ihren Forderungen nachzugeben.

Als die nordamerikanischen Kolonisten sich 1776 unter anderem gegen Steuern des britischen Parlaments zur Wehr setzten, bezogen sie sich in ihrem Protest auf die Magna Charta. Der Gründervater der USA Benjamin Franklin erklärte, seine Landsleute könnten nur »nach ihrer allgemeinen Zustimmung« besteuert werden, »wie in der Magna Charta niedergelegt«. Die amerikanische Unabhängigkeitserklärung, die US-Verfassung und die amerikanische Bill of Rights stehen in ihrer Tradition. Der fünfte Zusatzartikel der Verfassung garantiert, dass »niemand des Lebens, der Freiheit oder des Eigentums ohne vorheriges ordentliches Gerichtsverfahren nach Recht und Gesetz beraubt werden« darf, ein direkter Verweis auf den berühmten Artikel 39 der Magna Charta. Die Verfassungen von siebzehn der US-Bundesstaaten verwenden Begriffe aus der Magna Charta. Gesetze und Verfassungen in Kanada, Australien, Indien und anderen Ländern des einstigen Britischen Empires beziehen sich ebenfalls auf die Great Charter.

In seiner berühmten Gerichtsrede von 1964 sagte Nelson Mandela (siehe Seite 202), der wegen seines Widerstands gegen die Apartheid in Südafrika im Gefängnis saß, die Magna Charta werde »von Demokraten in aller Welt in höchsten Ehren gehalten«. Die Menschenrechte unserer Zeit sind moderne Erben der Magna Charta. Eine der treibenden Figuren hinter der Erklärung der Menschenrechte 1948, Eleanor Roosevelt, hoffte, die Menschenrechtserklärung würde »die internationale Magna Charta aller Menschen auf der ganzen Welt« werden. Auch die Europäische Menschenrechtskonvention von 1950 ist von der Magna Charta beeinflusst.

1215 wurde eine unbekannte Anzahl von Ausgaben der Magna Charta ausgestellt und an Geschäftsträger überall in England verschickt. Aber nur vier von ihnen überstanden die Zeit. Zwei davon befinden sich in der Londoner British Library, eine in der Kathedrale von Salisbury und eine in der von Lincoln. 2015 wurden sie vorübergehend zusammengebracht, zum ersten Mal nach 800 Jahren und in einer angemessenen Ehrung für ein Dokument, das vor der Geschichte bestanden hat.

LINKS: Die Originalausgabe der Magna Charta der British Library. Hervorgehoben sind die besonders wichtigen lateinischen Worte »Nullus liber homo capiatur, vel imprisonetur […] nisi per legale judicium parium suorum vel per legem terrae«, übersetzt: »Kein freier Mann darf entführt oder inhaftiert werden […] außer durch rechtmäßiges Urteil von Seinesgleichen oder durch das Gesetz des Landes.«

13

Leonardo da Vincis Notizbücher

Die Erfindungen Leonardo da Vincis sind so berühmt wie seine Gemälde. Er hatte stets ein Stück Papier und einen Stift dabei, um seine Ideen aufzuzeichnen, und füllte Tausende Seiten mit Beobachtungen der Natur, über Astronomie, Malerei, Architektur, Mathematik, den menschlichen Körper und den Flug der Vögel. Seine Notizbücher, die Codices, sind ein Schatz an Dichtung, Wahrheit und Künftigem.

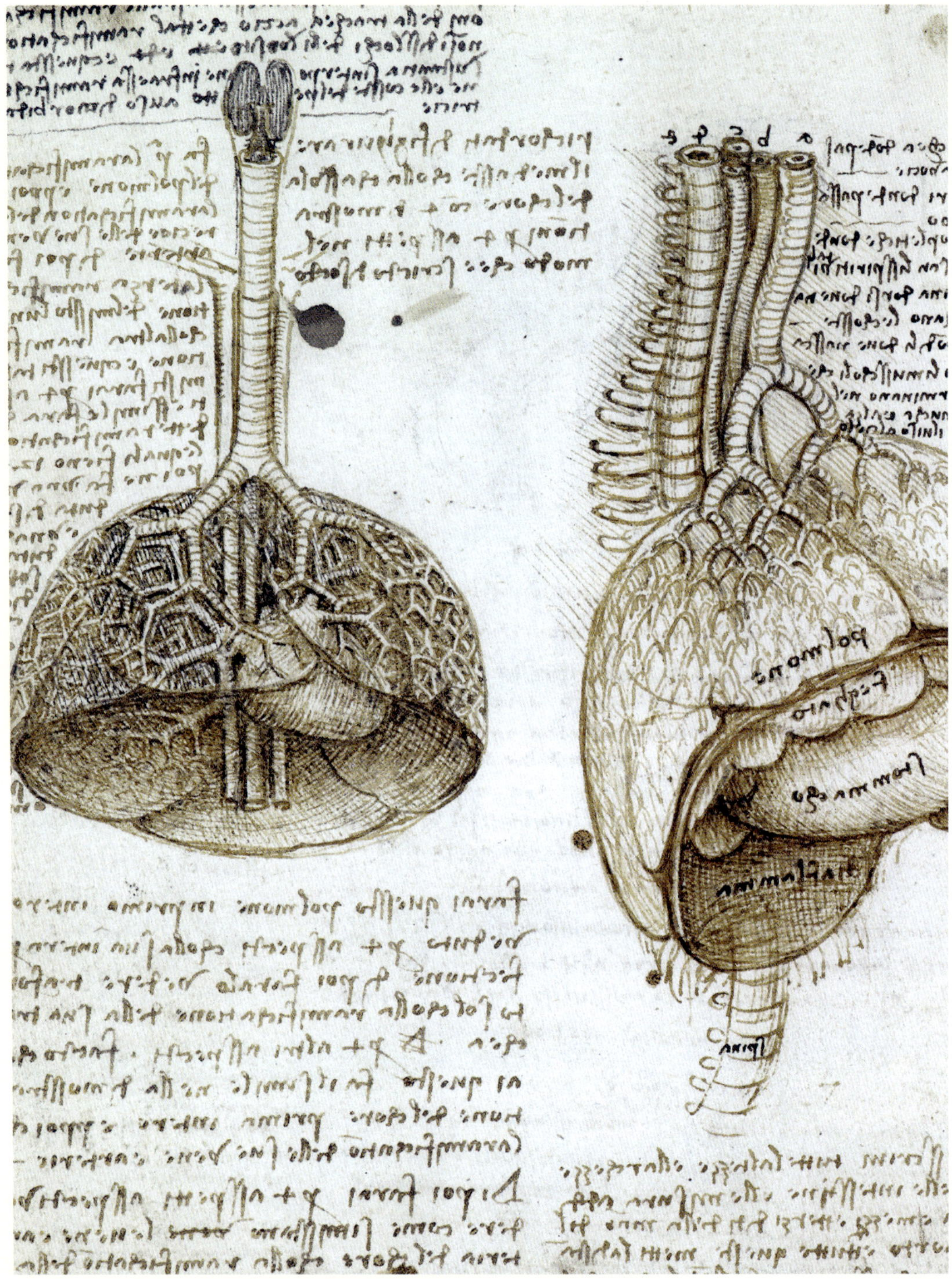

RECHTS: Leonardos Zeichnung einer Lunge (links). Rechts nennt er die verschiedenen Organe: Wirbelsäule, Lunge, Zwerchfell, Magen und Leber. Vermutlich war sein Anschauungsobjekt ein Schwein.

GEGENÜBER: Auf vielen Zeichnungen stellt Leonardo das Fliegen dar. Links eine Flugmaschine, angetrieben von einem Menschen. Rechts ein Propeller.

Es ist ein Glück für uns, dass Leonardo da Vinci Dinge dadurch besser verstehen wollte, dass er sie schriftlich minutiös beschrieb. Seine Notizbücher oder Codices belegen die geniale Kombination des Künstlerauges mit der Neugier des Forschers. Eine seiner großen Leidenschaften war das Wunder des Fliegens. 500 Skizzen und 35.000 Wörter hinterließ er darüber, wie Vögel durch die Lüfte gleiten und dabei mit Flügeln und Schwanz balancieren. Er entwarf Flugmaschinen, »Ornithopter«, ohne Maschine, aber mit menschlichem Piloten, der die Flügelbewegungen kontrolliert. Er hat diese Ideen nie erprobt, und es ist höchst unwahrscheinlich, dass sie sich in die Lüfte erhoben hätten, aber Leonardo gewann ein grundlegendes Verständnis der Luft als Strömungsmittel, das ihn zu einem Pionier der Aerodynamik macht. Das war fast vierhundert Jahre bevor die Brüder Wright (siehe Seite 150) den ersten erfolgreichen Flug absolvierten und anschließend Leonardo da Vinci ihren Respekt zollten, indem sie ihn als »einen der größten Künstler und Ingenieure aller Zeiten« bezeichneten.

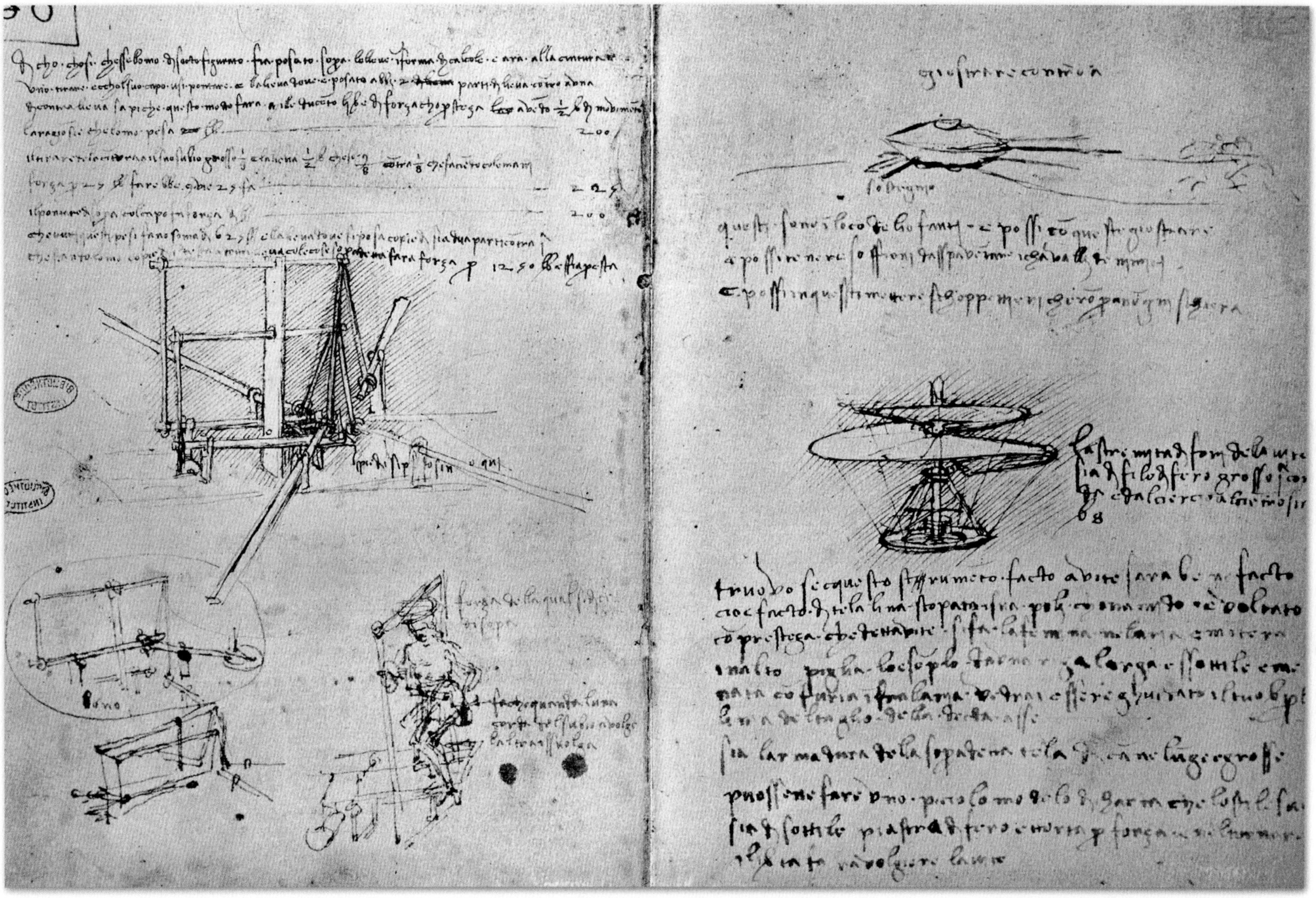

Dabei war das Fliegen nur eine Facette im breiten Spektrum der Interessen Leonardos. Seine Notizbücher bersten von ganz unterschiedlichen Themen wie Sonnenenergie, Brückenbau oder der Anatomie der menschlichen Lippe. Auch ganz profane Einträge finden sich darin: Einkaufslisten, der Vermerk eines Buches, das er ausleihen wollte, oder die Leute, die ihm Geld schuldeten.

Forscher vermuten, dass Leonardos Kindheit einen grundlegenden Einfluss auf seine Genialität hatte. Geboren wurde er 1452 als unehelicher Sohn eines Florentiner Notars. Er war vor allem Autodidakt, doch dem Vater fiel sein künstlerisches Talent auf, und er gab ihn mit fünfzehn Jahren beim Maler und Bildhauer Andrea del Verrocchio in die Lehre. Verrocchio bestand für seine Studenten auf dem Verständnis der menschlichen Anatomie, und Leonardo entwickelte großes Können beim Zeichnen von Körpergliedern, Muskeln und anderen Körperteilen. Er erhielt die Erlaubnis, in Florenz sowie in Mailand und Rom, wo er später lebte, menschliche Körper zu sezieren. Leonardos Notizbücher enthalten über 240 detaillierte Zeichnungen und 13.000 Wörter über Anatomie. Als Erster beschrieb er, was heute Arteriosklerose genannt wird, als einen Alterungsprozess, und er ermittelte die Leberzirrhose.

Dieser Mann, der wie kein anderer für das Renaissancezeitalter steht, begann offenbar Mitte der 1480er Jahre, seine Beobachtungen aufzuzeichnen. Leonardo war nach Mailand gezogen und hatte dem dortigen Machthaber seine Dienste als Militäringenieur angeboten. Er schrieb in Spiegelschrift von links nach rechts, vermutlich weil er Linkshänder war. Fachleute vermuten, dass er auf Einzelblätter schrieb, die später zu Notizbüchern

LINKS: Dies wird im Allgemeinen als ein Selbstporträt Leonardos angesehen, in roter Kreide gemalt. Es wird in der Turiner Königlichen Bibliothek verwahrt, aber wegen seines fragilen Zustands selten ausgestellt.

GEGENÜBER: Leonardos Studien eines Ungeborenen und eines Arms belegen sein fortgeschrittenes Verständnis menschlicher Anatomie. Er hat als Erster einen Embryo naturgetreu gezeichnet.

gebunden wurden. In Mailand verbrachte er siebzehn Jahre, in denen er ständig seine Gedanken, Ideen und Erfindungen notierte, die ihm durch den brillanten Kopf gingen. Darunter sind Kriegswaffen – zum Beispiel ein Wagen, der die Gegner mit rotierenden Klingen aufschlitzen konnte –, eine Rechenmaschine, Schuhe zum Laufen über Wasser, eine mechanische Orgel, Kostümentwürfe für Festumzüge, Notizen zu Wasserkrafttechnik, Stadtplanung, Architektur – die Liste ist schier endlos. Auch die Malerei kommt häufig vor. Die Beschreibung, wie eine Gruppe Menschen um einen Tisch sitzt, könnte eine Studie für das Fresko »Das letzte Abendmahl« sein, das er um 1495 begann. Zwar gilt er als einer der herausragenden Renaissance-Künstler, aber seine ständige Beschäftigung mit der Welt um sich herum führte dazu, dass er viele Gemälde nie vollendete. Er war auch Perfektionist. Sein Meisterwerk Mona Lisa begann er 1503 und arbeitete ein Jahr nach dem anderen daran, fügte hier einen Pinselstrich hinzu und da einen Farbton.

Mit zunehmendem Alter malte Leonardo weniger und konzentrierte sich mehr auf seine »Studien«. Es ist gut möglich, dass er die Herausgabe seiner Aufzeichnungen plante, denn viele Beobachtungen zu bestimmten Themen finden sich auf einer Seite versammelt. Leider starb dieser große Mann 1519, mit 67 Jahren, bevor seine Notizbücher veröffentlicht worden waren. Er vermachte sie seinem ergebenen Schüler (und möglichen Liebhaber) Francesco Melzi, der alle Gedanken Leonardos über das Malen zusammenfasste und als Abhandlung über die Malerei herausgab, aber es dabei weitestgehend beließ. Erst mehr als 200 Jahre nach Leonardos Tod stießen seine Notizbücher auf öffentliches Interesse. Siebentausend Seiten in siebzehn Notizbüchern sind erhalten – rund zwanzig Prozent des Materials, das der Visionär der Renaissance hinterließ. Mit einer Ausnahme befinden sich diese Notizbücher heute in Museen in Italien, Spanien, Frankreich und Großbritannien. Die einzige Ausgabe in Privatbesitz gehört Bill Gates, der für sein Microsoft-Betriebssystem einige Seiten als Bildschirmschoner digitalisiert hat.

Als am 5. März 2012 der NASA-Rover »Curiosity« auf dem Mars landete, hatte er digitale Kopien eines Porträts von Leonardo da Vinci und seinen »Kodex über den Vogelflug« im Gepäck.

Für uns ist Leonardo mehr als nur ein kostbares Erbe, er ist einer der größten Helden in der Geschichte menschlicher Kreativität.

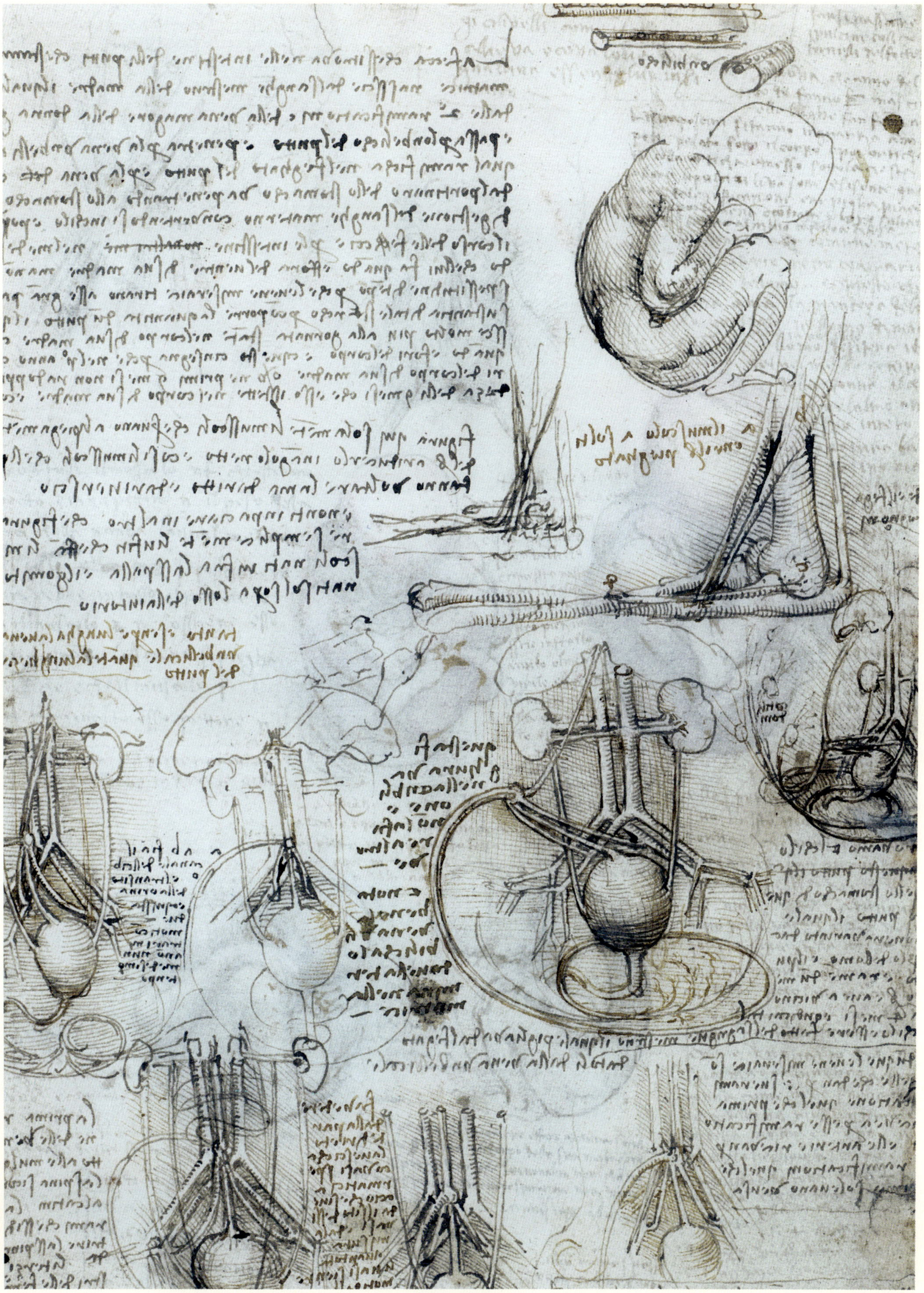

14

Der Vertrag von Tordesillas

Der Vertrag von Tordesillas schuf die ersten Weltreiche. Er verankerte das Recht der ersten beiden Kolonialmächte, Spanien und Portugal, ihre Flaggen in festgelegten Gegenden rund um den Globus zu hissen. Den Vorschlag dafür machte 1494 Papst Alexander VI., beunruhigt angesichts wachsender Spannungen zwischen den beiden Ländern, deren Eroberer im Westen nach Amerika, im Süden und Osten nach Afrika, Indien und darüber hinaus vordrangen.

Wer des Spanischen nicht mächtig ist, hat ebenso viel Mühe, den Namen der Stadt Tordesillas auszusprechen wie den der nahe gelegenen Provinzhauptstadt Valladolid, etwas flussaufwärts am Fluss Douro gelegen. Doch der Name Tordesillas steht für große Geschichte, die andere Städte in den Schatten stellt, denn in dieser Stadt, 120 Kilometer von der spanisch-portugiesischen Grenze entfernt, wurde zum ersten Mal die Welt zwischen zwei Mächten aufgeteilt. Lange bevor England, die Niederlande oder Frankreich ihre Kolonialreiche etablierten, hatten die beiden iberischen Länder ihre Eroberer aus Europa in die Welt entsandt, und die unvermeidliche Spannung zwischen den beiden führte zum Vertrag von Tordesillas.

Als Erste schickten die Portugiesen ihre Schiffe bis zum Horizont und weiter. Madeira erreichten sie 1400, die Azoren zwei Jahre später, und das ganze Jahrhundert hindurch unterstützte das portugiesische Königshaus Abenteurer, die ihre Flagge immer weiter vom Mutterland entfernt hissten. Die Erfindung der Karavelle, eines Segelschiffs, das sehr viel sicherer und näher am Wind

OBEN: Es war eine erbitterte Debatte zwischen Vertretern des Vatikans, der spanischen Länder und Portugals, wie die bekannte Welt aufgeteilt werden sollte. Der Vertrag von 1494 halbierte sie ungefähr.

RECHTS: König Johann II. von Portugal (links) und Papst Alexander VI. (rechts) – Schlüsselfiguren bei der Erarbeitung des Vertrags.

GEGENÜBER: Der Text des Vertrags zwischen König Johann II. von Portugal (dessen Name ganz oben steht) und seinen spanischen Rivalen. Die beiden Reiche beherrschten die Welt mehr als ein Jahrhundert lang, aber Ende des 18. Jahrhunderts kümmerten sich spätere Kolonialmächte nicht mehr um das Abkommen.

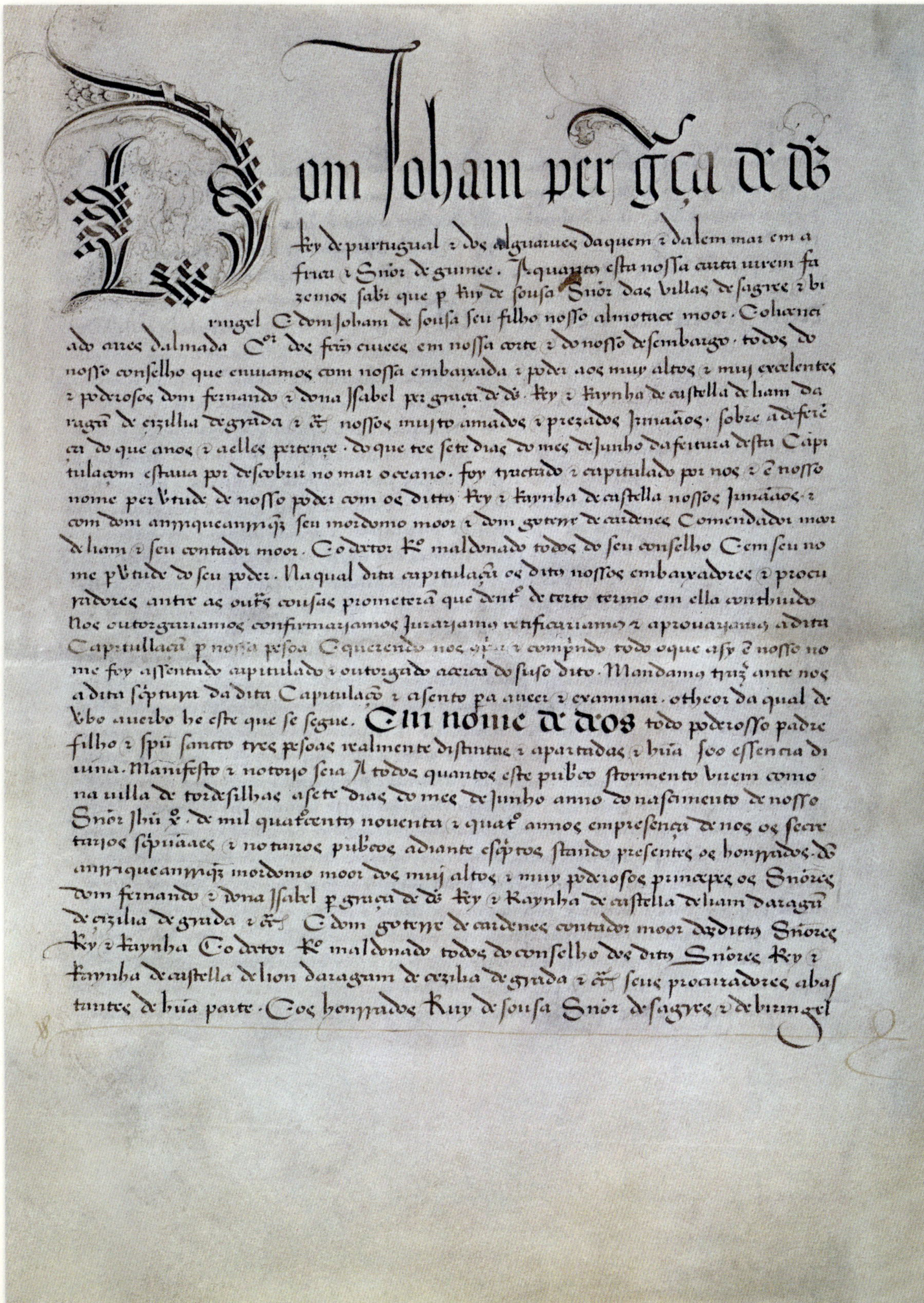

Dom Joham per gr͠ca de ds

Rey de purtugual e dos alguarues daquem e dalem mar em a
frica e Snõr de guinee. A quantos esta nossa carta virem fa
zemos saber que p ruy de sousa Snõr das villas de sagres e bi
ringel E dom joham de sousa seu filho nosso almotacee moor. E aluarei
ado anes dalmada Corr dos feitos ciuees em nossa corte e do nosso desembargo. todos do
nosso conselho que enuiamos com nossa embaixada e poder aos muy altos e muy excelentes
e poderosos dom fernando e dona Isabel per graça de ds. Rey e Raynha de castella de liam da
ragã de cezilia de granada e c̃. nossos muyto amados e prezados Irmaãos. sobre a diferẽ
ça do que anos e aelles pertençe. do que tee sete dias do mes de junho da feitura desta Capi
tulaçom estaua por descobrir no mar oceano. foy tractado e capitulado por nos e e nosso
nome per vertude de nosso poder com os dittos Rey e Raynha de castella nossos Irmaãos. e
com dom anrrique anrriquez seu mordomo moor e dom gotyerre de cardenes Comendador mayor
de liam e seu contador moor. E o doctor Ro maldonado todos do seu conselho E em seu no
me p vertude do seu poder. Na qual dita capitulaçã os ditos nossos embaixadores e procu
radores antre as out͠s cousas prometerã que dent͠o de certo termo em ella contheudo
Nos outorgariamos confirmariamos jurariamos retificariamos e aprouariamos a dita
Capitullaçã p nossa pesoa E querendo nos cõprir e comprindo todo o que asy e nosso no
me foy assentado capitulado e outorgado acerca do suso dito. Mandamos trazer ante nos
a dita scriptura da dita Capitulaçõ e asento pa a veer e examinar. o theor da qual de
verbo a verbo he este que se segue. Em nome de deos todo poderosso padre
filho e spũ sancto tres pesoas realmente distintas e apartidas e hũa soo essencia di
uina. Manifesto e notoryo seia A todos quantos este pubrico stormento virem como
na villa de tordesilhas a sete dias do mes de junho anno do nascimento de nosso
Snõr Jhũ xõ. de mil quatrocentos nouenta e quatro annos em presença de nos os secre
taryos scripuaães e notaryos pubricos adiante scriptos stando presentes os honrrados. do
anrrique anrriquez mordomo moor dos muy altos e muy poderosos principes os Snõres
dom fernando e dona Isabel p graça de ds Rey e Raynha de castella de liam daragã
de cezilia de granada e c̃. E dom gotyerre de cardenes contador moor dos dittos Snõres
Rey e Raynha E o doctor Ro maldonado todos do conselho dos ditos Snõres Rey e
Raynha de castella de lion daragam de cezilia de granada e c̃. seus procuradores abas
tantes de hũa parte. E os honrrados Ruy de sousa Snõr de sagres e de biringel

segeln konnte, erlaubte es den Seeleuten, die Kapverdischen Inseln zu erreichen und in den 1470er Jahren den Golf von Guinea. 1488 umrundete Bartholomeu Diaz das Kap der Guten Hoffnung, und Vasco da Gama betrat 1498 Indien. Es schien, als wären der portugiesischen Expansion keine Grenzen gesetzt. Erst als der König Christoph Kolumbus' Anfrage ablehnte, eine Flotte für eine Fahrt westwärts über den Atlantik zu finanzieren, nahmen die Spanier die Herausforderung an und finanzierten den Mann, der Amerika entdecken sollte. Nach der Rückkehr des Kolumbus von seiner ersten Reise 1493 und den Nachrichten, dass Portugiesen noch weiter als bis nach Afrika hinausfahren wollten, verlangten die Spannungen zwischen Europas abenteuerlustigsten Mächten nach einer Lösung.

Als Erster schlug in Rom Papst Alexander VI. einen Kompromiss vor. In dieser Frühzeit der Außenpolitik spielte der Vatikan eine hilfreiche Rolle, indem er sich in einer Form religiöser Ermächtigung mit einer päpstlichen Bulle für zuständig erklärte,

LINKS: Zeitgenössische Karte der bekannten Welt mit der vereinbarten Demarkationslinie zwischen dem spanischen und dem portugiesischen Imperium. Portugal drang in Brasilien später sehr viel weiter vor als auf dieser Karte verzeichnet.

Streit zu schlichten. Papst Alexander zog eine Linie im Atlantik, die von Pol zu Pol reichte, 100 Meilen westlich der Azoren und der Kapverdischen Inseln. Er verfügte, Spanien dürfe jedes heidnische Gebiet westlich dieser Linie besiedeln. Portugal wurde nicht einmal erwähnt, aber der portugiesische König Johann II., der sich nicht gerne herumschubsen ließ, war alles andere als einverstanden. Er hatte gerade seinen Schwager eigenhändig erstochen, weil er angeblich gegen ihn intrigiert hatte, und daher waren die Spanier schnell bereit einzuwilligen, als er darauf bestand, der neue Vertrag müsste die Grenze der Hoheitsgebiete der beiden Reiche genauer definieren.

Beide Seiten trafen sich 1494 in Tordesillas, und das Ergebnis fiel sehr zum Wohlgefallen Portugals aus. Die Grenzlinie im Atlantik wurde noch einmal um 270 Meilen nach Westen verschoben. Man vereinbarte unzweideutig, dass Portugal östlich dieser Grenzlinie dieselben Möglichkeiten haben würde wie Spanien westlich davon. Vorteilhaft erwies sich für Portugal, dass die neu gezogene Linie ihm einen großen Teil Brasiliens einbrachte, das weit in den südlichen Atlantik hinausragte. Es dauerte nicht lange, bis der portugiesische Seefahrer Pedro Cabral auf dem Weg nach Indien Brasilien erreichte und dort die portugiesische Flagge hisste, eindeutig in der Absicht, ins Innere vorzudringen.

Tordesillas erlaubte Portugal, bis zum Indischen Ozean und darüber hinaus vorzudringen. Aber wie weit? Der Vertrag setzte dem portugiesischen Expansionsdrang nach Osten keine Grenze. Die Unklarheit verstärkte sich, als portugiesische Seeleute die Molukken im heutigen Indonesien erreichten. Diese »Gewürzinseln« sollten für ihre hervorragenden Muskatnussbäume und Gewürznelken berühmt werden, zu erheblichem Profit von Schiffen nach Europa gebracht. Zum ersten Mal landeten die Portugiesen hier 1511, doch kurz darauf kamen auch die Spanier, und zwischen beiden Reichen kam es zu Auseinandersetzungen. Ein neuer Vertrag musste her, um wieder eine neue Grenzlinie festzulegen. Das geschah im Vertrag von Saragossa, mit einer Grenzlinie im Pazifik wie im Atlantik, und die Gemüter beruhigten sich. Bald gründeten die Portugiesen ihre Außenposten auf den westpazifischen Molukken, in Macao und sogar weit im Norden im japanischen Nagasaki.

Die Ironie der Geschichte des Aufbaus von Weltreichen ist, dass die Vereinbarungen schon bald von den anderen europäischen Mächten ignoriert wurden, die ihrerseits rund um die Erde nach eigenen Kolonien Ausschau hielten. Spanien und Portugal verloren ihre Besitzungen erst an Rivalen und später an Unabhängigkeitsbewegungen, doch der Vertrag von Tordesillas bleibt der erste größere Versuch, weltweit einen Machtausgleich zu erreichen. Ein Echo davon vernahm man in späteren Jahrhunderten, als Argentinien ihn für seinen Anspruch auf die Falkland-Inseln anführte oder Chile für seinen Griff auf einen Teil der Antarktis.

15

Der Codex Mendoza

Der Codex Mendoza ist ein einzigartiges historisches Zeugnis. Er kommt einer Geschichte der Azteken am nächsten, die sich auf ihre eigenen Zeugnisse stützt. Da die frühen Bewohner Zentralmexikos weder lesen noch schreiben konnten, brachten die spanischen Eroberer sie dazu, ihre Erinnerungen zu zeichnen, und dies ist das Ergebnis. Der Codex stammt aus der Mitte des 16. Jahrhunderts und liefert eine illustrierte Geschichte der Azteken, deren Kultur von 1320 bis zur spanischen Eroberung 1521 in voller Blüte stand.

Die Zivilisation der Azteken ist eine der faszinierendsten Epochen der Weltgeschichte. Aber bedauerlicherweise haben sie uns nichts Schriftliches über sich und ihre Geschichte überliefert. Deshalb ist diese 71-seitige Handschrift, die nur zwanzig Jahre nach der Zerschlagung des Aztekenreiches 1521 entstand, ein so kostbarer und geradezu wundersam aufschlussreicher Bericht über diese geheimnisvolle Ära der amerikanischen Geschichte. Der Codex Mendoza ist so wertvoll, weil er von den Menschen geschaffen wurde, die vor der Ankunft der Spanier lebten. Es ist eine Geschichte aus Bildern. Einheimische Künstler malten ihre eigene Geschichte, über Regierungsform und Kultur, und spanische Kirchenleute fügten einen schriftlichen Kommentar hinzu aus dem, was die Azteken ihnen erzählten. Seite für Seite berichtet über die Stadt Tenochtitlán des dem Untergang geweihten Kaisers Montezuma und sein Volk (das sich »Mexica« nannte), das dort und in den umliegenden Provinzen lebte. Als wir Mexiko-Stadt besuchten, das über den Ruinen Tenochtitlán erbaut wurde, waren wir überwältigt von der großartigen Ausstellung der Kultur der Azteken im Archäologischen Museum. Aber ob man das Museum besucht oder nicht, der Codex Mendoza ist ein aufschlussreicher Führer über das Leben der Azteken.

Schon das Titelblatt ist eine herrliche, farbenprächtige Einleitung in diese bemerkenswerte Geschichte. Auf einem Kaktus im Zentrum sitzt ein Adler und verweist auf das sagenumwobene Ereignis, das die Azteken im 14. Jahrhundert zur Gründung ihrer Stadt veranlasste. Ihr Schutzgott Huitzilopochtli trug ihnen auf, dort eine Stadt zu gründen, wo sie einen Adler auf einem Kaktus sitzen sahen. Dies war auf einer Insel im Texcoco-See der Fall. Die Insel wurde durch Kanäle in vier Bezirke geteilt, wie auf dem Titelblatt das große blaue X verdeutlicht. Die spanischen Eroberer nannten es das »Venedig des Westens«. Darunter verkörpern zwei aztekische Krieger, die ihre geschlagenen Gegner in den Schatten stellen, das expandierende aztekische Reich.

Der Codex entstand auf Befehl des spanischen Vizekönigs des eben eroberten Mexiko, Antonio de Mendoza, der 1535 Gouverneur wurde. Nur vierzehn Jahre zuvor hatte Hernán Cortés mit seiner kleinen spanischen Armee das Reich der Azteken überfallen und Montezuma II. besiegt. Mendoza wollte die Geschichte Mexikos vor Ankunft der Spanier festhalten und dem spanischen

RECHTS: Ein köstlicher Blick auf das Alltagsleben der Azteken, wo Alkohol etwas für Privilegierte war. Hier lässt sich eine Frau der Oberklasse Pulque reichen, ein Alkoholgetränk aus Agaven.

GEGENÜBER: Das Titelblatt des Codex zeigt Azteken, die Tributzahlungen in die Hauptstadt Tenochtitlán bringen. Der aufgespießte Schädel (Mitte rechts) soll daran erinnern, dass säumige Zahler bestraft wurden.

A. Thevet cosmographe du Roy
numero de años .LI.
tenochtitlan
colhuacan. pueblo.
tenayucan. pueblo

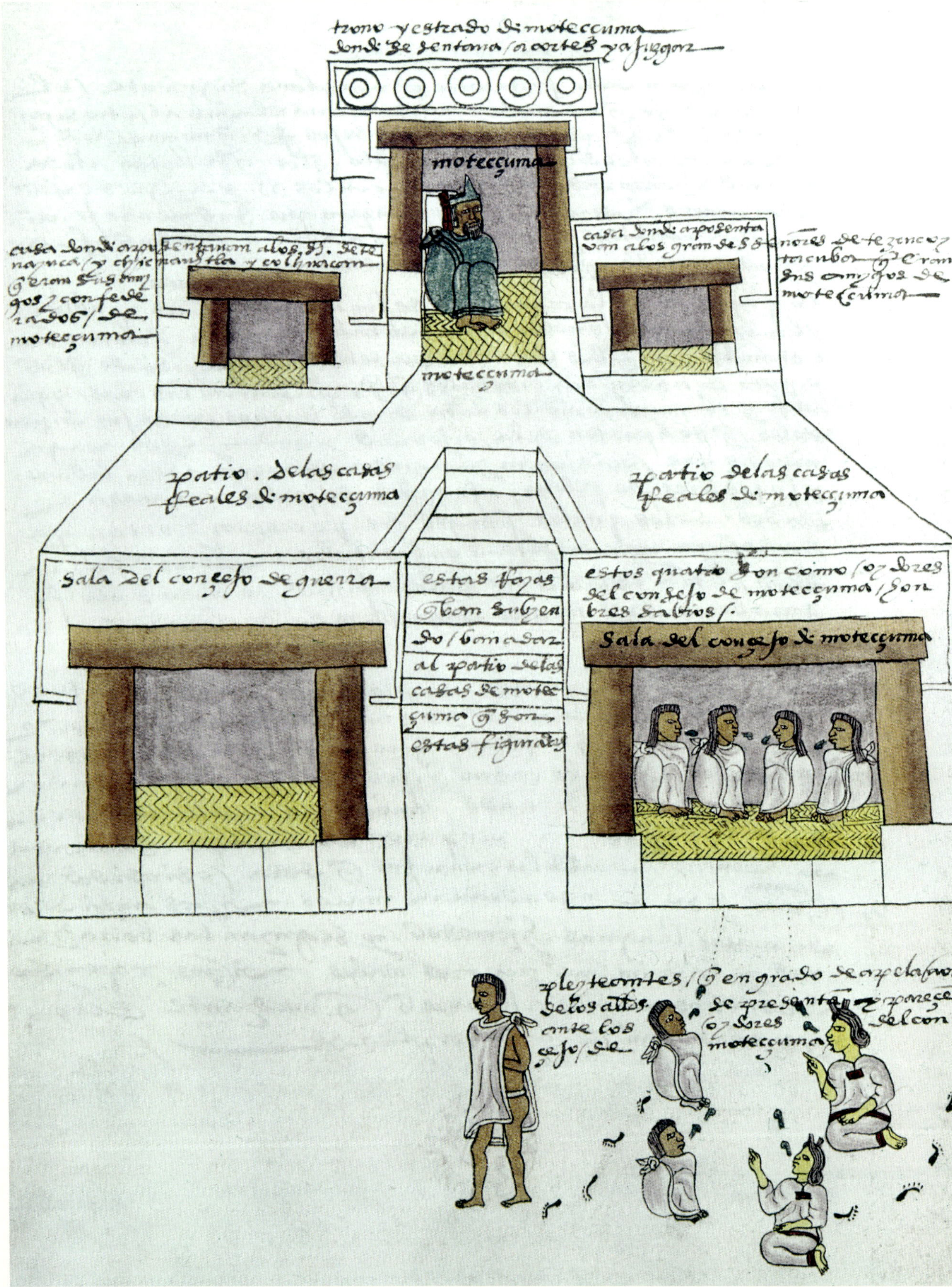

OBEN: Ein Plan des königlichen Palastes. Montezuma selbst sitzt im Thronsaal ganz oben.

GEGENÜBER OBEN: Verschiedene Arten von Tribut, die Untertanen dem aztekischen Regime darbrachten. Übliche Zahlungsmittel waren Federn und Jaguarfelle.

GEGENÜBER UNTEN: Ein aztekischer Herrscher überreicht dem spanischen Eroberer von Mexiko Hernán Cortés ein Geschenk. Es sollte sich nicht auszahlen. Nur Monate später war Montezuma tot und Mexiko spanisch.

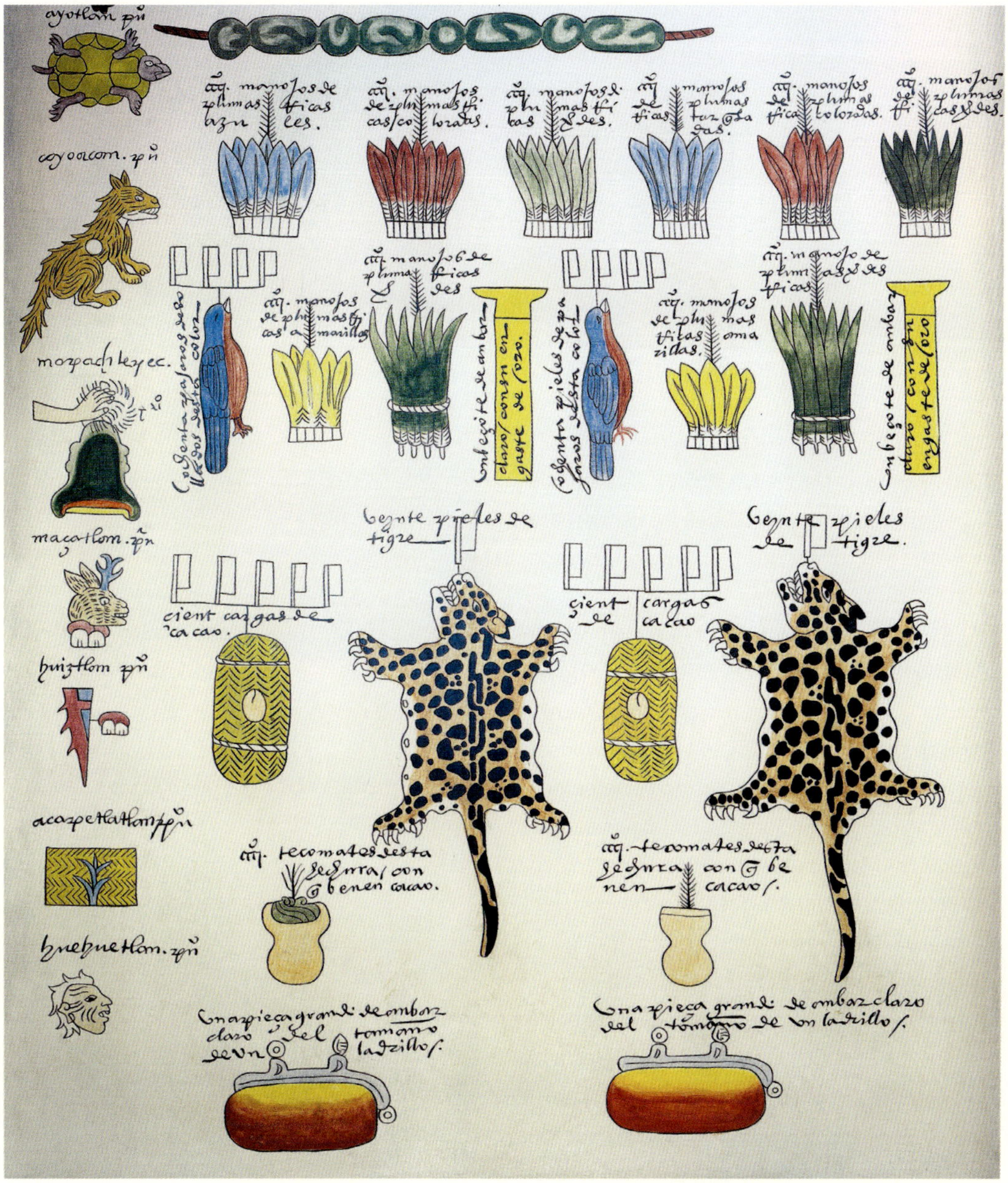

König Karl V. schicken. Allerdings wurde der Codex auf dem Weg nach Spanien zur Beute von Piraten, nach Frankreich verkauft und dann in Paris von einem Engländer namens Richard Hakluyt erworben. Der nahm ihn mit nach England, und so gelangte er in die Bodleian Library in Oxford, wo er bis heute aufbewahrt wird.

Der Codex berichtet, wie die Aztekenkönige ihr Reich aufbauten, indem sie Nachbarstädte skrupellos unterdrückten und ihnen Tributzahlungen für Tenochtitlán abpressten. Das taten sie mehr als zwei Jahrhunderte lang, von den 1320er Jahren bis 1521. Er berichtet von einem der wichtigsten Aztekenkönige, Montezuma I., der von 1440 bis 1469 regierte. Er hob die Stadt auf ein Wohlstandsniveau, das bis zur spanischen Eroberung gehalten wurde. Zufällig erblühte in diesem letzten Jahrhundert aztekischer Macht in Mexiko auch das Reich der Inka in Peru, Ecuador und Chile, das die spanischen Eroberer zu Anfang des 16. Jahrhunderts ebenfalls zerstörten.

Wir finden am interessantesten am Material dieses wunderbar illustrierten Manuskripts das Bild, das es uns von Kultur und Alltag der Azteken vermittelt. Zum Beispiel gibt es Abbildungen der fabelhaften Kleider, mit denen die Menschen ihren gehobenen Status in der strengen Hierarchie der aztekischen Gesellschaft kennzeichneten. Wir erfahren, dass schwierigen Kindern der Kopf geschoren wurde und dass Frauen oft schon mit fünfzehn Jahren verheiratet wurden und für eheliche Untreue streng bestraft wurden. Menschenopfer waren verbreitet, wie auf der Titelseite der aufgespießte Schädel anzeigt, rechts neben der Bildmitte. Das aufschlussreichste und detaillierteste Zeugnis dieser grausigen Tradition aber ist eine andere Stelle, an der mehrere Menschen zur Einweihung eines Tempels der Hauptstadt geopfert werden. Der König höchstpersönlich »rammte das Messer in die Brust der Opfer und riss sie auf«. Forscher schätzen, dass ein einzelner König auf diese Weise Tausende Menschen ums Leben brachte.

Aber so grauenhaft manche Sitten der Azteken auch waren, man muss auch an die Brutalität erinnern, mit der die spanischen Eroberer sowohl in Mexiko als auch in Peru diesen alten Reichen ein Ende setzten.

16

»Über die Umschwünge der himmlischen Kreise« des Nikolaus Kopernikus

Diese grundlegende wissenschaftliche Arbeit veränderte die Sicht der Menschen auf die Welt. Nikolaus Kopernikus forderte die gängige Meinung heraus, nach der die Erde das Zentrum des Universums bildete und die Sonne, die Planeten und der Mond sie umrundeten. Seine Entdeckungen 1543, dass vielmehr die Erde sich um die Sonne dreht – der Durchbruch des heliozentrischen Weltbilds –, machten ihn zu einem Pionier der wissenschaftlichen Revolution.

OBEN: Eine deutsche Briefmarke zum Gedenken an den 500. Geburtstag des Nikolaus Kopernikus. Er war Pole, mutmaßlich mit deutschen Vorfahren.

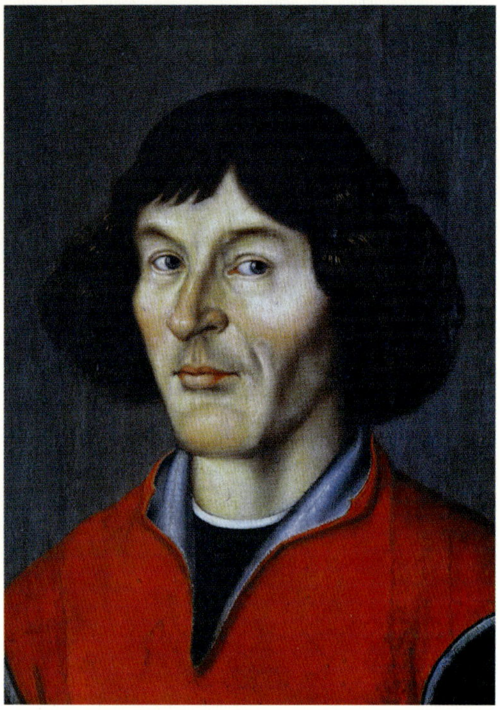

RECHTS: Man beachte die gebrochene Nase und die kleine Narbe über dem linken Auge in diesem Selbstporträt von Kopernikus. Das erleichterte 2005 die Identifizierung seines Schädels.

GEGENÜBER: Eine alte Ausgabe der Studie, mit der Kopernikus die alte Lehre erschütterte, wonach der Mittelpunkt des Universums die Erde war, um die sich die Sonne und die anderen Planeten drehen.

Zum ersten Mal hielt Nikolaus Kopernikus sein Meisterwerk im Druck in Händen am 24. Mai 1543, an seinem Todestag. Er hatte einen Schlaganfall erlitten. Ein Freund eilte an sein Krankenbett, in der Hand das eben veröffentlichte Werk. Kopernikus öffnete die Augen, schaute auf das Buch und entschlief sanft. Das jedenfalls ist die griffige, vermutlich idealisierende Geschichte, wie sie im Allgemeinen erzählt wird über den so scharfsinnigen wie bescheidenen Mann, der sein Leben dem Versuch widmete, nachzuweisen, dass sich die Planeten in schöner Harmonie um die Sonne drehen.

Kopernikus wurde 1473 in Polen geboren. Er studierte Astronomie, Astrologie, Mathematik, Medizin und Recht an Universitäten in Polen und Italien und kehrte nach Polen zurück, um für seinen Onkel, einen römisch-katholischen Bischof, als Sekretär zu arbeiten. Tagsüber trieb er die Miete von kircheneigenem Besitz ein, kümmerte sich um die Finanzen des Domkapitels und betreute seinen Onkel medizinisch. Nachts schaute er in den Sternenhimmel. Das Teleskop war noch nicht erfunden, daher machte Kopernikus seine Beobachtungen mit dem bloßen Auge.

Damals glaubte man, das Universum sei geozentrisch, die Erde sei also sein Mittelpunkt und werde gleichmäßig von der Sonne, dem Mond und den Planeten umrundet. Diese Theorie, die auf den griechischen Philosophen Aristoteles im 4. Jahrhundert v. Chr. zurückgeht, wurde 400 Jahre später von Ptolemäus, einem weiteren Griechen, weiterentwickelt. Eines der offensichtlichen Probleme mit diesem Erklärungsmodell war, dass die Planeten am Himmel sich mitunter rückwärts zu bewegen schienen, was die Astronomen Rückwärtsbewegung nennen. 1514 veröffentlichte Kopernikus eine Handschrift mit dem Titel »*Commentariolus*« (kleiner Kommentar), in der er vermutete, diese Rückwärtsbewegung verursache die Erde in ihrer Bewegung im Weltraum. Er vermutete außerdem, die Schwankungen bei den Zeiten von Sonnenauf- und -untergang seien auf die Drehung der Erde um die Sonne zurückzuführen. Eine kleine Handvoll anderer hatte bereits vermutet, das Universum sei heliozentrisch, aber was Kopernikus herausstechen lässt, ist seine beeindruckende Zusammenstellung von Tatsachen und Zeichnungen zur Unterstützung seiner Behauptungen.

Seine Freunde drängten Kopernikus, seine Erkenntnisse zu veröffentlichen, aber er wollte nicht

H. Briggs
ex dono colendissimi mri Hen: Gellibrand, 1634
Fletcher

NICOLAI COPERNICI TORINENSIS DE REVOLVTIONIbus orbium cœlestium, Libri VI.

IN QVIBVS STELLARVM ET FIXARVM ET ERRATICARVM MOTVS, EX VETEribus atq; recentibus obseruationibus, restituit hic autor. Præterea tabulas expeditas luculentasq; addidit, ex quibus eosdem motus ad quoduis tempus Mathematum studiosus facillime calculare poterit.

ITEM, DE LIBRIS REVOLVTIONVM NICOLAI Copernici Narratio prima, per M. Georgium Ioachimum Rheticum ad D. Ioan. Schonerum scripta.

Cum Gratia & Priuilegio Cæs. Maiest.

BASILEAE, EX OFFICINA HENRICPETRINA.

LINKS: Dieser Grabstein aus schwarzem Granit steht auf dem Grab des Kopernikus. Es zeigt das Modell seines Sonnensystems – eine goldene Sonne, umgeben von sechs Planeten.

UNTEN: Die berühmte Zeichnung des Kopernikus der Planeten Merkur, Venus, Erde mit Mond, Jupiter und Saturn, die sich um den Fixstern Sonne drehen.

GEGENÜBER: Dieser großartige Sternenatlas des kopernikanischen Weltbilds ist eine Arbeit von Andreas Cellarius, einem deutsch-holländischen Kartographen.

NICOLAI COPERNICI

net, in quo terram cum orbe lunari tanquam epicyclo contineri diximus. Quinto loco Venus nono mense reducitur. Sextum denique locum Mercurius tenet, octuaginta dierum spacio circũ currens. In medio uero omnium residet Sol. Quis enim in hoc

pulcherrimo templo lampadem hanc in alio uel meliori loco poneret, quàm unde totum simul possit illuminare? Siquidem non inepte quidam lucernam mundi, alij mentem, alij rectorem uocant. Trimegistus uisibilem Deum, Sophoclis Electra intuentẽ omnia. Ita profecto tanquam in solio regali Sol residens circum agentem gubernat Astrorum familiam. Tellus quoque minime fraudatur lunari ministerio, sed ut Aristoteles de animalibus ait, maximam Luna cum terra cognationẽ habet. Cõcipit interea à Sole terra, & impregnatur annno partu. Inuenimus igitur sub hac

und sagte, er brauche noch mehr Daten für ein umfassenderes Buch. Es wird aber vermutet, dass er die Kirche nicht verärgern wollte, die darauf bestand, Gott habe das Universum mit der Erde als Mittelpunkt erschaffen.

Auch wenn Kopernikus noch weitere dreißig Jahre unveröffentlicht bleiben sollte, stieg sein Ansehen als außergewöhnlicher Astronom. Man lud ihn nach Pisa ein zu einer Diskussion über den neuen Kalender, mit dem die Kirche den julianischen ersetzen wollte, der noch auf die Zeit Julius Caesars zurückging. Nach so langer Zeit war er im Verhältnis zur Sonne immer ungenauer geworden. Kopernikus entwickelte auch ökonomische Theorien über den Wert und die Nutzung des Geldes, die bis heute als bedeutend gelten. Doch die Astronomie blieb seine wahre Leidenschaft, und er arbeitete unermüdlich an seinem Opus magnum, für das er unter anderem eine Ordnung der Planeten entwarf und relative Entfernungen zwischen ihnen und der Sonne berechnete.

Sein Hauptwerk »*Über die Umschwünge der himmlischen Kreise*« vollendete er offenbar um 1532, doch abermals weigerte er sich, es zu veröffentlichen, weil er befürchtete, die »Neuartigkeit und Unverständlichkeit« seiner Theorien würden zu Ablehnung führen. Erst in seinem letzten Lebensjahr erschien das 400 Seiten lange Werk, das sein Modell für das Sonnensystem und den Weg der Planeten darlegte.

Das epochale Dokument widmete er diplomatisch Papst Paul III. Doch die Kirche belegte das Buch 1616 mit dem Bann, ganze 73 Jahre nach Kopernikus' Tod. 1633, 90 Jahre nach der Veröffentlichung von »*Über die Umschwünge der himmlischen Kreise*«, verurteilte die Kirche den italienischen Astronomen Galileo Galilei (1564–1642) wegen Ketzerei, weil er »den Ansichten des Kopernikus folgte, die der Wahrheit und der Autorität der Heiligen Schrift zuwiderlaufen«.

Auf das Werk, das Kopernikus begann, bauten Wissenschaftler wie Johannes Kepler (1571–1630) und Isaac Newton (1643–1727) auf und trugen so zu einem neuen Verständnis des Universums und der Wissenschaft bei. Kopernikus wurde im polnischen Frombork beigesetzt, in der Kathedrale, an der er als Kanoniker diente. Lange war die genaue Position seines Grabes unbekannt, und über die Jahre gelang es trotz mehrfacher Suche nicht, es zu finden. 2005 entdeckten Archäologen schließlich die vermuteten Überreste des Kopernikus. Man verglich die DNA des Skeletts mit der von Haaren an einem Buch, das Kopernikus gehört hatte, und am 22. Mai 2010 erhielt der berühmte Sternengucker seine zweite Beisetzung. Auf dem Grabstein aus schwarzem Granit ist eine Abbildung seines Sonnensystems zu sehen: eine goldene Sonne, umrundet von sechs Planeten.

SCENO
SYSTE
COPER
GRAPHIA
MATIS
NICANI.

17

Shakespeares First Folio

Kein Buch über Dokumentenschätze wäre vollständig ohne einen Beitrag von William Shakespeare, der meist als größter Autor der englischsprachigen Literatur angesehen wird. Das First Folio, zusammengestellt von zwei Schauspielern der Bard's Fellows, enthält achtzehn seiner Stücke, die nie zuvor veröffentlicht worden waren. Ohne das Manuskript wären einige der berühmtesten Meisterstücke Shakespeares verlorengegangen. Kein Wunder, dass es als eines der wertvollsten Druckerzeugnisse der Welt gilt.

Man denke sich eine Welt ohne »Julius Caesar«, »Macbeth«, »Wie es euch gefällt« oder »Was ihr wollt«. Unvorstellbar, aber ohne das Engagement und den Weitblick zweier Zeitgenossen Shakespeares wären diese und weitere seiner Werke möglicherweise verlorengegangen. Die beiden Männer, ohne die mindestens die Hälfte der Stücke Shakespeares spurlos verschwunden wären, John Heminges und Henry Condell, hatten in seiner Company am Londoner Globe Theatre gespielt und wollten seine großartigen Werke zur Unterhaltung der Nachwelt bewahren. Nach Shakespeares Tod 1616 machten sie sich daran, alle seine Stücke in einem Buch drucken zu lassen, das seinem Urheber zur Ehre gereichen würde. Das Ergebnis heißt »*Mr. William Shakespeare's Comedies, Histories, & Tragedies*«, besser bekannt als First Folio. Ohne Zweifel ist es eines der wichtigsten Dokumente der englischsprachigen Welt.

In den Tagen Shakespeares verfasste ein Stückeschreiber zunächst handschriftlich einen Entwurf, den man »foul copy« nannte. Er selbst oder ein Mitarbeiter erstellte daraus eine lesbarere »fair copy« und fügte für das Soufflierbuch Notizen zur Aufführung des Stücks hinzu. Zwar ist keine der Originalhandschriften Shakespeares erhalten, aber achtzehn seiner sechsunddreißig Stücke wurden im Quartformat gedruckt. Für diese Quartos von der Größe eines heutigen Paperbacks wurden Papierbögen erst in Hälften und dann in Viertel gefaltet. Die Quarthefte, die Shakespeares Originalen treu zu sein scheinen, werden »gute« Quartos genannt, aber es gibt auch »schlechte« Quartos. Das sind Ausgaben, die vermutlich auf Entwürfe der Stücke zurückgehen oder auf die Erinnerung der Schauspieler. Zwischen den Theatergruppen des Elisabethanischen Theaters herrschte erbitterte Konkurrenz, daher wurden die guten Stücke regelrecht raubkopiert.

Heminges und Condell verwendeten »gute« Quartos, um ihr First Folio zu erstellen. Außerdem nahmen sie auch jedes gute oder schlechte Quarto in Augenschein, aber auch die Soufflierbücher, die Bibeln der Produktionsteams. Das war besonders wichtig, um die achtzehn Stücke zu transkribieren, die noch nicht als Quarteditionen veröffentlicht worden waren. Da beide Männer unter Shakespeare gespielt hatten, baten sie vermutlich Mitglieder der Company, Schauspielkollegen und Autoren, die mit ihm gearbeitet hatten, um ihren jeweiligen Beitrag zu bestimmten Stücken.

Nachdem das Material zusammengestellt war, gruppierten Heminges und Condell die Stücke in Komödien, Tragödien und Geschichtswerke, was bis heute unser Verständnis des Gesamtwerks Shakespeares bestimmt. Und sie beauftragten den flämischen Graveur Martin Droeshout, für die Titelseite ein Bildnis Shakespeares zu entwerfen. Da Droeshout sein Objekt nie getroffen hatte, wurde das Bildnis vermutlich nach einem älteren Porträt erstellt, das nicht überliefert ist. Der Autor Ben Jonson befand es als recht lebensecht, und so wurde das Porträt des Barden zum internationalen Markenzeichen.

Die Stücke wurden als Folio veröffentlicht, auf großen Papierbögen, die in Hälften gefaltet wer-

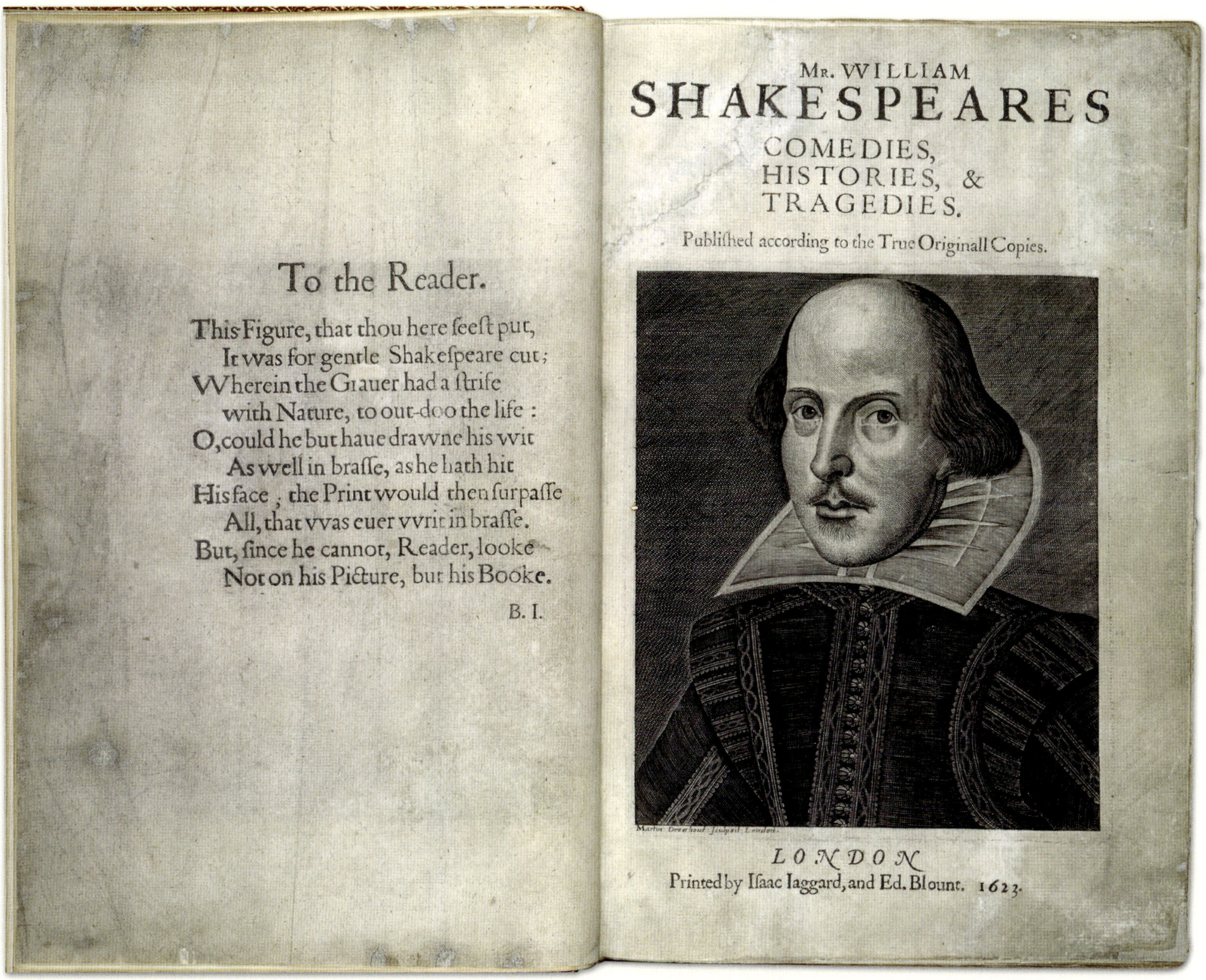

GEGENÜBER: Diese Ausgabe ist Teil der größten Sammlung von First Folios. Der US-Öltycoon Henry Clay Folger und seine Frau Emily begannen 1889, sie zu sammeln.

OBEN: Eines von nur vier First Folios mit dem Shakespeare-Porträt im Originalzustand. Spätere Ausgaben weisen leichte Veränderungen an Shakespeares Gesichtszügen während des Druckvorgangs auf.

TO THE MOST NOBLE AND INCOMPARABLE PAIRE OF BRETHREN.

WILLIAM
Earle of Pembroke, &c. Lord Chamberlaine to the *Kings most Excellent Maiesty.*

AND

PHILIP
Earle of Montgomery, &c. Gentleman of his Maiesties Bed-Chamber. Both Knights of the most Noble Order of the Garter, and our singular good LORDS.

Right Honourable,

WHilst we studie to be thankful in our particular, for the many fauors we haue receiued from your L.L. we are falne vpon the ill fortune, to mingle two the most diuerse things that can bee, feare, and rashnesse; rashnesse in the enterprize, and feare of the successe. For, when we valew the places your H.H. sustaine, we cannot but know their dignity greater, then to descend to the reading of these trifles: and, while we name them trifles, we haue depriu'd our selues of the defence of our Dedication. But since your L.L. haue beene pleas'd to thinke these trifles some-thing, heeretofore; and haue prosequuted both them, and their Authour liuing, with so much fauour: we hope, that (they out-liuing him, and he not hauing the fate, common with some, to be exequutor to his owne writings) you will vse the like indulgence toward them, you haue done

vnto

To the great Variety of Readers.

FRom the most able, to him that can but spell: There you are number'd. We had rather you were weighd. Especially, when the fate of all Bookes depends vpon your capacities: and not of your heads alone, but of your purses. Well! It is now publique, & you wil stand for your priuiledges wee know: to read, and censure. Do so, but buy it first. That doth best commend a Booke, the Stationer saies. Then, how odde soeuer your braines be, or your wisedomes, make your licence the same, and spare not. Iudge your sixe-pen'orth, your shillings worth, your fiue shillings worth at a time, or higher, so you rise to the iust rates, and welcome. But, what euer you do, Buy. Censure will not driue a Trade, or make the Iacke go. And though you be a Magistrate of wit, and sit on the Stage at *Black-Friers*, or the *Cock-pit*, to arraigne Playes dailie, know, these Playes haue had their triall alreadie, and stood out all Appeales; and do now come forth quitted rather by a Decree of Court, then any purchas'd Letters of commendation.

It had bene a thing, we confesse, worthie to haue bene wished, that the Author himselfe had liu'd to haue set forth, and ouerseen his owne writings; But since it hath bin ordain'd otherwise, and he by death departed from that right, we pray you do not envie his Friends, the office of their care, and paine, to haue collected & publish'd them; and so to haue publish'd them, as where (before) you were abus'd with diuerse stolne, and surreptitious copies, maimed, and deformed by the frauds and stealthes of iniurious impostors, that expos'd them: euen those, are now offer'd to your view cur'd, and perfect of their limbes; and all the rest, absolute in their numbers, as he conceiued thē. Who, as he was a happie imitator of Nature, was a most gentle expresser of it. His mind and hand went together: And what he thought, he vttered with that easinesse, that wee haue scarse receiued from him a blot in his papers. But it is not our prouince, who onely gather his works, and giue them you, to praise him. It is yours that reade him. And there we hope, to your diuers capacities, you will finde enough, both to draw, and hold you: for his wit can no more lie hid, then it could be lost. Reade him, therefore; and againe, and againe: And if then you doe not like him, surely you are in some manifest danger, not to vnderstand him. And so we leaue you to other of his Friends, whom if you need, can bee your guides: if you neede them not, you can leade your selues, and others. And such Readers we wish him.

John Heminge.
Henrie Condell.

LINKS: Eine Rekonstruktion von Shakespeares Globe Theatre wurde nicht weit vom Original erbaut, das 1613 abbrannte.

UNTEN: Die erste Zeile von Hamlets Monolog, hier in einem First Folio, ist einer der meistzitierten Sätze der englischen Sprache.

GEGENÜBER: Das Vorwort des First Folio beginnt mit überschwänglichem Dank an zwei adelige Brüder, die Shakespeares Förderer waren. Dann folgt eine unbeschwerte Anrede an die »große Bandbreite an Lesern«.

den, was das hohe Ansehen ausdrückt, das Shakespeare genoss, denn nur wichtige Bücher wie die Bibel wurden als Folio gedruckt. Der Druck war ein größeres Unternehmen, für dessen Fertigstellung das Vater-Sohn-Gespann William und Isaac Jaggard fast zwei Jahre benötigte. Jedes Folio umfasste mehr als 900 Seiten, und obwohl der größere Teil der Texte vor dem Druck bearbeitet worden war, finden sich auf rund 15 Prozent des Materials Spuren von Veränderungen im Satz, was Abweichungen zwischen einzelnen Ausgaben des Folios erklärt. Auch Druckfehler kommen vor, und ein ganzes Stück, »Troilus und Cressida«, ist zwar enthalten, wird aber im Inhaltsverzeichnis nicht vermerkt. Aber Fehler hin oder her, John Heminges und Henry Condell müssen sehr zufrieden gewesen sein mit ihrem Meisterstück. Im Vorwort verdammen sie die »gestohl'nen und erschlichenen Ausgaben, verkrüppelt und entstellt von Fälschern und Betrügern [...] in so großer Zahl, wie er sie sich erdachte«.

Es gibt keine Hinweise auf die Anzahl der gedruckten Ausgaben, die Schätzungen liegen zwischen 750 und 1.000. Erhalten sind nur 235.

Die Folger Shakespeare Library in Washington, D.C., besitzt 82, was sie zur Besitzerin der größten Sammlung macht. Auch die Meisei-Universität in Tokio besitzt 12 Exemplare. Weitere Ausgaben gibt es in Museen und Bibliotheken weltweit, und noch immer tauchen neue auf. 2014 entdeckte ein Bibliothekar im französischen St. Omer eine in einem Stapel englischer Bücher. Eine weitere tauchte 2016 im Mount Stuart House auf, einem stattlichen Anwesen in Schottland.

Als das First Folio 1623 erschien, kostete ein Exemplar 1 Pfund, was heute 180 Pfund entspricht. Eine Ausgabe erzielte 2006 bei einer öffentlichen Auktion fast 5 Millionen Pfund.

Im Vorwort des Dokuments schrieb Shakespeares Zeitgenosse Ben Jonson: »Er war nicht eines Zeitalters, sondern aller Zeiten.« Das verdanken wir dem First Folio.

18

Der Westfälische Friede

Der Westfälische Friede ist ein Meilenstein der europäischen Geschichte. 1648 unterzeichneten mehr als einhundert Staaten in Mitteleuropa eine Reihe von Verträgen, nach Jahrzehnten verheerenden Krieges und erbitterter Kämpfe auf dem Kontinent. Europa wurde schon bald wieder von neuen Kriegen heimgesucht, aber der Westfälische Friede setzte Standards für eine friedliche Koexistenz und den Respekt vor der Souveränität anderer Staaten, die zum Herzstück internationaler Diplomatie geworden sind.

Der Dreißigjährige Krieg war einer der verheerendsten Konflikte in der Geschichte. Er wurde zwischen 1618 und 1648 ausgefochten zwischen Hunderten größerer, kleinerer und winziger Staaten, die zusammen das Heilige Römische Reich bildeten, beteiligt waren aber auch andere Mächte wie Frankreich oder Schweden. Das Reich erstreckte sich von der Ostsee bis Norditalien und bis ins heutige Rumänien. In den dreißig Jahren erbitterter Kämpfe und Zerstörung starb ein Drittel der Bevölkerung. Die Vielzahl kleiner deutscher Staaten wie Braunschweig oder Mecklenburg wurde von Kämpfen, Krankheit und Hunger heimgesucht. Um nur eine Tragödie herauszuheben: Magdeburg verlor damals 80 Prozent seiner Einwohner, als eine Invasionsarmee die Stadt in Brand setzte. Insgesamt brauchte es drei Jahrzehnte grausamer Kämpfe der Staaten untereinander und das skrupellose Eingreifen fremder Mächte, bis alle Seiten nach Frieden verlangten. Es war weniger die Erschöpfung als die Erkenntnis der strategischen Vergeblichkeit, die die Verträge ermöglichte, deren Gesamtheit Westfälischer Friede genannt wird.

Das Heilige Römische Reich wurde vom habsburgischen Kaiser Ferdinand II. regiert, einem katholischen Eiferer, der mit aller Macht dem Flickenteppich der Staaten, von denen viele im Zuge der

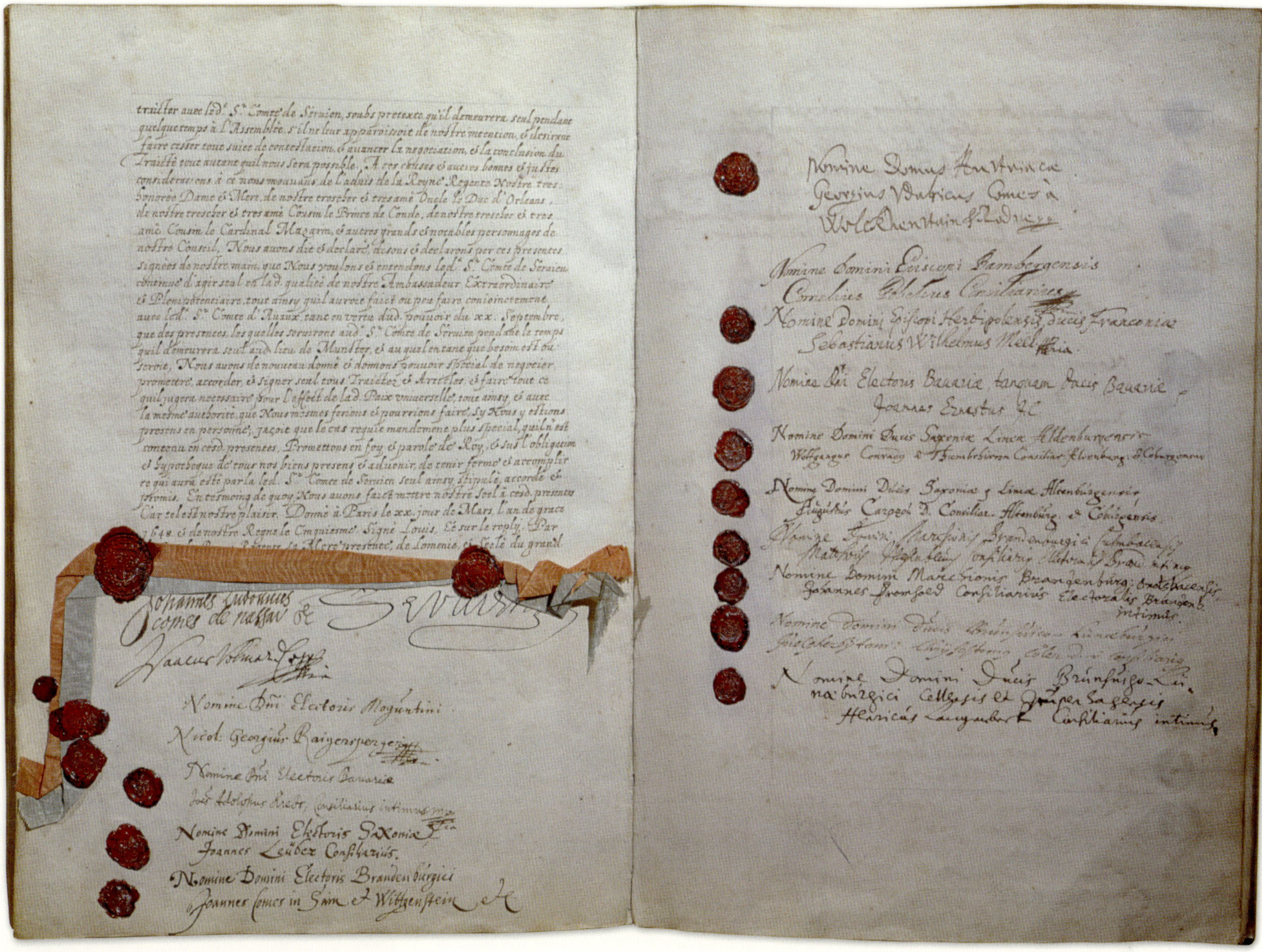

Reformation ein Jahrhundert zuvor protestantisch geworden waren, sein kaiserliches Regiment aufzwingen wollte. Der Krieg begann 1618 in Böhmen, wo die Protestanten dumm genug waren, zwei Beauftragte Ferdinands aus einem Fenster der Prager Burg zu werfen. Auch wenn die beiden Männer den sogenannten Prager Fenstersturz überlebten – angeblich polsterte ein Misthaufen den Sturz –, konnte Ferdinand die Provokation kaum übergehen. Als die Böhmen noch weitergingen und ihn als Kaiser ablehnten, marschierte er ein und besiegte die große protestantische Armee in der Schlacht am Weißen Berg 1620.

Als sich in den folgenden Jahren der mutig gewordene Ferdinand daranmachte, seine wachsende militärische Macht auf weitere Staaten seines kriselnden Reiches auszuüben, mischten sich immer mehr Außenstehende ein, in der Absicht, Stücke des Kuchens zu ergattern. Erst kamen die Dänen, dann die Schweden, die Franzosen und die Spanier. Schließlich sahen die Niederlande den Krieg als ihre Chance auf Unabhängigkeit von Spanien. Die erfolgreichste Kriegspartei aber waren die Schweden unter dem erstaunlichen König Gustav Adolf. Ihn sah man als Retter des protestantischen Europa an. Er zerschlug die kaiserliche Armee 1631 in der Schlacht von Breitenfeld, doch seine Intervention währte nicht lange, da er ein Jahr später in der Schlacht von Lützen fiel. Bald darauf griff der französische Kardinal Richelieu ein, dessen verwegener Armeekommandeur Duc d'Enghien das französische Grenzgebiet besetzte. Dann griffen die Franzosen die Spanier an, die sich auf die Seite des Kaisers schlugen. Der erbitterte Kampf ging weiter, und das unendliche Leiden der Zivilbevölkerung zog sich bis in die 1640er Jahre.

Doch 1648 spürten alle Seiten, insbesondere das Kaiserhaus in Wien, dass Weiterkämpfen zu keinen Ergebnissen mehr führen konnte.

GEGENÜBER OBEN: Dieser Türgriff in Osnabrück erinnert an den Westfälischen Frieden von 1648.

GEGENÜBER: König Gustav Adolf regierte Schweden von 1611 bis 1632. Der wagemutige Kriegsherr machte Schweden zur europäischen Großmacht.

OBEN: Der Text des Westfälischen Friedens. Eine Heerschar größerer und kleinerer mitteleuropäischer Staaten unterzeichnete ihn am 24. Oktober 1648. Er wurde zum Meilenstein in der Geschichte der Diplomatie.

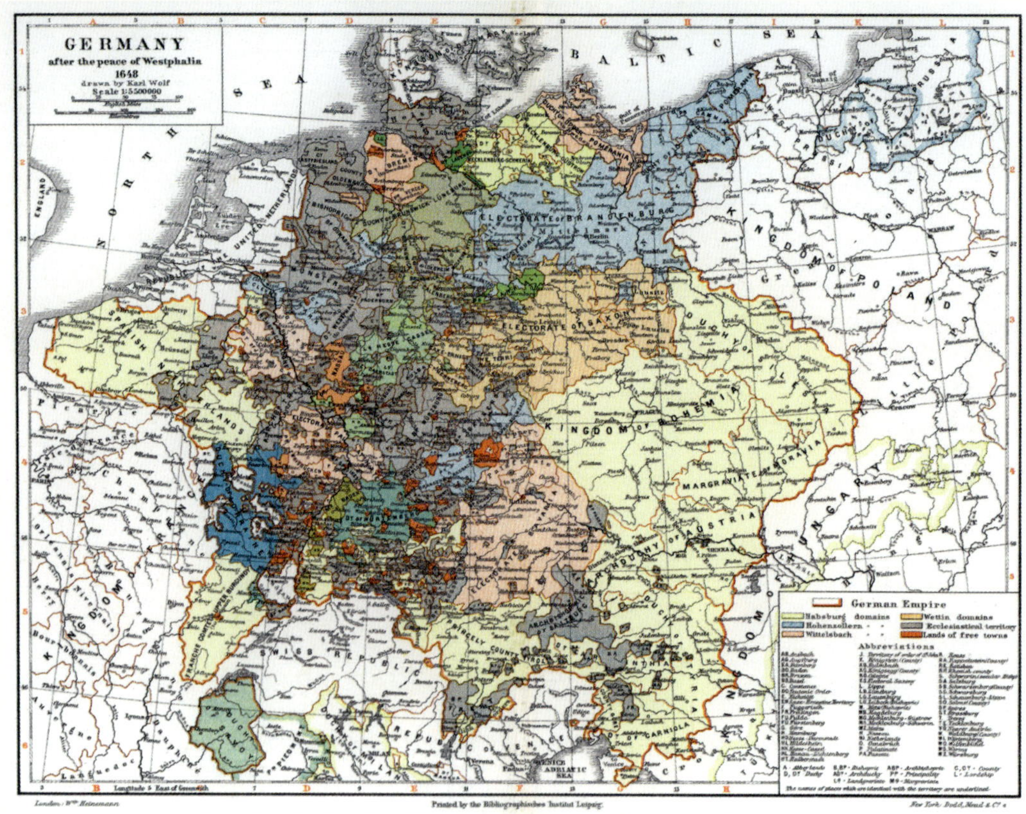

In Münster und Osnabrück in Westfalen fanden die Friedensverhandlungen statt. Delegierte aus über einhundert Staaten des erschütterten, aber nicht besiegten Heiligen Römischen Reiches nahmen teil, zusammen mit weiteren Mächten, die Konfliktbeteiligte waren. Das Ergebnis war ein Frieden, mit dem die Grenzen der meisten mitteleuropäischen Staaten festgelegt wurden. Schweden erhielt im Westfälischen Frieden Gebiete im norddeutschen Ostseeraum, Frankreich erhielt Teile des Elsass und Städte wie Metz und Verdun an seiner Ostgrenze, und die Schweiz und die Niederlande wurden unabhängig. Aber das eigentlich Innovative und Dauerhafte an diesem Frieden, der zur Blaupause für künftige Vereinbarungen werden sollte, war die Bewahrung der Souveränität von Staaten in ihren anerkannten Grenzen. Der Frieden verankerte als neuartiges, international anerkanntes Prinzip das Recht aller Staaten auf Regelung ihrer eigenen Angelegenheiten ohne äußere Einmischung. Daraus ergab sich ein umfassender Machtverlust für das siechende Reich und seinen Anspruch, die Christenheit zu vertreten. Wenig überraschend war Papst Innozenz X. in Rom der einzige internationale Politiker, der den Westfälischen Frieden rundheraus verdammte und als »null und nichtig, ungültig, schändlich und verdammenswert […] und für alle Zeiten ungültig« verteufelte.

Irgendwie schleppte sich das Heilige Römische Reich weiter. Selbst die Verwüstungen Friedrichs des Großen, des preußischen Königs Mitte des 18. Jahrhunderts, konnte die Kontrolle der Habsburger in Wien über ihre zahlreichen Fürstentümer nicht vollends brechen. All die deutschen Kleinstaaten mussten auf den großen Staatsmann Bismarck ein Jahrhundert später warten, um sich zu einem deutschen Gesamtstaat zusammenzuschließen.

OBEN: Die Staaten des Heiligen Römischen Reiches zur Zeit des Westfälischen Friedens. Der Vertrag verlieh ihnen das Recht, in Frieden mit ihren Nachbarn zu leben. Die meisten wurden im 19. Jahrhundert ein Teil Deutschlands.

RECHTS: Ein bedeutender Vorläufer für den Westfälischen Frieden war der Frieden von Münster, der vier Monate früher von Niederländern (links) und Spaniern (rechts) unterzeichnet wurde.

Das Zeitalter der Revolutionen

1776 bis 1893

19

Die amerikanische Unabhängigkeitserklärung

Mit der Unabhängigkeitserklärung der dreizehn nordamerikanischen Kolonien begann das Volk der Vereinigten Staaten seinen Kampf um Freiheit von der britischen Herrschaft. Sie wurde am 4. Juli 1776 verkündet, doch erst 1783 wurde der neue Staat im Vertrag von Paris schließlich anerkannt. Die Amerikanische Revolution hat zahlreiche Freiheitskämpfe anderswo in der Welt inspiriert.

OBEN LINKS: Benjamin Franklin war einer der fünf Männer, die die Erklärung entwarfen. Er wurde später US-Botschafter in Frankreich, ist aber auch der Erfinder des Blitzableiters.

OBEN RECHTS: Auch John Adams gehörte zu den Autoren der Erklärung, er wurde später der zweite Präsident der Vereinigten Staaten von Amerika.

GEGENÜBER: 56 Männer unterzeichneten die Unabhängigkeitserklärung, angeführt von John Hancock, dem Präsidenten des US-Kongresses. Seine Unterschrift ist größer als die der anderen.

Dieses mutige Dokument ist die Geburtsurkunde einer Weltmacht, mochte die Blüte dieses Landes von Hoffnung und Versprechen auch noch etwas auf sich warten lassen, etwa ein Jahrhundert. Vorher ging es noch durch die Qualen zweier Kriege im eigenen Land – der Unabhängigkeitskrieg 1775–83 und der Sezessionskrieg 1861–65 –, um dann im 20. Jahrhundert der Welt seinen Stempel aufzudrücken. Aber die stolzen Zeilen, mit denen diese Erklärung beginnt, bestimmten die Geschichte der Vereinigten Staaten: »Wir halten diese Wahrheiten für ausgemacht, dass alle Menschen gleich erschaffen worden, dass sie von ihrem Schöpfer mit gewissen unveräußerlichen Rechten begabt worden, worunter sind Leben, Freiheit und das Bestreben nach Glückseligkeit.« Dieses Dokument war ein Signal für Idealismus und Hoffnung, die die Amerikaner erst später erfüllen sollten. Dies war zum Beispiel fast ein Jahrhundert vor der Abschaffung der Sklaverei, doch um 1900 waren die USA zum Weltführer aufgestiegen in der Gewährung von Freiheit und Wohlstand für das eigene Volk. Und wenn die US-Militärmacht auch an einigen zweifelhaften Kriegen beteiligt war, so erlangte die Wirtschaftsmacht doch umfassende Bewunderung.

Es war eine erstaunliche Entwicklung, beginnend in einer Zeit schlechter Führung der dreizehn amerikanischen Kolonien in den 1770er Jahren und einer grassierenden Unzufriedenheit ihrer Bürger. Die britische Regierung war schlecht beraten, den Amerikanern eine Reihe von Steuern aufzuerlegen, obwohl die Amerikaner im britischen Parlament von Westminster gar nicht vertreten waren. Und Männer wie Thomas Jefferson in Virginia, Benjamin Franklin in Pennsylvania oder John Adams in Massachusetts forderten als Erste die Selbstregierung und schließlich offene Rebellion.

Aus Verbitterung wurde Wut, als die Briten 1773 eine Steuer auf Tee erhoben. Dann erreichte eine große Lieferung Tee den Hafen von Boston, und Dutzende Protestierende, darunter der legendäre Paul Revere, warfen etwa 340 Kisten davon ins Wasser. Prompt schlossen die Briten den Hafen, einen der wichtigsten für den amerikanischen Handel, und ernannten den unbeliebten Oberbefehlshaber in Nordamerika Thomas Gage zum Gouverneur von Massachusetts. Gages Maßnahmen trugen maßgeblich dazu bei, die amerikanischen Zivilpolitiker in Wut zu versetzen und sie von Protestierenden zu Revolutionären werden zu lassen. Im April 1775 befahl er der britischen Armee, in der Stadt Concord Waffenvorräte zu konfiszieren, die amerikanische Milizionäre offenbar anlegten. Das war das Streichholz, das das Feuer entzündete. Der Unabhängigkeitskampf hatte begonnen.

Bemerkenswerterweise setzten die meisten der Männer, die die Revolution anführen würden, noch auf Verständigung statt Krieg. Sie hofften, London würde auf ausgleichende Meinungen wie die von Edmund Burke hören, der für mehr Großzügigkeit gegenüber denen plädierte, die er »unsere englischen Brüder in den amerikanischen Kolonien« nannte. Doch die Feststellung König Georgs III. vom August 1775, die Amerikaner befänden sich

IN CONGRESS, JULY 4, 1776.

The unanimous Declaration of the thirteen united States of America,

When in the Course of human events, it becomes necessary for one people to dissolve the political bands which have connected them with another, and to assume among the powers of the earth, the separate and equal station to which the Laws of Nature and of Nature's God entitle them, a decent respect to the opinions of mankind requires that they should declare the causes which impel them to the separation. —— We hold these truths to be self-evident, that all men are created equal, that they are endowed by their Creator with certain unalienable Rights, that among these are Life, Liberty and the pursuit of Happiness. — That to secure these rights, Governments are instituted among Men, deriving their just powers from the consent of the governed, — That whenever any Form of Government becomes destructive of these ends, it is the Right of the People to alter or to abolish it, and to institute new Government, laying its foundation on such principles and organizing its powers in such form, as to them shall seem most likely to effect their Safety and Happiness. Prudence, indeed, will dictate that Governments long established should not be changed for light and transient causes; and accordingly all experience hath shewn, that mankind are more disposed to suffer, while evils are sufferable, than to right themselves by abolishing the forms to which they are accustomed. But when a long train of abuses and usurpations, pursuing invariably the same Object evinces a design to reduce them under absolute Despotism, it is their right, it is their duty, to throw off such Government, and to provide new Guards for their future security. — Such has been the patient sufferance of these Colonies; and such is now the necessity which constrains them to alter their former Systems of Government. The history of the present King of Great Britain is a history of repeated injuries and usurpations, all having in direct object the establishment of an absolute Tyranny over these States. To prove this, let Facts be submitted to a candid world. —— He has refused his Assent to Laws, the most wholesome and necessary for the public good. —— He has forbidden his Governors to pass Laws of immediate and pressing importance, unless suspended in their operation till his Assent should be obtained; and when so suspended, he has utterly neglected to attend to them. —— He has refused to pass other Laws for the accommodation of large districts of people, unless those people would relinquish the right of Representation in the Legislature, a right inestimable to them and formidable to tyrants only. —— He has called together legislative bodies at places unusual, uncomfortable, and distant from the depository of their public Records, for the sole purpose of fatiguing them into compliance with his measures. —— He has dissolved Represtative Houses repeatedly, for opposing with manly firmness his invasions on the rights of the people. —— He has refused for a long time, after such dissolutions, to cause others to be elected; whereby the Legislative powers, incapable of Annihilation, have returned to the People at large for their exercise; the State remaining in the mean time exposed to all the dangers of invasion from without, and convulsions within. —— He has endeavoured to prevent the population of these States; for that purpose obstructing the Laws for Naturalization of Foreigners; refusing to pass others to encourage their migrations hither, and raising the conditions of new Appropriations of Lands. —— He has obstructed the Administration of Justice, by refusing his Assent to Laws for establishing Judiciary powers. —— He has made Judges dependent on his Will alone, for the tenure of their offices, and the amount and payment of their salaries. —— He has erected a multitude of New Offices, and sent hither swarms of Officers to harrass our people, and eat out their substance. —— He has kept among us, in times of peace, Standing Armies without the Consent of our legislatures. —— He has affected to render the Military independent of and superior to the Civil power. —— He has combined with others to subject us to a jurisdiction foreign to our constitution, and unacknowledged by our laws; giving his Assent to their Acts of pretended Legislation: — For Quartering large bodies of armed troops among us: — For protecting them, by a mock Trial, from punishment for any Murders which they should commit on the Inhabitants of these States: — For cutting off our Trade with all parts of the world: — For imposing Taxes on us without our Consent: — For depriving us in many cases, of the benefits of Trial by Jury: — For transporting us beyond Seas to be tried for pretended offences: — For abolishing the free System of English Laws in a neighbouring Province, establishing therein an Arbitrary government, and enlarging its Boundaries so as to render it at once an example and fit instrument for introducing the same absolute rule into these Colonies: — For taking away our Charters, abolishing our most valuable Laws, and altering fundamentally the Forms of our Governments: — For suspending our own Legislatures, and declaring themselves invested with power to legislate for us in all cases whatsoever. — He has abdicated Government here, by declaring us out of his Protection and waging War against us. — He has plundered our seas, ravaged our Coasts, burnt our towns, and destroyed the lives of our people. — He is at this time transporting large Armies of foreign Mercenaries to compleat the works of death, desolation and tyranny, already begun with circumstances of Cruelty & perfidy scarcely paralleled in the most barbarous ages, and totally unworthy the Head of a civilized nation. — He has constrained our fellow Citizens taken Captive on the high Seas to bear Arms against their Country, to become the executioners of their friends and Brethren, or to fall themselves by their Hands. — He has excited domestic insurrections amongst us, and has endeavoured to bring on the inhabitants of our frontiers, the merciless Indian Savages, whose known rule of warfare, is an undistinguished destruction of all ages, sexes and conditions. In every stage of these Oppressions We have Petitioned for Redress in the most humble terms: Our repeated Petitions have been answered only by repeated injury. A Prince, whose character is thus marked by every act which may define a Tyrant, is unfit to be the ruler of a free people. Nor have We been wanting in attentions to our Brittish brethren. We have warned them from time to time of attempts by their legislature to extend an unwarrantable jurisdiction over us. We have reminded them of the circumstances of our emigration and settlement here. We have appealed to their native justice and magnanimity, and we have conjured them by the ties of our common kindred to disavow these usurpations, which, would inevitably interrupt our connections and correspondence. They too have been deaf to the voice of justice and of consanguinity. We must, therefore, acquiesce in the necessity, which denounces our Separation, and hold them, as we hold the rest of mankind, Enemies in War, in Peace Friends. —

We, therefore, the Representatives of the **united States of America**, in General Congress, Assembled, appealing to the Supreme Judge of the world for the rectitude of our intentions, do, in the Name, and by Authority of the good People of these Colonies, solemnly publish and declare, That these United Colonies are, and of Right ought to be **Free and Independent States**; that they are Absolved from all Allegiance to the British Crown, and that all political connection between them and the State of Great Britain, is and ought to be totally dissolved; and that as Free and Independent States, they have full Power to levy War, conclude Peace, contract Alliances, establish Commerce, and to do all other Acts and Things which Independent States may of right do. — And for the support of this Declaration, with a firm reliance on the protection of divine Providence, we mutually pledge to each other our Lives, our Fortunes and our sacred Honor.

John Hancock

Button Gwinnett
Lyman Hall
Geo Walton.

Wm Hooper
Joseph Hewes,
John Penn

Edward Rutledge.

Thos Heyward Junr.
Thomas Lynch Junr.
Arthur Middleton

Samuel Chase
Wm. Paca
Thos. Stone
Charles Carroll of Carrollton

George Wythe
Richard Henry Lee
Th Jefferson
Benja. Harrison
Thos. Nelson jr.
Francis Lightfoot Lee
Carter Braxton

Robt Morris
Benjamin Rush
Benja. Franklin
John Morton
Geo Clymer
Jas. Smith
Geo. Taylor
James Wilson
Geo. Ross
Caesar Rodney
Geo Read
Tho M:Kean

Wm Floyd
Phil. Livingston
Frans. Lewis
Lewis Morris
Richd. Stockton
Jno Witherspoon
Fras. Hopkinson
John Hart
Abra Clark

Josiah Bartlett
Wm. Whipple
Saml Adams
John Adams
Robt Treat Paine
Elbridge Gerry
Step. Hopkins
William Ellery
Roger Sherman
Saml Huntington
Wm. Williams
Oliver Wolcott
Matthew Thornton

W.J. STONE SC. WASHN

nunmehr in »offener und erklärter Rebellion«, und der inspirierende Aufruf *Common Sense* (Gesunder Menschenverstand), der eine unabhängige amerikanische Republik propagierte, veranlasste amerikanische Politiker, die entscheidenden Schritte einzuleiten. Im Juni 1776 ernannten neun der dreizehn Kolonien ein Komitee von fünf Männern, darunter Jefferson, Adams und Franklin, um eine Unabhängigkeitserklärung zu erarbeiten. Die beiden Kolonien Pennsylvania und South Carolina verweigerten die Teilnahme, zwei weitere, New York und Delaware, zögerten noch. Bis zum 2. Juli traten alle außer New York bei, und der Zweite Amerikanische Kontinentalkongress verabschiedete die Erklärung in Philadelphia, Pennsylvania, per Mehrheitsbeschluss. Umgehend unterzeichnete John Hancock, Präsident des Kongresses, die Erklärung, die überwiegend von Thomas Jefferson entworfen worden war. Sein Name steht groß über den weiteren Namen, und die Unabhängigkeitserklärung wurde am 4. Juli proklamiert. Es dauerte noch eine Weile, bis alle Abgesandten der Staaten, darunter die von New York, sie unterzeichnet hatten.

Die Erklärung besteht aus drei Hauptteilen. Da gibt es die unvergesslichen Worte in Präambel und Einleitung, die das Recht des Volkes unterstreichen, die Fesseln einer Regierung abzustreifen, die »eine lange Reihe von Misshandlungen und gewaltsamen Eingriffen« zu verantworten hatte. Darauf folgt die Auflistung von Beschwerden der Amerikaner gegen die britische Regierung Georgs III. Dort finden sich 28 Punkte, wie Großbritannien die demokratischen Rechte der Amerikaner verletzt, ungerechte Besteuerung vorgenommen und Krieg gegen die dreizehn Kolonien geführt habe. Die Erklärung schließt mit den trotzigen Worten: »[...] dass diese Vereinigten Colonien Freye und Unabhängige Staaten sind, und von Rechtswegen seyn sollen; dass sie von aller Pflicht und Treuergebenheit gegen die Brittische Krone frey- und losgesprochen sind, und dass alle Politische Verbindung zwischen ihnen und dem Staat von Großbrittannien hiemit gänzlich aufgehoben ist, und aufgehoben seyn soll.« Die Würfel waren gefallen, und es sollte sieben Jahre des Kampfes und schließlich der Verhandlungen mit der britischen Regierung dauern, bis die Vereinigten Staaten volle Unabhängigkeit erlangten.

Fast überall in Amerika wurde die Unabhängigkeitserklärung mit großer Freude begrüßt, auch wenn einige »Loyalisten« noch für einige Zeit zweifelten. Manche der »United Empire Loyalists« gingen nach Kanada. George Washington aber, der im Jahr zuvor zum amerikanischen Oberbefehlshaber ernannt worden war, verlas das Dokument vor seinen Truppen in New York. Einer der Unterzeichnenden, William Whipple aus New Hampshire, fühlte sich verpflichtet, seine Sklaven freizulassen. Die amerikanische Unabhängigkeitserklärung sollte die Französische Revolution ebenso inspirieren wie Unabhängigkeitsbewegungen in vielen anderen Teilen der Welt.

OBEN: Das Fünf-Mann-Komitee der Unabhängigkeitserklärung übergibt seinen Vorschlag dem Präsidenten des Kontinentalkongresses John Hancock am 28. Juni 1776. Von links nach rechts: John Adams (später zweiter Präsident der USA), Roger Sherman, Robert Livingston, Thomas Jefferson (dritter US-Präsident) und Benjamin Franklin.

LINKS: Thomas Jefferson, der Hauptautor der Deklaration.

In diesem Gemälde von John Turnbull aus dem Kapitol ist die britische Kapitulation bei der Schlacht von Yorktown 1781 festgehalten. Sein Titel lautet »Die Kapitulation des Lord Cornwallis«, obwohl der Oberbefehlshaber gar nicht dabei war. Er schickte als Vertretung General O'Hara (rot gekleidet, in der Mitte), der zwischen den siegreichen Kommandeuren der Amerikaner und ihrer französischen Verbündeten hoch zu Ross hin und her laufen musste. Der führende amerikanische General Washington (auf dem braunen Pferd, Mitte rechts) reagierte, indem er seinen zweiten Bevollmächtigten General Benjamin Lincoln losschickte, um von O'Hara dessen Schwert zu fordern.

20

Der Ballhausschwur

Der Ballhausschwur war das singuläre Ereignis, das die Französische Revolution entzündete. 1789 fanden sich wütende Vertreter der unteren Stände Frankreichs, denen ein Treffen mit dem König verweigert worden war, in einer Ballsporthalle in Versailles zusammen. Dort verabschiedeten sie die historische Erklärung, die die französische Politik ebenso veränderte wie die Geschichte des modernen Europa.

Die Entwicklung zur Demokratie in Europa ging durch mehrere Phasen der Gewalt, beginnend mit dem Englischen Bürgerkrieg Mitte des 17. Jahrhunderts und endend mit der Niederlage des Kommunismus in Osteuropa im 20. Jahrhundert. Der Sturm der Französischen Revolution (1789–99) steht für die schiere Brutalität ihrer Gewalt und den radikalen Extremismus ihrer Politik. In der Zeit des sogenannten Terrors zwischen Sommer 1793 und Sommer 1794 floss das Blut regelrecht durch die Straßen von Paris, als rund 20.000 Menschen guillotiniert wurden. Der Wohlfahrtsausschuss des Maximilien de Robespierre organisierte die Gewalt, angefeuert von den maßlosen öffentlichen Kundgebungen der Sansculottes, der »hosenlosen« linksextremen Hitzköpfe, die im Namen von Freiheit und Gleichheit die Vernichtung der Oberklasse forderten. Culottes waren die schmucken Kniebundhosen, getragen von der verhassten Oberschicht. Die Sansculottes wiederum wurden angestachelt von den bekannten Hitzköpfen des Ausschusses wie Bertrand Barère, der verkündete: »Der Baum der Freiheit gedeiht nur mit dem Blut der Tyrannen.« Bis Ende 1794 verrichtete die Revolution ihr blutiges Werk an der französischen Oberschicht und der katholischen Kirche.

Der wüste Kreuzzug setzte ein, fünf Jahre nachdem sich 1789 die ersten Revolutionäre in einem Ballsporthaus in Versailles versammelt hatten. Bis dahin hatte die französische Monarchie absolut regiert, gestützt von einer Aristokratie, die eifersüchtig über Macht und Privilegien wachte. König Ludwig XVI. war ein unentschlossener und schlecht beratener 35-Jähriger. Er hatte das Pech, auf dem Thron zu sitzen, als die absolute Monarchie von Denkern wie Jean-Jacques Rousseau herausgefordert wurde und im Volk großer Unmut herrschte angesichts der geschwächten Wirt-

RECHTS: Der Präsident der Nationalversammlung Jean-Sylvain Bailly (schwarz gekleidet, in der Mitte) führt die Menge an zum Ballhausschwur am 20. Juni 1789. Er verpflichtete zur Forderung nach einer »gerechten Verfassung«.

GEGENÜBER: Die Unterzeichner des Schwurs. Insgesamt waren es fast 600, die die Übergabe der Macht vom König aufs Volk forderten.

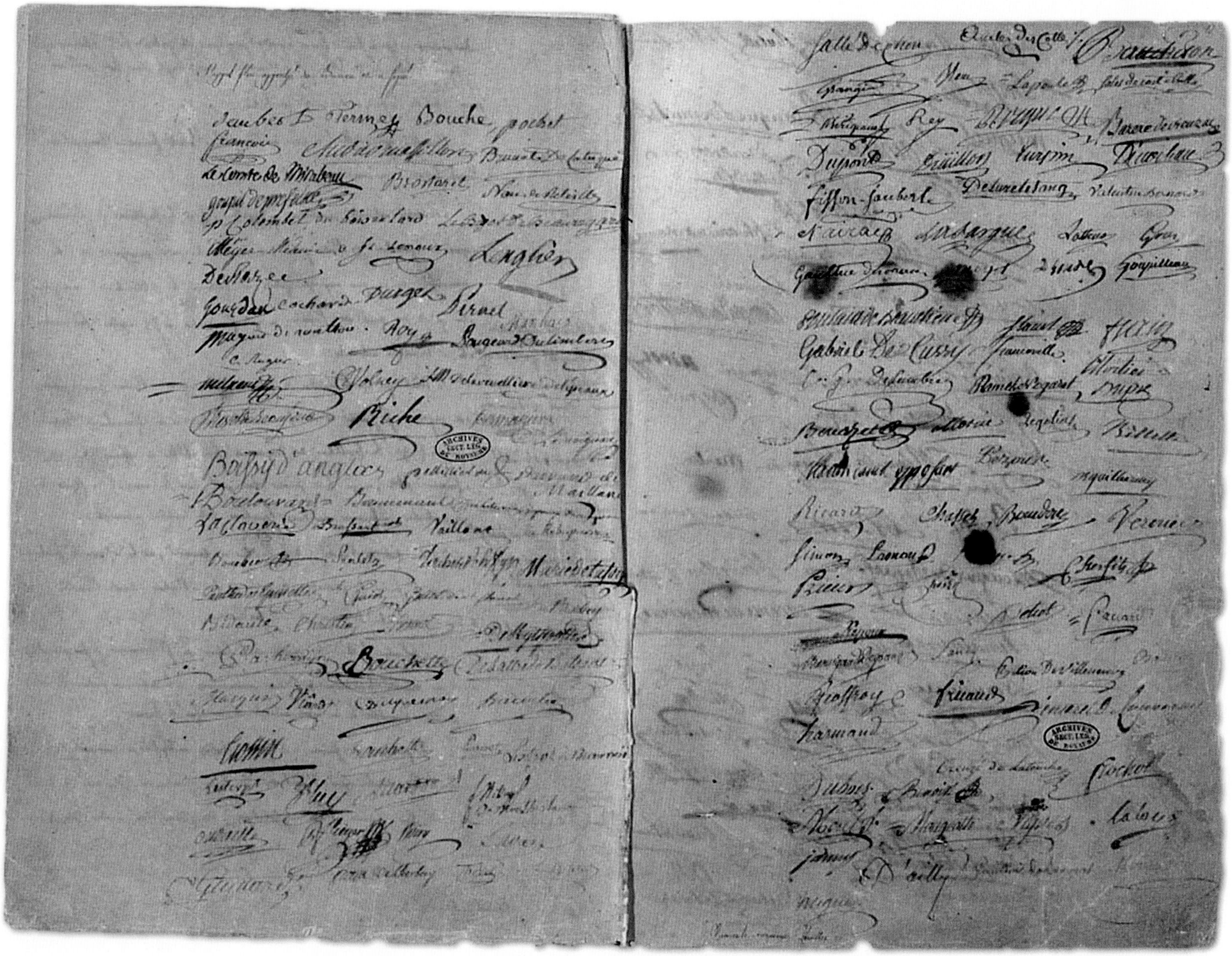

schaft. Außerdem war Ludwig zutiefst kompromittiert durch die notorische Extravaganz seiner Frau Marie-Antoinette, die angeblich über Menschen, die wegen der schlechten Ernte kein Brot mehr hatten, äußerte: »Dann sollen sie doch Kuchen essen.«

Es wurde so schwierig, dass der König im Sommer 1789 entschied, ein wenig demokratische Reform zuzulassen. Er berief eine uralte französische Institution zusammen – die Generalstände –, die die drei sogenannten Stände der französischen Gesellschaft versammelte: die Kirche, den Adel und das gemeine Volk. Der Dritte Stand, der das Volk als größte Gruppe in Frankreich vertrat, verweigerte sich dem Ansinnen und erklärte sich selbst zum einzigen Stand, der zur Regierung Frankreichs berechtigt war. Sie bezeichneten sich selbst als Nationalversammlung. Der König, hin- und hergerissen zwischen der Behauptung seiner Autorität und der Zustimmung zu liberalen Reformen, beschloss, alle drei Stände zu einer großen Zusammenkunft einzuberufen. Dafür musste der große Saal im Schloss von Versailles vorbereitet werden, indem das gesamte Mobiliar herausgeschafft wurde. Daher waren die Türen verschlossen, als die Vertreter des dritten Standes dort zusammenkommen wollten. Sie glühten vor Wut. Es regnete in Strömen, als einer der Delegierten sich an eine große Ballsporthalle erinnerte, die ein Jahrhundert zuvor nicht weit entfernt für die sportlichen Aktivitäten Ludwigs XIV. erbaut worden war. Die rund 600 Delegierten waren froh, vor dem Regen ins Trockene zu gelangen, machten das Beste aus der Situation, den offiziellen Versammlungsort des Königs nicht nutzen zu können, und verabschiedeten eine historische Resolution in Form eines Schwurs. Der Vorsitzende Jean-Sylvain Bailly stand auf einem einfachen Tisch in der Mitte der Halle und las, die eine Hand auf dem Herzen, die andere über dem Kopf, die Proklamation vor: »Wir schwören bei Gott und dem Vaterland, uns niemals zu trennen, bis wir eine stabile und gerechte Verfassung erstellt haben […]«

In zwei Monaten erließ die Nationalversammlung eine Reihe von Reformen, die alle Reste von Feudalherrschaft und Privilegien beseitigten sowie

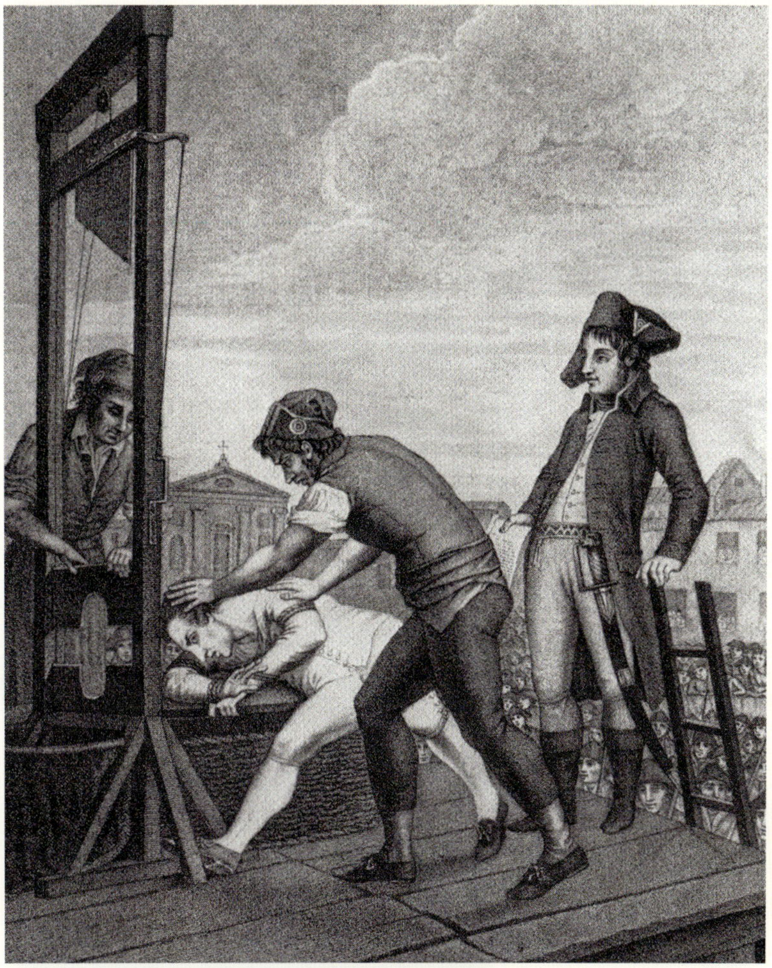

LINKS: Der Sturm auf die Bastille. Das große Festungsgefängnis aus dem Mittelalter wurde am 14. Juli von Revolutionären angegriffen. Frankreich feiert dieses Ereignis noch heute Jahr für Jahr.

GANZ OBEN: Die Hinrichtung des Maximilien de Robespierre, bekanntester der französischen Revolutionäre in der Zeit des Terrors. Eine Gegenbewegung gegen seine radikale Politik brachte ihn schließlich selbst unter die Guillotine.

OBEN: Königin Marie-Antoinette, die Frau Ludwigs XVI. Wie ihr Mann wurde sie 1793 mit der Guillotine hingerichtet.

Macht und Wohlstand der Kirche beschnitten; und eine Erklärung der Menschen- und Bürgerrechte wurde veröffentlicht. Gleichzeitig führte das Misstrauen zwischen dem König und seinem Volk zu Straßenkämpfen und dem Sturm auf die Bastille, einem wichtigen Symbol königlicher Macht, am 14. Juli 1789. Nacheinander überboten sich Gruppierungen radikaler Revolutionäre in ihrem gewalttätigen Machtkampf, und als im Sommer 1793 die Extremsten unter ihnen, die Jakobiner, unter Robespierre mit dem Terror begannen, wurden die früheren Anführer der Revolution als gefährliche Konservative angesehen. Bailly, der Vorsitzende des Dritten Standes, der die Nationalversammlung ins Leben gerufen und seine Gefolgschaft zum Ballhausschwur veranlasst hatte, wurde auf der Höhe der Terrorherrschaft im November 1793 guillotiniert. König Ludwig XVI. und seine Gattin Marie-Antoinette starben noch im selben Jahr unter der Guillotine. Einer der blutrünstigsten aller Mitstreiter Robespierres jedoch, der Aufrührer Bertrand Barère, überlebte erstaunlicherweise die Revolution und die folgende Herrschaft Napoleons. Er starb im Alter von 85 Jahren friedlich in seinem Bett.

21

Mary Wollstonecrafts »Verteidigung der Rechte der Frau«

Dieses inspirative Dokument stellte die traditionelle Rolle der Frauen im Großbritannien des 18. Jahrhunderts in Frage und wurde zum Leitbild der modernen Frauenbewegung. Es ist das erste Buch einer Frau, die feststellte, dass Frauen vernunftbegabte Geschöpfe sind und dieselben Rechte wie Männer beanspruchen können. Das Buch betonte, wie wichtig eine angemessene Erziehung der Frauen war, und machte seine unkonventionelle Autorin Mary Wollstonecraft zu einer der führenden Intellektuellen des 18. Jahrhunderts.

RECHTS: Mary Wollstonecraft fünf Jahre nach der Veröffentlichung ihres Buches. Das Bildnis entstand 1797, dem Jahr ihres Todes im Kindbett.

GEGENÜBER: Die Erstausgabe des bahnbrechenden Buches von Mary Wollstonecraft 1792. Die »Verteidigung der Rechte der Frau« war schon bald ausverkauft.

Mary Wollstonecraft war eine seltene Erscheinung im Kreise der männlichen Intellektuellen des europäischen Zeitalters der Aufklärung. Sie berief sich auf die Ideen radikaler Denker wie John Locke, Jean-Jacques Rousseau oder Thomas Paine. Ihnen galt die Vernunft als Schlüssel, die Gesellschaft zu verstehen und zum Besseren zu verändern. Was Wollstonecrafts Schrift so

außergewöhnlich macht, ist die Tatsache, dass sie im Unterschied zu ihren männlichen Gegenstücken verdeutlichte, dass Frauen genauso wie Männer rational denken können. In einer Gesellschaft, der die Frau als Bürgerin zweiter Klasse galt, war ihr Aufruf an die Frauen, ihr Leben mittels Bildung selbst in die Hand zu nehmen und den blinden Gehorsam Männern gegenüber zu beenden, schlichtweg revolutionär.

Viele der Überzeugungen Mary Wollstonecrafts entstammten ihrer eigenen Erfahrung. 1759 in London geboren, wuchs sie in einer wohlhabenden Familie auf, die schwere Zeiten durchmachte. Ihr exzentrischer Vater war ein brutaler Tyrann. Um ihre Mutter zu beschützen, schlief Mary auf ihrer Türschwelle. Sie sah zu, wie ihr Bruder Ned zum Studieren nach Cambridge geschickt wurde, während sie und ihre Schwestern lernten, wie man einen Haushalt führt. Aus bitterer Erfahrung lernte Mary Wollstonecraft, dass sie sich auf sich selbst verlassen und selbst für ihre Bildung sorgen musste. Sie gründete ohne Erfolg eine Schule und arbeitete als Gesellschafterin und Gouvernante – in der damaligen Zeit die klassische Laufbahn von Frauen aus verarmten Familien. Verändern sollte sich ihr Leben durch die Begegnung mit freireligiösen Christen, die später als Unitarier bekannt wurden. Sie glaubten daran, dass jeder Einzelne mit Hilfe der Vernunft die großen Fragen des Lebens beantworten und mit seinen Erkenntnissen eine gerechtere Welt schaffen konnte. Ein Mitglied der Vereinigung, Joseph Johnson, bat Wollstonecraft um einen Beitrag für sein politisches Magazin »Analytical Review« und veröffentliche 1792 ihr Hauptwerk »Verteidigung der Rechte der Frau«.

In diesem wegweisenden Buch vertritt Wollstonecraft die Ansicht, da Mann und Frau vor Gott gleich seien, müsste das auch sonst gelten. Sie

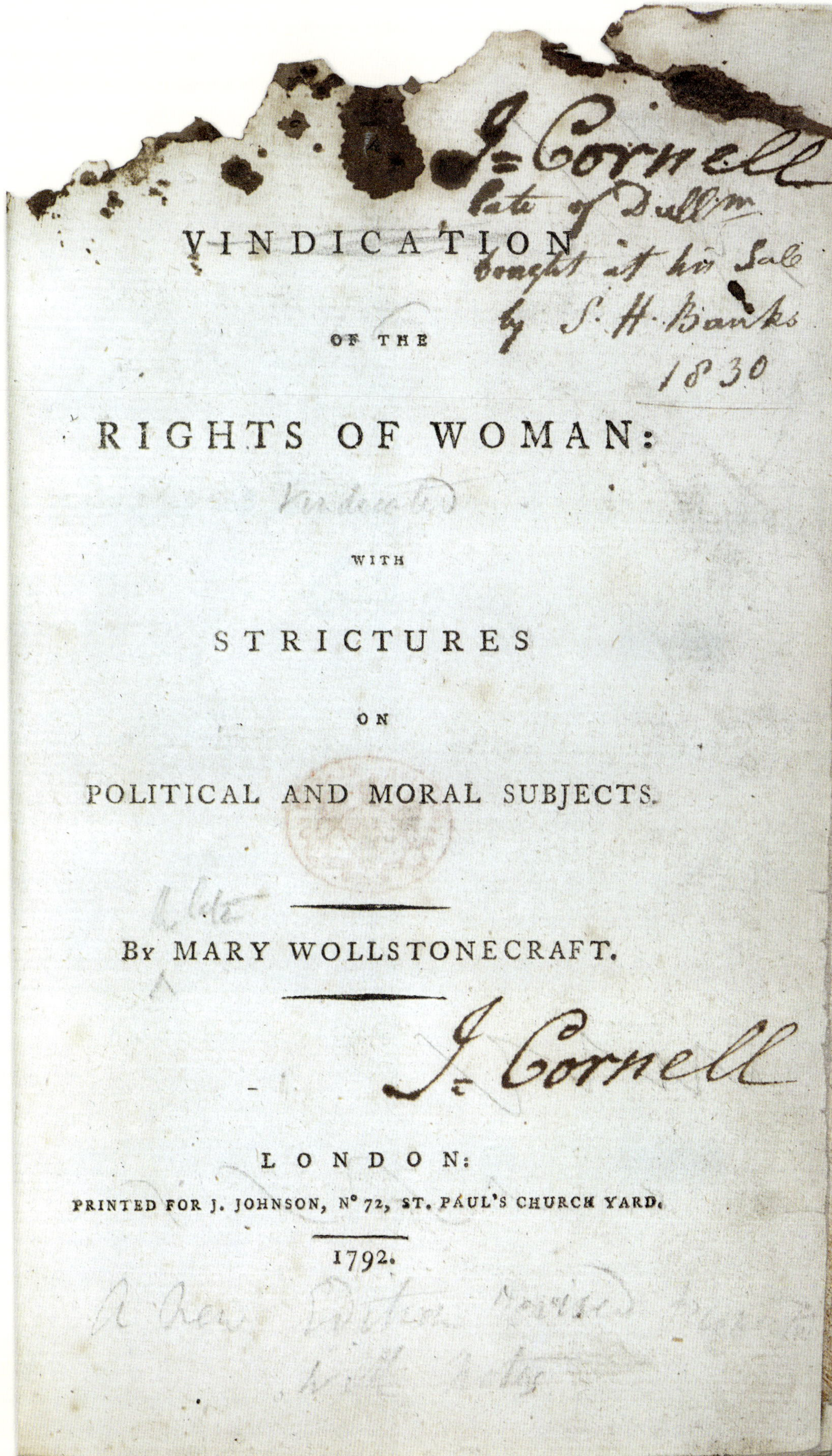
J. Cornell
late of Dull..m
bought at his Sale
by S. H. Banks
1830

A VINDICATION
OF THE
RIGHTS OF WOMAN:
WITH
STRICTURES
ON
POLITICAL AND MORAL SUBJECTS.

BY MARY WOLLSTONECRAFT.

J. Cornell

LONDON:
PRINTED FOR J. JOHNSON, N° 72, ST. PAUL'S CHURCH YARD.
1792.

LINKS: Mary Shelley war nur elf Tage alt, als ihre Mutter Mary Wollstonecraft starb. Mit siebzehn brannte sie mit dem britischen Dichter Percy Bysshe Shelley durch und schrieb vier Jahre darauf ihre berühmte Gruselgeschichte »Frankenstein«.

GEGENÜBER: Vier Seiten aus Mary Wollstonecrafts Buch. Immer wieder geht es um das Thema, dass Männer und Frauen gleich sind.

untersuchte die kulturellen Einflüsse, derentwegen die Frauen äußere Erscheinung und Dinge wie Singen oder Nähen als wichtiger einschätzten als rationales Denken. Sie beklagte, dass Männer Frauen dazu ermutigten, eitel und oberflächlich zu sein. Im 3. Kapitel schreibt sie: »Von Geburt an lernen sie, dass die Schönheit das Zepter der Frau sei, und so richtet sich ihr Denken auf den Körper, der seinen goldenen Käfig nur schmücken soll.« Sie drängt die Frauen in ihrem Buch, ihre traditionelle Rolle als »Spielzeug« und »Schoßhund« zu überwinden, indem sie nach Bildung streben. Die Autorin betont, es gehe ihr »nicht darum, dass die Frauen Macht über die Männer erlangen, sondern über sich selbst«, und beharrt auf Bildung wie für Männer auch, um aus Frauen bessere Ehefrauen und Mütter zu machen und ihnen eine berufliche Laufbahn zu ermöglichen.

Als das Buch erschien, gab es kaum Kritik daran – was vielleicht überrascht in einer Gesellschaft, in der Frauen wenig Bildung erhielten und wenige Rechte hatten. Ein Kritiker nannte Wollstonecraft »eine Hyäne im Unterrock«, aber ganz überwiegend wurde das Buch wohlwollend aufgenommen. Die erste Auflage wurde verkauft, eine zweite folgte, doch die Entwicklungen der folgenden Jahre sollten den Ruf der Autorin und ihrer wegweisenden Ideen zerstören.

Kurz nach der Veröffentlichung von »Verteidigung der Rechte der Frau« ging die 33-Jährige nach Paris, um die Französische Revolution zu unterstützen, von der sie sich den dringend nötigen politischen und sozialen Wandel erhoffte. Sie traf wenige Wochen vor der Hinrichtung des Königs Ludwig XVI. ein, verliebte sich in den amerikanischen Geschäftsmann Gilbert Imlay und brachte ihre Tochter Fanny zur Welt. Als Imlay ihr die Heirat verweigerte, verzweifelte sie und versuchte zweimal, sich umzubringen. Nach ihrer Rückkehr nach London 1794 lernte sie den radikalen Philosophen William Godwin kennen und wurde seine Geliebte. Keiner der beiden glaubte an die Ehe, aber als Wollstonecraft schwanger wurde, heirateten sie. 1797 brachte sie noch eine Tochter zur Welt, Mary (die später als Mary Shelley das Buch »Frankenstein« schrieb). Nur Tage später starb Wollstonecraft an einer Infektion. Sie wurde 38 Jahre alt.

Nach ihrem Tod verfasste Godwin eine Biographie über sie. Als strenger Advokat der Wahrheit schrieb er über ihre Affären, enthüllte ihr uneheliches Kind und berichtete, dass sie sich hatte umbringen wollen. Außerdem veröffentlichte er einen unvollendeten Roman, den seine verstorbene Frau geschrieben hatte und der unter anderem die Institution Ehe anprangerte. Die Leute waren entsetzt. Wollstonecrafts ruinierter Ruf entwertete ihre visionären Ideen, und so wurden sie ein ganzes Jahrhundert lang weitgehend ignoriert. Erst als die Frauen im späten 19. Jahrhundert das Wahlrecht forderten, erlangte Wollstonecrafts Buch wieder Aufmerksamkeit. Und mit dem Siegeszug des Feminismus im 20. Jahrhundert erhielt Mary Wollstonecraft ihren verdienten Status als Mutter des Feminismus.

INTRODUCTION.

After conſidering the hiſtoric page, and viewing the living world with anxious ſolicitude, the moſt melancholy emotions of ſorrowful indignation have depreſſed my ſpirits, and I have ſighed when obliged to confeſs, that either nature has made a great difference between man and man, or that the civilization which has hitherto taken place in the world has been very partial. I have turned over various books written on the ſubject of education, and patiently obſerved the conduct of parents and the management of ſchools; but what has been the reſult?—a profound conviction that the neglected education of my fellow-creatures is the grand ſource of the miſery I deplore; and that women, in particular, are rendered weak and wretched by a variety of concurring cauſes, originating from one haſty concluſion. The conduct and manners of women, in fact, evidently prove

that

merely employed to adorn her perſon, that ſhe may amuſe the languid hours, and ſoften the cares of a fellow-creature who is willing to be enlivened by her ſmiles and tricks, when the ſerious buſineſs of life is over.

Beſides, the woman who ſtrengthens her body and exerciſes her mind will, by managing her family and practiſing various virtues, become the friend, and not the humble dependent of her huſband, and if ſhe deſerves his regard by poſſeſſing ſuch ſubſtantial qualities, ſhe will not find it neceſſary to conceal her affection, nor to pretend to an unnatural coldneſs of conſtitution to excite her huſband's paſſions. In fact, if we revert to hiſtory, we ſhall find that the women who have diſtinguiſhed themſelves have neither been the moſt beautiful nor the moſt gentle of their ſex.

Nature, or, to ſpeak with ſtrict propriety, God, has made all things right; but man has ſought him out many inventions to mar the work. I now allude to that part of Dr. Gregory's treatiſe, where he adviſes a wife never to let her huſband know the extent of her ſenſibility or affection. Voluptuous precaution, and as ineffectual as abſurd.—Love, from its very nature, muſt be tranſitory. To ſeek

to ſave him from ſinking into abſolute brutality, by rubbing off the rough angles of his character; and by playful dalliance to give ſome dignity to the appetite that draws him to them.—Gracious Creator of the whole human race! haſt thou created ſuch a being as woman, who can trace thy wiſdom in thy works, and feel that thou alone art by thy nature, exalted above her,—for no better purpoſe?—Can ſhe believe that ſhe was only made to ſubmit to man, her equal; a being, who, like her, was ſent into the world to acquire virtue?—Can ſhe conſent to be occupied merely to pleaſe him; merely to adorn the earth, when her ſoul is capable of riſing to thee?—And can ſhe reſt ſupinely dependent on man for reaſon, when ſhe ought to mount with him the arduous ſteeps of knowledge?—

Yet, if love be the ſupreme good, let women be only educated to inſpire it, and let every charm be poliſhed to intoxicate the ſenſes; but, if they are moral beings, let them have a chance to become intelligent; and let love to man be only a part of that glowing flame of univerſal love, which, after encircling humanity, mounts in grateful incenſe to God.

To

the horſe or the aſs for whom ye provide provender—and allow her the privileges of ignorance, to whom ye deny the rights of reaſon, or ye will be worſe than Egyptian taſk-maſters, expecting virtue where nature has not given underſtanding!

END OF THE FIRST VOLUME.

(all published)

22

Beethovens fünfte Symphonie

Als wir beschlossen, auch ein musikalisches Dokument in dieses Buch aufzunehmen, fiel die Wahl nicht schwer – Beethovens fünfte Symphonie. Ihre charakteristische Eröffnung mit den vier Tönen (Da-da-da-daaa!) ist einer der bekanntesten Klänge aller Zeiten. Was aber Beethovens Meisterwerk noch besonderer macht, ist die Art und Weise, wie diese aufregenden, innovativen Klänge künftige Generationen von Komponisten beeinflusst haben, von Johannes Brahms bis Gustav Mahler.

Es sollte wohl allgemein anerkannt sein, dass Beethovens fünfte Symphonie die erhabensten Klänge liefert, die je eines Menschen Ohr erreicht haben.« Dieser erste Satz des 5. Kapitels von »Howard's End« von E. M. Forster ist die perfekte Zusammenfassung unserer Ansicht. Sie ist eines der populärsten und meistgespielten Musikstücke der Welt, dabei fiel diese überragende Komposition ihrem Urheber alles andere als leicht. Vier Jahre arbeitete Beethoven an seiner fünften Symphonie, in einer Zeit größter persönlicher Bedrängnis. Seine Aufzeichnungen bezeugen, dass er manche

RECHTS: Beethoven, als er seine »Missa Solemnis« komponierte. Der Künstler Joseph Karl Stieler musste sich mit vier Sitzungen begnügen. Weil der Maestro ihm weitere Termine verweigerte, musste Stieler die Hände nach dem Gedächtnis malen.

GEGENÜBER: Beethovens handschriftliche Partitur der fünften Symphonie beginnt mit der berühmten Eröffnung aus vier Tönen. In der Liste der Instrumente links ist die Flöte ausgestrichen, weil ihm ihr Klang zu dünn erschien für die kraftvolle Eröffnung.

Passagen immer wieder überarbeitete, einige bis zu zwanzigmal. Sein Biograph Emil Ludwig nannte die fünfte Symphonie »das beste Selbstporträt, das Beethoven uns hinterlassen hat«.

Als er 1804 mit der Arbeit an der fünften Symphonie begann, mit 34 Jahren, herrschten turbulente Zeiten. Die Truppen Napoleons marschierten auf Wien zu, wo der Komponist lebte, und er wurde allmählich taub. Seine zunehmende Taubheit war so verstörend, dass er erwog, sich umzubringen. Noch dazu litt er an Tinnitus, einem ständigen Ton im Ohr. Als Pianist wie als Komponist muss es quälend gewesen sein, manche Töne auf der Tastatur allmählich nicht mehr hören zu können. Beethovens Sekretär Anton Schindler berichtete, der Komponist habe ihm über die einleitenden Töne gesagt: »So klopft das Schicksal an die Pforte.« Oft wird die Komposition als Schicksalssymphonie bezeichnet, doch es wird darüber gestritten, ob besagtes Schicksal sein wachsender Hörverlust war oder die Napoleonischen Kriege. Der Komponist war ein großer Befürworter erst der Französischen Revolution und dann Napoleons gewesen. Er hatte beabsichtigt, diesem Helden seine dritte Symphonie zu widmen, entschied aber anders, als der französische Feldherr sich zum Kaiser der Franzosen gemacht hatte. Beethoven strich Napoleons Namen vom Deckblatt und widmete das Werk stattdessen der »Erinnerung an einen großen Mann«. Als Napoleons Armee 1805 Wien bombardierte, drückte Beethoven sich Kissen auf die Ohren, damit die Explosionsgeräusche sein Gehör nicht noch mehr schädigten.

Zum ersten Mal wurde die fünfte Symphonie am 22. Dezember 1808 im Theater an der Wien aufgeführt, wobei Beethoven selbst dirigierte. Sie wurde nicht gerade enthusiastisch aufgenommen: Nach nur einer Probe spielte das Orchester schlecht, das Programm im Ganzen dauerte über vier Stunden, und der Konzertsaal war ungeheizt. Das neue Werk verwirrte das Publikum, denn es gab mehrerlei Ungewohntes: Zwei Sätze waren zusammengelegt, die Melodie eines Satzes tauchte in einem anderen wieder auf, und zum ersten Mal in der Geschichte symphonischer Musik kam eine Posaune zum Einsatz. Aber am wichtigsten war, dass Beethoven das symphonische Format verändert hatte. Normalerweise endeten Symphonien im selben Schlüssel, in dem sie begonnen hatten, aber die Fünfte beginnt in c-Moll und endet in C-Dur, was den letzten Satz über den ersten betont. Diese Neuerung nahm die Zuhörer mit auf eine emotionale Reise von düsterem Elend zu gloriosem Triumph. Der Komponist schrieb über seinen Wechsel von Moll nach Dur: »Viele meinen, jedes Stück in Moll müsse in Moll enden. Ganz im Gegenteil finde ich, dass [...] Dur einen gloriosen Effekt hat. Die Freude folgt auf den Schmerz, Sonnenschein – Regen.«

Erst nach der Veröffentlichung der Partitur anderthalb Jahre später erschienen schwärmende Besprechungen. 1810 schrieb der Musikkritiker E. T. A. Hoffmann (der später das Kinderbuch »Nussknacker und Mausekönig« verfasste) auf poetische Weise: Wie diese wundervolle Komposition »in einem bis zum Ende fortsteigenden

Climax [...] den Zuhörer unwiderstehlich fortreißt in das wundervolle Geisterreich des Unendlichen [...] wo Schmerz und Lust in Tönen gestaltet ihn umfingen«.

Beethoven erhielt Anerkennung als revolutionäre Kraft, die die Art veränderte, wie Musik aufgeführt und gehört wurde. Er setzte neue Standards für musikalische Großformen und beeinflusste Komponisten wie Brahms, Tschaikowsky oder Mahler maßgeblich. Alle folgten seinem Moll-zu-Dur-, Dunkelheit-zum-Licht-Schema. Im Zweiten Weltkrieg wurde die fünfte Symphonie zu einer Inspiration ganz anderer Art. Sie wurde mit dem Buchstaben V für Victory assoziiert und zur Siegessymphonie. Der Buchstabe V steht für die römische Ziffer 5, und der Morsecode für den Buchstaben V ist drei Punkte und ein Strich, so wie die vier ersten Noten des ersten Satzes. Im Krieg verwendete die BBC diese vier ersten Noten von Beethovens Fünfter als Auftakt ihrer Sendungen ins besetzte Europa.

Anklänge an den ersten Satz finden sich auch in Filmen, darunter Walt Disneys »Fantasia 2000«, in Computerspielen, Fernsehmotiven und der britischen TV-Serie »Doctor Who«. Beethovens fünfte Symphonie schaffte es sogar ins Weltall, bei einer Aufnahme 1977 an Bord des Raumschiffs Voyager, ein passender Tribut an einen Komponisten von wahrlich universeller Bedeutung.

GEGENÜBER: Ihre Premiere hatte Beethovens fünfte Symphonie in Wien, im alten Theater an der Wien. An einer Außenwand erinnert eine Gedenkplakette an den Komponisten, der 1803/04 mietfrei im Theater wohnte, als er an seiner Oper »Fidelio« arbeitete.

OBEN: Das üppige Interieur des Theaters an der Wien galt als besondere Attraktion im Europa des 19. Jahrhunderts. Aber als Beethovens fünfte Symphonie hier am 22. Dezember 1808 zum ersten Mal aufgeführt wurde, war es ausgesprochen kalt, weil die Heizung nicht funktionierte.

23

Francis Scott Keys »Star-Spangled Banner«

Das handschriftliche Gedicht, das zum Text der US-National-hymne wurde, stammt von einem jungen Dichter namens Francis Scott Key. Im September 1814 musste er zusehen, wie die Briten Baltimore bombardierten. Der Anblick des amerikanischen Sternenbanners, das auch nach einer Nacht des Bombardements über der Hafenfestung wehte, bewog ihn in einer Woge von Nationalstolz dazu, diese Zeilen zu verfassen.

OBEN: Fort McHenry unter britischem Beschuss in der Nacht vom 13. auf den 14. September 1814. Die Royal Navy konnte es mit ihren Gewehren und Kanonen nicht bezwingen.

GEGENÜBER: Als der 14. September 1814 heranbrach, kritzelte Francis Scott Key sein Gedicht auf ein Stück Papier. Mehr als ein Jahrhundert später wurde es zum Text der Nationalhymne der Vereinigten Staaten.

Die Art und Weise, wie der Text der US-Nationalhymne entstand, ist fast so aufbauend wie die Worte selbst. Sie stammen von einem jungen amerikanischen Anwalt und Dichter, der den Stift zückte, als eine düstere Episode der amerikanischen Geschichte zu Ende ging. Nach dreißig Jahren Freiheit von britischer Oberherrschaft mussten die Vereinigten Staaten am 13. September 1814 abermals um ihr Leben kämpfen gegen die Armee, die sie 1781 aus Yorktown vertrieben hatten. Das damals so bloßgestellte Großbritannien war zurück, um unerbittliche Rache zu üben. Die Engländer waren erbost, weil die Amerikaner ihnen 1812 den Krieg erklärt hatten und sogar in Kanada auf britisches Territorium einmarschiert waren, auf dem Höhepunkt des Konflikts der Briten mit dem französischen Kaiser Napoleon. Erst im Sommer 1814, nachdem Napoleon offensichtlich besiegt und nach Elba verbannt worden war, ergriffen die Briten die Gelegenheit, mit den Amerikanern abzurechnen. Mit einer Flotte von dreißig Kriegsschiffen und Truppentransportern segelten sie über den Atlantik, um den Amerikanern zu versetzen, was die Briten »eine ordentliche Tracht Prügel« nannten. Ziel war nicht etwa, wieder eine britische Herrschaft in Amerika zu etablieren, sondern die früheren Kolonisten dafür zu bestrafen – so sahen es die britischen Minister –, dass sie England einen Dolch in den Rücken gerammt hatten.

Nachdem die britischen Truppen im August 1814 in Maryland gelandet waren, marschierten sie in grausamer Effizienz voran. Die US-Regierung reagierte überrascht und mit Unvermögen. Präsident James Madison, ein scharfsinniger Mann und einer der Väter der amerikanischen Verfassung, war kein großer Befehlshaber. Seine Kommandeure leisteten ihm schlechte Dienste, ihre Angriffe auf Kanada scheiterten schmählich, und nun wussten sie nicht, wie sie der britischen Bedrohung entgegentreten sollten. Es folgte eines der unrühmlichsten Kapitel der US-Militärgeschichte. Die britischen Rotröcke, ergraute Veteranen der Napoleonischen Kriege, besiegten mühelos die enthusiastischen, aber schlecht ausgebildeten Truppen, die Washington verteidigten, und innerhalb weniger Stunden stand die Hauptstadt in Flammen. Präsident Madison und seine tapfere Frau Dolley, die ihre Flucht aus dem Weißen Haus so lange herauszögerte, bis sie das herrliche Porträt des ersten US-Präsidenten George Washington in Sicherheit gebracht hatte, flohen über den Potomac River. Die britischen Kommandeure Generalmajor Robert Ross und Admiral George Cockburn fanden das Weiße Haus verlassen vor, aber das präsidiale Essen stand noch warm auf dem Tisch. Prompt schlangen sie mit ihren Offizieren das Essen herunter, stellten die Stühle auf den Esstisch und zündeten das Gebäude an. Auch das

O say can you see ~~through~~ by the dawn's early light
What so proudly we hail'd at the twilight's last gleaming,
Whose broad stripes & bright stars through the perilous fight
O'er the ramparts we watch'd, were so gallantly streaming?
And the rocket's red glare, the bomb bursting in air,
Gave proof through the night that our flag was still there,
O say does that star-spangled banner yet wave
O'er the land of the free & the home of the brave?

On the shore dimly seen through the mists of the deep,
Where the foe's haughty host in dread silence reposes,
What is that which the breeze, o'er the towering steep,
As it fitfully blows, half conceals, half discloses?
Now it catches the gleam of the morning's first beam,
In full glory reflected now shines in the stream,
'Tis the star-spangled banner — O long may it wave
O'er the land of the free & the home of the brave!

And where is that band who so vauntingly swore,
That the havoc of war & the battle's confusion
A home & a Country should leave us no more?
— ~~They have wash'd~~
Their blood has wash'd out their foul footstep's pollution.
No refuge could save the hireling & slave
From the terror of flight or the gloom of the grave,
And the star-spangled banner in triumph doth wave
O'er the land of the free & the home of the brave.

O thus be it ever when freemen shall stand
Between their lov'd home & the war's desolation!
Blest with vict'ry & peace may the heav'n rescued land
Praise the power that hath made & preserv'd us a nation!
Then conquer we must, when our cause it is just,
And this be our motto — "In God is our trust,"
And the star-spangled banner in triumph shall wave
O'er the land of the free & the home of the brave. —

Kongressgebäude, das State Department und das Finanzministerium wurden abgefackelt. Es war, abgesehen von den Terrorangriffen des 11. September 2001, das einzige Mal, dass ausländische Kämpfer die US-Hauptstadt erfolgreich angriffen.

Es schien, als könnte nichts und niemand die Briten dabei aufhalten, ihre Zerstörungen und Demütigungen fortzusetzen. Am 12. September landete die Armee ein paar Meilen vor Baltimore, wo die Kriegsschiffe und Kanonenboote sich daranmachten, Fort McHenry anzugreifen, das den Eingang zum Hafen sicherte. Doch der gebieterische Militärkommandant von Baltimore, General Sam Smith, war entschlossen, seiner Stadt das Schicksal Washingtons zu ersparen. Der Schlüssel dafür war Fort McHenry. Man füllte die Munitionslager und die Waffenbestände auf, und George Armistead, der Kommandeur der Festungsgarnison, ließ eine riesige Nationalflagge anfertigen – ein 30 mal 40 Fuß großes Sternenbanner – und hoch über den Festungsmauern aufziehen. Man tat alles Erdenkliche, um das Symbol des Widerstands in Baltimore gegen das fürchterliche Bombardement von Artillerie und Kanonen zu befestigen, das in der folgenden Nacht von den britischen Schiffen zu erwarten war.

Zufällig verhandelte der junge amerikanische Anwalt Francis Scott Key gerade über die Freilassung eines Gefangenen und war deshalb an jenem Abend auf einem britischen Schiff einquartiert, als der gewaltige Angriff auf Fort McHenry begann. Fassungslos musste er zusehen, wie das Kanonenfeuer mit unglaublicher Wucht in den Festungswällen einschlug und die Artillerie einen glühenden Bogen zur belagerten Festung entfachte. Als die schreckliche Nacht zu Ende ging, war Key sich sicher, die Festung müsse aufgegeben haben und darüber statt der amerikanischen die britische Flagge wehen. Aber als er durch den Morgennebel spähte, rieb er sich überrascht und hocherfreut die Augen. Begeistert erblickte er das Sternenbanner, das unverdrossen über den geschundenen Wällen des Forts wehte. Der Angriff war fehlgeschlagen, und die Briten zogen ab. In Windeseile schrieb Key auf ein Stück Papier ein Gedicht: »Oh sagt, könnt ihr sehen / im frühen Licht der Morgendämmerung / was wir so stolz grüßten / im letzten Schimmer der Abenddämmerung? / [...] / Oh sagt, weht dieses / sternenbesetzte Banner noch immer / über dem Land der Freien / und der Heimat der Tapferen?«

Abends zeigte Key das Gedicht einem Freund, der so beeindruckt war, dass er darauf bestand, es drucken zu lassen. Bald wurde es vertont, und ein Jahrhundert später wurde dieses Lied, inspiriert vom vergeblichen Versuch der Briten, Baltimore einzunehmen, zur Nationalhymne der Vereinigten Staaten.

OBEN: Das historische Sternenbanner, das über Fort McHenry wehte. Die Näherin Mary Pickersgill nähte darauf einen Stern für jeden der fünfzehn Bundesstaaten. Es befindet sich heute im Smithsonian Museum von Washington.

GEGENÜBER: Der junge Anwalt und Dichter Francis Scott Key stellte fest, dass das Sternenbanner die Nacht überstanden hat und noch immer über der Festung weht. Das veranlasste ihn zu den Zeilen: »Oh sagt, könnt ihr sehen im frühen Licht der Morgendämmerung ...«

24

Napoleons Proklamation vom 1. März 1815

Mit dieser Proklamation begann eine der dramatischsten Episoden der Geschichte. Napoleons waghalsiger Versuch, seine kaiserliche Macht wiederzugewinnen, erwies sich als letzter Akt einer Tragödie: Einer der größten Feldherren aller Zeiten kehrte zurück, um sein letztes schicksalhaftes Unternehmen zu wagen. Es sollte mit einer entwürdigenden Niederlage auf dem Schlachtfeld von Waterloo am 18. Juni 1815 enden. »Volk der Franzosen«, verkündet das Dokument, »ich bin wieder unter euch, um meine Rechte wiederherzustellen, die auch die euren sind.«

GEGENÜBER: In seiner Proklamation an das französische Volk versprach Napoleon, den unbeliebten Bourbonenkönig Ludwig XVIII. zu vertreiben. Er schrieb, er sei zurückgekehrt, »um meine Rechte wiederherzustellen, die auch die euren sind«.

Noch fünf Tage bevor Napoleon bei seiner Rückkehr nach Frankreich diese unverblümte Proklamation verbreiten ließ, befand er sich im Exil – auf der Insel Elba unter britischer Bewachung. Im Jahr zuvor wurde er nach fünfzehn Jahren mit Siegen über fast alle Länder Europas von einer Koalition alliierter Armeen in die Knie und zur Abdankung gezwungen. Man schaffte ihn auf die Insel Elba, die nur 240 Kilometer südlich von Frankreich liegt, und unterstellte ihn der bemerkenswert lockeren Überwachung durch den britischen Offizier Colonel Neil Campbell. Ende Februar 1815 beging Campbell den Fehler, ein paar Tage Landurlaub auf dem italienischen Festland einzulegen, um seinen Arzt aufzusuchen (Gerüchten zufolge besuchte er vielmehr seine Geliebte). Als er am 28. Februar zurückkehrte, erfuhr er, dass Napoleon mit einer kleinen Flottille unter Führung der Brigg INCONSTANT hatte fliehen können. Mit sich führte er eine kleine Streitmacht von etwas über 1.000 französischen Begleitern und Soldaten, die ihm auf der Insel zugestanden worden waren. Campbell nahm die Verfolgung auf, aber es war zu spät: Am 1. März erreichte der französische Kaiser Golfe-Juan bei Antibes an der französischen Riviera.

Napoleon ging ein immenses Risiko ein, denn Frankreich war wieder in den Händen des alten Regimes. Ein französischer König, Ludwig XVIII., war auf dem Thron installiert worden, und das kriegsmüde Land erfreute sich seines ersten Friedensjahres. Allerdings ließ Ludwig nicht erkennen, dass er aus den Fehlern der alten Bourbonenherrschaft gelernt hatte und Frankreich reformieren würde. Und vor allem hatte er den Fehler begangen, einen Großteil der Grande Armée aufzulösen, die Napoleon so ergeben gewesen war. Als sein einstiger Sekretär ihn auf Elba besuchte, fragte Napoleon, ob denn seine früheren Soldaten ihn noch liebten. »Jawohl, Sire«, lautete die Antwort, »und ich wage gar zu sagen, mehr denn je.« Das gab den Ausschlag für Napoleons kühnes Wagnis, nach Frankreich überzusetzen.

Sobald er das Festland erreichte, befahl Napoleon die weitestmögliche Verbreitung der Proklamation. Klar erkennbar zielte er darauf ab, vor allem die Veteranen der früheren kaiserlichen Armee anzusprechen. Er beschwor die militärischen Siege im Jahr zuvor, die den feindlichen Marsch auf Paris merklich verlangsamt hatten. Das erste Drittel der Proklamation machte nicht die Armee dafür verantwortlich, dass der Feind im März 1814 Paris hatte einnehmen können, sondern zwei seiner früheren Marschälle – den Herzog von Castiglione, Marschall Augereau, und den Herzog von Ragusa, Marschall Marmont: Sie hätten sich der Desertion und des Verrats schuldig gemacht. Dann wandte sich Napoleon an das französische Volk und

PROCLAMATION.

Au Golfe-Juan, le 1.er Mars 1815.

NAPOLÉON,

Par la grace de Dieu et les Constitutions de l'État, Empereur des Français, *etc. etc. etc.*

AU PEUPLE FRANÇAIS.

FRANÇAIS,

La défection du duc de Castiglione livra Lyon sans défense à nos ennemis; l'armée dont je lui avais confié le commandement était, par le nombre de ses bataillons, la bravoure et le patriotisme des troupes qui la composaient, à même de battre le corps d'armée Autrichien qui lui était opposé, et d'arriver sur les derrières du flanc gauche de l'armée ennemie qui menaçait Paris

Les victoires de Champ-Aubert, de Montmirail, de Château-Thierry, de Vauchamp, de Mormans, de Montereau, de Craone, de Reims, d'Arcy-sur-Aube et de saint-Dizier, l'insurrection des braves paysans de la Lorraine, de la Champagne, de l'Alsace, de la Franche-Comté et de la Bourgogne, et la position que j'avais prise sur les derrières de l'armée ennemie en la séparant de ses magasins, de ses parcs de réserve, de ses convois et de tous ses équipages, l'avaient placée dans une situation désespérée. Les Français ne furent jamais sur le point d'être plus puissans, et l'élite de l'armée ennemie était perdue sans ressource ; elle eût trouvé son tombeau dans ces vastes contrées qu'elle avait si impitoyablement saccagées, lorsque la trahison du duc de Raguse livra la Capitale et désorganisa l'armée. La conduite inattendue de ces deux généraux qui trahirent à la fois leur patrie, leur prince et leur bienfaiteur, changea le destin de la guerre. La situation désastreuse de l'ennemi était telle, qu'à la fin de l'affaire qui eut lieu devant Paris, il était sans munitions, par la séparation de ses parcs de réserve.

Dans ces nouvelles et grandes circonstances, mon cœur fut déchiré : mais mon âme resta inébranlable. Je ne consultai que l'intérêt de la patrie : je m'exilai sur un rocher au milieu des mers : ma vie vous était et devait encore vous être utile, je ne permis pas que le grand nombre de citoyens qui voulaient m'accompagner partageassent mon sort ; je crus leur présence utile à la france, et je n'emmenai avec moi qu'une poignée de braves, nécessaires à ma garde.

Elevé au Trône par votre choix, tout ce qui a été fait sans vous est illégitime. Depuis vingt-cinq ans la France a de nouveaux intérêts, de nouvelles institutions, une nouvelle gloire qui ne peuvent être garantis que par un Gouvernement national et par une dynastie née dans ces nouvelles circonstances. Un prince qui régnerait sur vous, qui serait assis sur mon trône par la force des mêmes armées qui ont ravagé notre territoire, chercherait en vain à s'étayer des principes du droit féodal, il ne pourrait assurer l'honneur et les droits que d'un petit nombre d'individus ennemis du peuple qui depuis vingt-cinq ans les a condamnés dans toutes nos assemblées nationales. Votre tranquilité intérieure et votre considération extérieure seraient perdues à jamais.

Français ! dans mon exil, j'ai entendu vos plaintes et vos vœux ; vous reclamez ce Gouvernement de votre choix qui seul est légitime. Vous accusiez mon long sommeil, vous me reprochiez de sacrifier à mon repos les grands intérêts de la patrie,

J'ai traversé les mers au milieu des périls de toute espèce ; j'arrive parmi vous, reprendre mes droits qui sont les vôtres. Tout ce que des individus ont fait, écrit ou dit depuis la prise de Paris, je l'ignorerai toujours ; cela n'influera en rien sur le souvenir que je conserve des services importans qu'ils ont rendus, car il est des événemens d'une telle nature qu'ils sont au-dessus de l'organisation humaine.

Français ! Il n'est aucune nation, quelque petite qu'elle soit, qui n'ait eu le droit et ne se soit soustraite au déshonneur d'obéir à un Prince imposé par un ennemi mometanement victorieux. Lorsque Charles VII rentra à Paris et renversa le trône éphémère de Henri VI, il reconnut tenir son trône de la vaillance de ses braves et non d'un prince régent d'Angleterre.

C'est aussi à vous seuls, et aux braves de l'armée, que je fais et ferai toujours gloire de tout devoir.

Signé NAPOLEON.

Par l'Empereur :

Le grand maréchal faisant fonctions de Major-général de la Grande Armée.

signé, Comte BERTRAND.

A VALENCIENNES, chez H. J. PRIGNET, Imprimeur des Administrations, etc. 1815.

erklärte, die Herrschaft Ludwigs XVIII. werde das alte Feudalsystem wieder einsetzen, weswegen Frieden im Land und Respekt im Ausland »für immer verloren« seien. Abschließend versprach er: »Es ist allein für euch und für die tapferen Männer der Armee, dass ich meine Pflicht stets in höchsten Ehren halte und halten werde.«

Dieser kraftvolle Aufruf dürfte Napoleons spektakuläre Rückkehr an die Macht in den folgenden Tagen befördert haben. Die Franzosen feiern bis heute seinen zwanzigtägigen Marsch von der Südküste Frankreichs nach Paris, die sie die »Route Napoléon« nennen. Es gab mehrere vergebliche Versuche, ihn zu stoppen – am berühmtesten wurde die Konfrontation bei Grenoble, als Napoleon Truppen begegnete, denen befohlen worden war, ihn mit allen Mitteln aufzuhalten. Als sie auf ihn schießen wollten, trat Napoleon vor und entblößte seine Brust: »Wenn einer unter euch seinen Kaiser töten will, dann möge er es tun«, rief er. Kein einziger Schuss wurde abgegeben. Wie ein Mann zog das Bataillon vor und schloss sich ihm an. Selbst Marschall Ney, der Napoleon in einem Käfig nach Paris zu bringen versprochen hatte, erlag dem Charme seines alten Waffenbruders, als sie aufeinanderstießen, und schlug sich auf seine Seite.

Am 20. März war Napoleon wieder in Paris. Die alliierten Feldherren auf dem Wiener Kongress, die ihn ein Jahr zuvor besiegt hatten, erklärten ihn sogleich für geächtet. Frankreich war gespalten angesichts seiner Rückkehr, und kaum jemand bezweifelte, dass ein Krieg gegen die Koalition zu verhindern war. Doch Napoleon konnte sich auf die Begeisterung seiner alten Grande Armée noch immer verlassen. Sie erinnerten sich an seine großen Führungsqualitäten im Feld, und so konnte er die ansehnliche Zahl von 100.000 Männern mobilisieren, mit denen er nach Norden marschierte, um seine Gegner zu fassen, bevor sie sich gegen ihn vereinigen konnten. Es war ein hoffnungsloses Unterfangen. Zwar überraschte er tatsächlich den Duke of Wellington und seinen preußischen Verbündeten Marschall Blücher in Belgien und zwang sie am 16. Juni zum Rückzug, aber zwei Tage darauf besiegten sie ihn in der Schlacht bei Waterloo. Selbst wenn er Waterloo gewonnen hätte, wäre er bald darauf von einer riesigen Streitmacht der Russen und Österreicher vernichtet worden, die von Osten heraneilte.

Nach wenigen Wochen musste der Mann, der am 26. Februar 1815 so spektakulär aus Elba entkommen war, die Waffen strecken und wurde als Gefangener nach St. Helena verbannt, eine Insel, von der er nie mehr zurückkehren sollte. Sechs Jahre später starb er, nachdem er fast jeden außer sich selbst für die Niederlage seines glorreichen, aber verhängnisvollen Feldzugs verantwortlich gemacht hatte.

GEGENÜBER: Der Duke of Wellington auf seinem Pferd Copenhagen sammelt seine Truppen im entscheidenden Moment bei der Schlacht von Waterloo. Die Verteidigungslinien seiner Infanterie hielten dem französischen Ansturm stand.

UNTEN: Fasziniert beobachten britische Offiziere auf dem königlichen Kriegsschiff HMS BELLEROPHON Napoleon, als er in britische Gewässer und dann in sein Exil auf der abgelegenen Insel St. Helena gebracht wird.

25

Brunels Brief vom 12. Oktober 1840

Dieser Brief des großen britischen Ingenieurs Isambard Kingdom Brunel steht für eine Revolution in der Schifffahrtstechnologie. Brunel schreibt, wie ihn das propellergetriebene Schiff ARCHIMEDES davon überzeugt hat, dass eine Schiffsschraube einen viel effizienteren Antrieb für sein neues Dampfschiff – die GREAT BRITAIN – liefert als ein Schaufelrad. Der zukunftsweisende Moment markiert den Anfang des Zeitalters der Schiffsschraube.

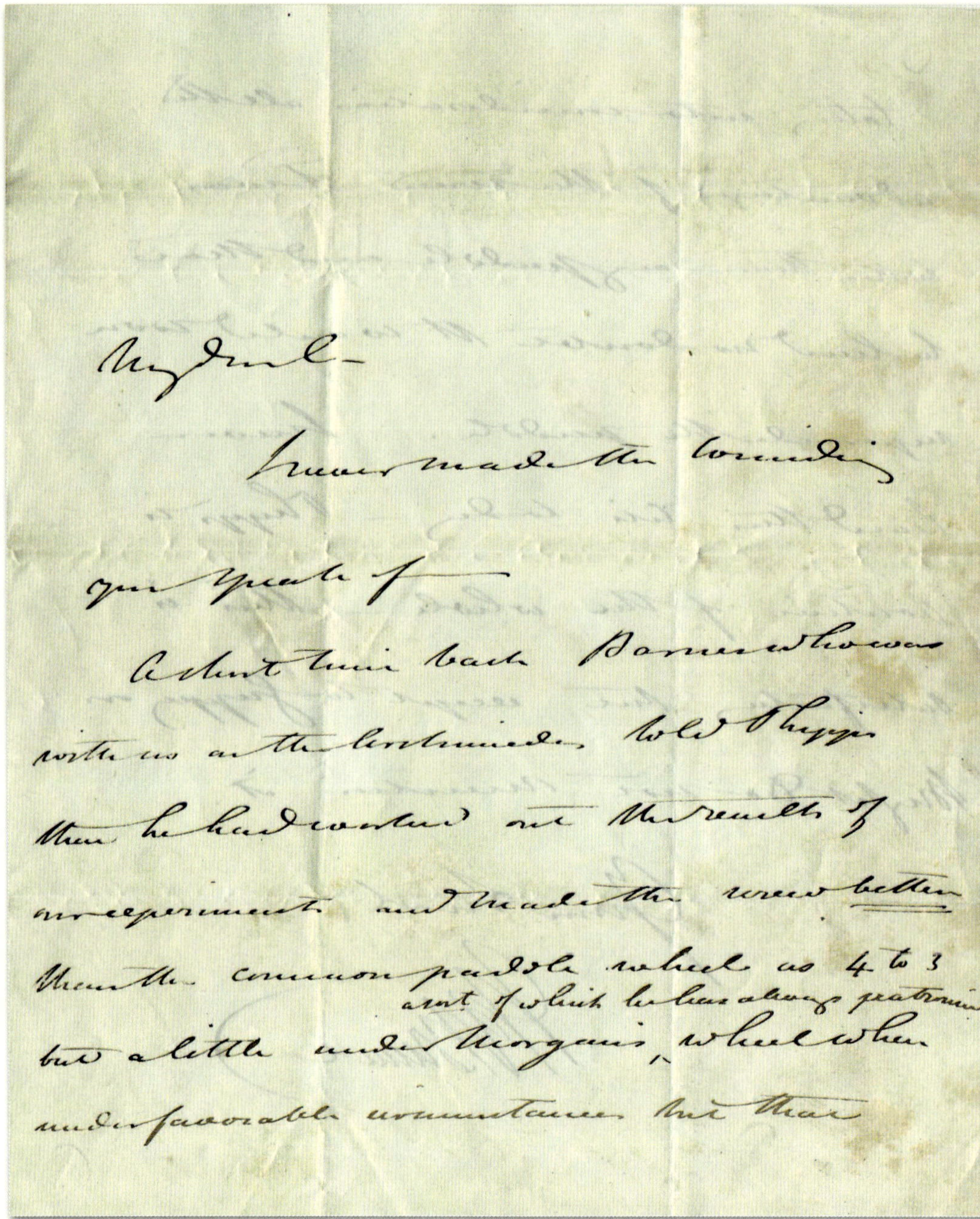

My dear —

I never made the communication

you speak of

A short time back [illegible] who was

with us on the [illegible] told [illegible]

that he had worked out the results of

our experiment and made the screw better

than the common paddle wheel as 4 to 3

[illegible]

but a little under Morgan's wheel when

under favorable circumstances but that

Brunel war ein Gigant der industriellen Revolution, ebenso groß als Mensch wie als Ingenieur. Er war einnehmend, auffällig von Charakter und brillant darin, andere zur Mitarbeit an seinen ehrgeizigen Ingenieursprojekten zu bewegen. Seine Pionierarbeiten für die Eisenbahn beförderten Reisende über größere Entfernungen an Land, während zur See seine drei Dampfschiffe eine neue Epoche der Seefahrt einläuteten.

Dieser Brief, geschrieben im Oktober 1840, veranschaulicht vortrefflich Brunels innovativen Geist. Er hatte bereits einen rekordbrechenden Transatlantik-Liner mit Schaufelradantrieb gebaut, die 2.300 Tonnen schwere SS GREAT WESTERN, bei ihrem Stapellauf das weltweit größte Passagierschiff. Sie muss ein großartiger Anblick gewesen sein mit ihrer eleganten Linienführung, dem einzelnen Schornstein und vier hohen Masten. Allerdings erfuhr Brunel kurz darauf, dass ein weiteres Dampfschiff mit anderem Antrieb gebaut worden war – mit einem Schiffspropeller anstelle des Schaufelrads. Dies war die im Brief erwähnte ARCHIMEDES. Brunel schreibt, die Tests der ARCHIMEDES hätten »die Vorteile des Propellers« vorgeführt und bewiesen, dass er »besser als das übliche Schiffsrad« war. Dies war eine aufregende Entwicklung in der Seefahrttechnik, und sie ereignete sich in einem entscheidenden Moment für

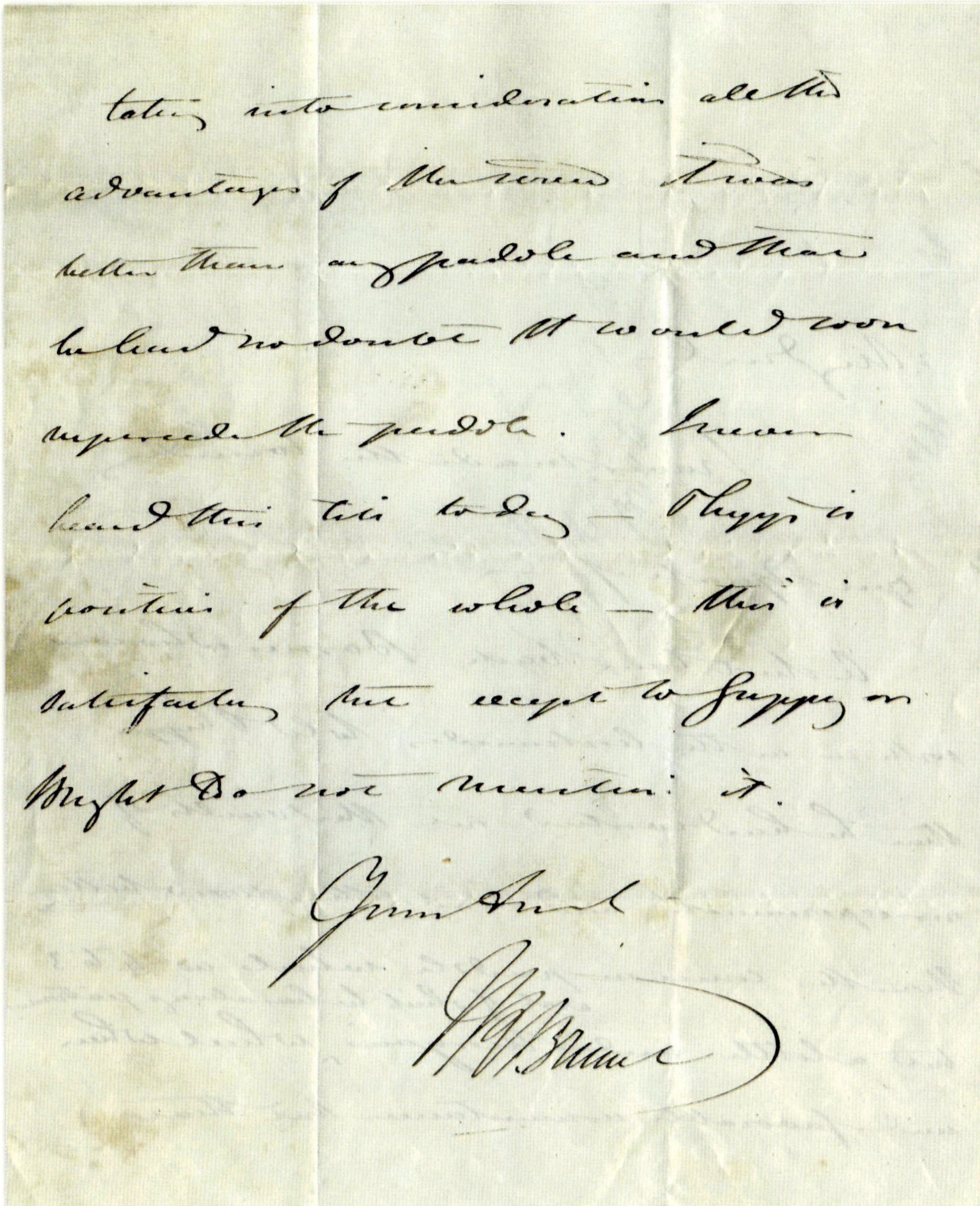
taking into consideration all the advantages of the screw it was better than any paddle and I have no doubt it would soon supersede the paddle. I never heard this till today — Playfair is position of the whole — this is satisfactory but except to Guppy or Wright do not mention it.

Yours truly

I K Brunel

GEGENÜBER UND LINKS: Brunels Brief bestätigt seine innovative Entscheidung für den Schiffspropeller als beste Antriebsart. Oben auf der ersten Seite heißt es: »in Anbetracht aller Vorteile des Propellers erwies er sich als besser als jedes Rad …«

Brunel. Er plante ein Nachfolgeschiff für die GREAT WESTERN, das das längste Dampfschiff der Welt werden und zugleich komplett aus Stahl gefertigt sein sollte. Seine SS GREAT BRITAIN sollte 27 Meter länger werden als die GREAT WESTERN, mit einer zusätzlichen Verdrängung von 1.300 Tonnen. Der Plan war zunächst, sie mit einem Schaufelradantrieb auszustatten, aber nun hatten die Tests ergeben, dass eine Schiffsschraube besser war: Sie war leichter, weniger auffällig und – im Unterschied zum Schaufelrad, das aus dem Wasser ragen konnte, wenn sich das Schiff zur Seite neigte – mittig unter dem Rumpf und damit weit unter der Wasserlinie sicher platziert.

Brunels Problem war jedoch, dass das Schaufelrad der GREAT BRITAIN bereits hergestellt wurde. Solche großen Schiffe wurden mit Hilfe lokaler Geldgeber finanziert, und da jede Verzögerung viel Geld kostete, wurden die Geldgeber ungeduldig, wenn sie auf ihre Erträge warten mussten. Aber Brunel ging das Risiko ein. Achtzehn Monate nach Konstruktionsbeginn stornierte er den Auftrag für das Rad und ließ stattdessen eine Schiffschraube entwerfen und einbauen. Das war eine der zahlreichen Verzögerungen vor der Inbetriebnahme der GREAT BRITAIN. Sobald sie aber fuhr, erwies sie sich als Triumph der Ingenieurskunst. Ihr Propeller brachte sie auf eine Geschwindigkeit von bis zu elf Knoten (drei Knoten schneller als die GREAT WESTERN), und sie konnte bei 120 Mann Besatzung mit 300 doppelt so viele Passagiere aufnehmen wie ihre Vorgängerin.

Erst im Sommer 1845 konnte die SS GREAT BRITAIN in Dienst genommen werden. In New York zog sie viele Schaulustige an, mochte ein skeptisches Wissenschaftsjournal auch anmerken, wenn »irgendetwas an der Konstruktion dieses herrlichen Schiffes zu kritisieren ist, dann der Antrieb durch einen Schiffspropeller«, und dass man sich nicht wundern müsste, wenn dieser durch Schaufelräder auf beiden Seiten ersetzt würde. Das Journal irrte sich, und Brunel behielt recht.

Seine GREAT BRITAIN mochte in ihrer langen Laufbahn zwischen Liverpool und New York und später in Australien eine Reihe Missgeschicke erleben, aber nie fuhr sie mit Schaufelrädern.

Brunel hatte neben seinen Erfolgen auch einige Misserfolge zu verbuchen. Der Bau des Themsetunnels, eines der bedeutendsten Projekte seines Vaters Marc Isambard Brunel, wurde immer wieder aufgehalten durch Wassereinbrüche, und es gab sogar mehrere Todesopfer unter den Arbeitern zu beklagen. Isambard Kingdom Brunel wäre beinahe selbst bei einem Wassereinbruch ums Leben gekommen. Für die Great Western Railway konstruierte er als Chefingenieur einige herrliche Brücken, doch aus seinem ehrgeizigen Breitspurvorhaben wurde nichts, weil der Rest des Landes am Standardmaß festhielt. Auch seine Entscheidung, einen Teil der South Devon Railway als »atmosphärische Eisenbahn« auszuführen, einem Rohrsystem mit Druckluft, wurde erprobt, funktionierte aber nicht recht und musste zu seiner Enttäuschung ebenfalls aufgegeben werden.

Seine wegweisenden Dampfschiffe hatten ebenso ihre Probleme. 1846 lief die GREAT BRITAIN vor Nordirland auf Grund, im Jahr nach ihrer Jungfernreise nach New York. Und 1886 war sie so altersgeschwächt und feuerversehrt, dass sie auf den Falkland-Inseln zurückgelassen wurde. Der weitsichtigen Großzügigkeit verschiedener Geldgeber verdankt sich ihr Rücktransport 1970 auf einem riesigen tauchfesten Ponton in ihren Heimathafen Bristol. Dort ist sie heute wieder in all ihrer Pracht zu sehen, auch ihr palastartiges Inneres wurde aufwendig restauriert.

Bis heute ist Isambard Kingdom Brunel eine Inspiration jedes Ingenieurs und ein Inbegriff für Kreativität für uns alle. Er hinterließ uns viele große Denkmäler, nahm immense Risiken auf sich und beeindruckt mit der bloßen Größe seiner Vorstellungskraft.

GEGENÜBER: Brunel 1857, im Alter von 51 Jahren, stolz vor den Ankerketten seines letzten Dampfschiffs, der GREAT EASTERN, in der Schiffswerft von Millwall.

OBEN: Die SS GREAT BRITAIN, Brunels Dampfschiff mit Propellerantrieb, ausgestellt in Bristol – das Trockendock, in dem sie gebaut wurde, bevor sie 1843 vom Stapel lief.

26

Das Kommunistische Manifest

Das Kommunistische Manifest ist eines der meistgelesenen und einflussreichsten Dokumente der Moderne. Verfasst 1848 von den radikalen deutschen Philosophen Karl Marx und Friedrich Engels, schuf seine Vision einer klassenlosen Gesellschaft durch eine Arbeiterrevolution die Grundlage einer neuen politischen Bewegung, die die Weltgeschichte veränderte.

RECHTS: Karl Marx im Alter von 57 Jahren. Friedrich Engels sagte über das Foto, es zeige Marx »in all seiner heiteren, zuversichtlichen, olympischen Ruhe«. Nach Marx' Tod bestellte Engels über eintausend Abzüge und verschickte sie an Sozialisten in aller Welt.

GEGENÜBER: Die einzige erhaltene Seite des ersten Entwurfs für das Kommunistische Manifest, in der Handschrift Karl Marx'. Er und Engels schrieben das Dokument in nur sechs Wochen. Fertiggestellt wurde es Ende Januar 1848 und einen Monat später veröffentlicht.

Das Kommunistische Manifest entstand in einer Zeit großer politischer und wirtschaftlicher Turbulenzen in Europa. Bei den Revolutionen von 1848 gab es Aufstände in fünfzig Ländern von Frankreich bis zur italienischen Halbinsel. Es gab viele Gründe für den Aufruhr. Eine wirtschaftliche Krise hatte zu Massenarbeitslosigkeit geführt, allein in Wien wurden 10.000 Arbeiter entlassen. Irland wurde von einer Hungersnot heimgesucht, das Ergebnis verheerender Missernten, die ganz Westeuropa zwischen 1845 und 1847 zu beklagen hatte. Die Städte waren überbevölkert, Armut grassierte, und das Wahlrecht war vor allem der Oberklasse vorbehalten. Angehörige von Mittel- und Arbeiterklasse gingen auf die Straße und verlangten neue Verfassungen und Regierungen, die ihnen eine Stimme gaben. In Paris zwangen gewalttätige Ausschreitungen König Louis-Philippe zur Abdankung, und nach Straßenkämpfen in London wurde Queen Victoria zu ihrer eigenen Sicherheit auf die Isle of Wight evakuiert. Die Bedingungen waren ideal für Karl Marx und Friedrich Engels, um ihre Ideale einer neuartigen kommunistischen Bewegung zu propagieren.

Nachdem Marx seine Heimat Preußen wegen seiner revolutionären sozialistischen Überzeugungen hatte verlassen müssen, zog er nach Paris und später nach Brüssel. Engels, dessen wohlhabender Vater eine Fabrik in Manchester besaß, unterstützte Marx sowohl finanziell als auch intellektuell. Die beiden Philosophen überzeugten ihre Genossen des neu gegründeten Bundes der Kommunisten, sie eine Streitschrift über die Grundzüge

der kommunistischen Philosophie schreiben zu lassen. Viele der Ideen waren zuvor diskutiert worden, aber das Kommunistische Manifest bannte sie zum ersten Mal auf Papier.

Das Dokument, das Marx mit der Hand schrieb, umfasst nur 23 Seiten, aber es erklärt mit großer Entschiedenheit die Auffassungen der Autoren darüber, wie die Geschichte – und damit auch die Zukunft – sich entwickelt. »Die Geschichte aller bisherigen Gesellschaft ist die Geschichte von Klassenkämpfen« lautet die denkwürdige erste Zeile des ersten Abschnitts. Das Manifest beschreibt diese Kämpfe von den frühen Zivilisationen mit freien Männern und Sklaven bis zur industriellen Revolution mit der »Bourgeoisie« –

…tarier für die 10 Stunden Bill ohne ihre Illusionen über die Resultate dieser Maßregel zu theilen.

[illegible]

Mscpt Karl Marx: Erster Entwurf z. Comm. Manifest

LINKS: Der deutsche sozialistische Denker Friedrich Engels war Co-Autor des Kommunistischen Manifests. Der Sohn eines vermögenden Textilfabrikanten unterstützte Marx und seine Familie finanziell.

RECHTS: Auf dem Berliner Alexanderplatz greifen am 18. März 1848 preußische Truppen Demonstranten an, die sich hinter Barrikaden schützen. Aufständische schossen aus den Fenstern benachbarter Gebäude und warfen Pflastersteine auf die Soldaten des Königs.

kapitalistischen Eigentümern der Produktionsmittel – und dem »Proletariat« – Arbeitern, die ihre Arbeitskraft zur Verfügung stellen. Es steht dem Kapitalismus erstaunlich positiv gegenüber, wenn es der Bourgeoisie dazu gratuliert, dass sie »ganz andere Wunderwerke vollbracht [hat] als ägyptische Pyramiden, römische Wasserleitungen und gotische Kathedralen«. Allerdings stellten Marx und Engels heraus, das Problem mit der rapiden Industrialisierung sei, dass die Bourgeoisie durch die Ausbeutung der Arbeiter zu ihrem eigenen »Totengräber« werde: weil sie eine stetig wachsende Zahl aufgebrachter Arbeiter hervorbringe, die ihre Macht erkennen und gewalttätige Revolutionen in Gang setzen würden. Sie vergleichen die Bourgeoisie mit einem »Hexenmeister, der die unterirdischen Gewalten nicht mehr zu beherrschen vermag, die er heraufbeschwor«.

Das Manifest fährt fort in der Beschreibung, wie die Arbeiter, inspiriert vom Kommunismus, ihre Kräfte bündeln werden, um eine klassenlose Gesellschaft Gleicher zu errichten. Unter anderem fordert es die Abschaffung des Privateigentums, das Ende der Kinderarbeit, die Verstaatlichung des Transportwesens und kostenlose staatliche Erziehung – Forderungen, die heute eher zahm klingen. Marx und Engels behaupten, Kommunismus sei der richtige Weg, und erteilen allen anderen Formen des Sozialismus eine Absage. Selbstbewusst sagen sie voraus, die Revolution in Deutschland werde sich ausbreiten und eine Welt schaffen, in der jedermann gleich ist und alle in Harmonie leben. Was genau den Status quo ersetzen soll, bleibt ein wenig im Unklaren, was daran liegt, dass Marx und Engels Theoretiker waren, die abstrakt dachten und keine Blaupause lieferten, um eine kommunistische Regierung zu errichten. Das Manifest endet mit Worten in Großbuchstaben, die über Jahrzehnte widerhallten: »PROLETARIER ALLER LÄNDER, VEREINIGT EUCH!«

Marx und Engels irrten sich, was Deutschland betraf. Es wurde nicht zum Anführer des Kommunismus, und die Revolutionäre von 1848 hatten keinen Erfolg. Einige Regierungen führten Reformen ein, Bündnisse zwischen Mittel- und Arbeiterklasse fielen auseinander, und Sicherheitskräfte stützten das Establishment. In den folgenden beiden Jahrzehnten wurde das Manifest wenig beachtet, aber es erhielt einen unerwarteten Schwung, als 1872 führende Vertreter der deutschen radikalen Sozialdemokratie des Verrats angeklagt wurden, nachdem sie gegen den Deutsch-Französischen Krieg agitiert hatten. Im Prozess zitierten die Ankläger zur Beweisführung aus dem Manifest. Das führte zur rechtmäßigen Veröffentlichung in Deutschland. In wenigen Monaten erschienen neun Auflagen in sechs Sprachen. Und als der Sozialismus in den kommenden vierzig Jahren Wurzeln schlug, gingen die Auflagen in die Hunderte.

1917, vierunddreißig Jahre nach Marx' Tod, machte die bolschewistische Revolution des Wladimir Iljitsch Lenin aus Russland den ersten kommunistischen Staat der Welt. Für viele Generationen wurde das Kommunistische Manifest zur Standardlektüre. Im 20. Jahrhundert lebte einige Zeit die halbe Menschheit in Staaten, die von kommunistischen Parteien regiert wurden. Aber anstatt dass der Staat verschwand, erwiesen sich diese Regime als überaus autoritär und hierarchisch, was den Kommunismus als politisches System diskreditierte. Andererseits überlebte das Kommunistische Manifest den Lauf der Geschichte. Sein radikaler Ansatz bei Problemen wie Globalisierung, Wirtschaftskrisen und der wachsenden Kluft zwischen Arm und Reich ist heute so aktuell wie 1848.

27

Die Regeln beim Fußball

Dieses unscheinbare Notizbuch ist eines der bedeutendsten Dokumente der Sportgeschichte. Das Protokollbuch der Football Association von 1863 enthält das Protokoll einer Reihe von Treffen, bei denen die ersten weithin akzeptierten Regeln für den Fußball erlassen wurden. Es steht für zwei wichtige Momente: den Beginn des heute wohl beliebtesten Spiels der Welt und die Gründung der Football Association, des englischen Fußballverbands.

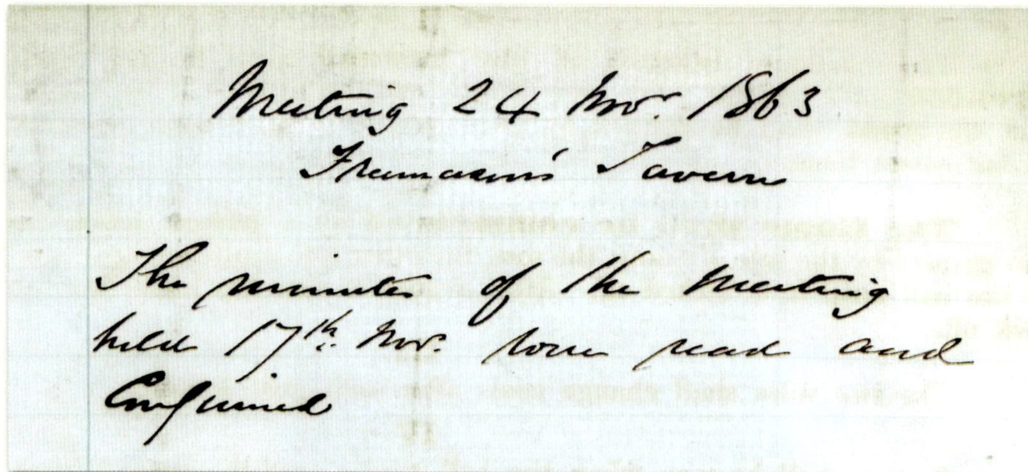
Meeting 24 Nov. 1863
Freemasons' Tavern
The minutes of the meeting held 17th Nov. were read and confirmed

Am 26. Oktober traf sich eine Gruppe von Männern in der »Freemasons' Tavern« nicht weit vom Londoner Covent Garden. Sie machten sich an das größte Problem im Sport jener Zeit: Die Unmöglichkeit für Fußballmannschaften, gegeneinander anzutreten, weil jeder nach eigenen Regeln spielte. Es gab sechs Zusammenkünfte und einige erbitterte Debatten, bis die Gruppe am 8. Dezember dreizehn Regeln verabschiedete, die für die Geburt des modernen Fußballs stehen.

Schon seit Jahrhunderten kickten gegnerische Teams in England einen Ball umher. Das Wort »footeball« für dieses Ballspiel tauchte erstmals 1424 auf, in einem Gesetz, das das Spiel verbot. Männertrupps aus Nachbarschaften spielten »mass« oder »mob« football und rangen darum, Schweinsblasen vom einen Ende einer Stadt ins andere zu schießen. Es galt als fair, außer der Schweinsblase auch jeden Gegner zu treten und zu schlagen. Selbst Heinrich VIII. besaß ein Paar Fußballstiefel, aber das hielt ihn nicht davon ab, das Spiel 1540 verbieten zu wollen, weil es angeblich Aufstände begünstigte. »Fußball ist nichts als tierisches Wüten und extreme Gewalt«, schrieb ein zeitgenössischer Beobachter. Unterlagen der Cambridge University belegen, dass ein Match zwischen Studenten und Stadtbewohnern 1579 in eine Schlägerei ausartete. Danach durften Studenten nicht mehr außerhalb des College-Geländes Fußball spielen. Erst im 19. Jahrhundert wuchs die Forderung nach standardisierten Spielregeln. Die Schulen der Upperclass in Eton und Rugby wollten gegeneinander antreten, spielten aber nach jeweils anderen Regeln. Rugby erlaubte beispielsweise die

RECHTS: Das Protokollbuch der Football Association, verfasst von Ebenezer Cobb Morley bei einer Reihe von Treffen im Herbst 1863. Heute wird es im National Football Museum in Manchester ausgestellt.

OBEN: Notizen der Zusammenkunft am 24. November.

GEGENÜBER: Entwurf der ersten zehn (von dreizehn) Regeln im Protokollbuch. Eine hitzige Diskussion, insbesondere über das Laufen mit dem Ball und das Festhalten und Treten von Spielern, hatte Änderungen in der Endversion zur Folge.

I.

The maximum **length of the ground** shall be 200 yards, the maximu **breadth** shall be 100 yards, the length and breadth shall be marked off with flags and the **goal** shall be defined by two upright posts, 8 yards apart, without any tap or bar across them.

II.

The Game shall be commenced by a **place kick** from the centre o the ground by the side winning the toss, the other side shall not approach within 10 yard of the ball until it is kicked off. After a goal is won the losing side shall be entitled t kick off.

III.

The two sides shall change goals after each goal is won.

IV.

A goal shall be won when the ball passes over the space between the goal pos (at whatever height), not being thrown, knocked on, or carried.

V.

When the ball is in **touch** the first player who touches it shall kick or throw it fro the point on the boundary line where it left the ground, in a direction at right angles wit the boundary line.

VI.

A player shall be **out of play** immediately he is in front of the ball, and mu return behind the ball as soon as possible. If the ball is kicked past a player by his ow side, he shall not touch or kick it or advance until one of the other side has first kicke it or one of his own side on a level with or in front of him has been able to kick it.

VII.

In case the ball goes behind the goal line, if a player on the side to whom th goal belongs first touches the ball, one of his side shall be entitled to a free kick from th goal line at the point opposite the place where the ball shall be touched. If a player o the opposite side first touches the ball, one of his side shall be entitled to a free kick fro a point 15 yards outside the goal line, opposite the place where the ball is touched.

VIII.

If a player makes a **fair catch** he shall be entitled to a **free kick,** provided h claims it by making a mark with his heel at once; and in order to take such kick he ma go as far back as he pleases, and no player on the opposite side shall advance beyond h mark until he has kicked.

IX.

A player shall be entitled to run with the ball towards his adversaries' goal if h makes a fair catch, or catches the ball on the first bound; but in the case of a fair catch, he makes his mark, he shall not then run.

X.

If any player shall run with the ball towards his adversaries' goal, any player on th opposite side shall be at liberty to charge, hold, trip, or hack him, or to wrest the ball fro him; but no player shall be held and hacked at the same time.

Hand am Ball, während Eton mehr aufs Schießen aus war. 1848 trafen sich schließlich fünf Schulen an der Cambridge University und erarbeiteten eine Liste genereller Regeln, die nicht erhalten ist. Sie galten nur für die fünf teilnehmenden Schulen. Ähnlich fanden die Regeln, die der Sheffield Football Club 1858 erließ, nur für eine Handvoll Clubs im Norden Englands Anwendung.

Schließlich war es ein fußballbegeisterter Anwalt aus London, der den Ball ins Rollen brachte. Ebenezer Cobb Morley lebte in im grünen Londoner Vorort Barnes, wo er mit Freunden einen Fußballclub gegründet hatte. Frustriert von den Schwierigkeiten, gegen Clubs anzutreten, die nach anderen Regeln spielten, schrieb er 1863 einen Brief an ein vielgelesenes Sportmagazin, »Bell's Life«. Wenn das Kricketspiel ein Standardregelwerk besaß, warum sollte man nicht auch eines für Fußball haben? Sein Brief führte zum historischen Treffen am 26. Oktober in der »Freemasons' Tavern«. Morley protokollierte in sein Notizbuch und hielt in seiner sauberen Handschrift fest, dass sich zwölf Clubs aus London und Umgebung trafen, »zum Zweck der Gründung eines Verbands, der sich das Erstellen eines allgemeingültigen Regelwerks für das Spiel zur Aufgabe macht«. Die Gruppe taufte sich selbst Football Association, heute meist besser bekannt als FA. Morleys Notizen belegen, dass die Gruppe ihre Vorstellungen auf die Regeln gründete, die 1848 in Cambridge verabschiedet worden waren. Er protokollierte auch die erhitzte Debatte über zwei Fragen beim Fußball: wie mit dem Ball umzugehen war und zum Treten (der Angriff auf das gegnerische Schienbein). Der Vertreter des Blackheath Football Club bestand darauf, den Spielern zu erlauben, mit dem Ball zu rennen und

GEGENÜBER: Die »Freemasons' Tavern« im Herzen Londons, wo die Mitglieder der neu gegründeten Football Association im Herbst 1863 zusammenkamen. Hier wurden die Regeln des Fußballs am 8. Dezember offiziell verabschiedet.

OBEN: Das Endspiel des englischen Fußballverbands 1882 im Kensington Oval in London. Die Old Etonians schlugen die Blackburn Rovers 1:0.

zu treten. Als das abgelehnt worden war, verließ er die Versammlung. Blackheath gründete einen anderen Verband: die Rugby Football Union.

Morleys Protokollbuch der Football Association von 1863 listet dreizehn Regeln auf, die am 8. Dezember verabschiedet wurden. Es ist eine faszinierende Lektüre, denn darin werden die Maße des Spielfelds von 200 Yard (182,9 Meter) Länge und 100 Yard (91,4 Meter) Breite festgelegt und die Abstände der Torpfosten von 24 Fuß (7,3 Meter). Die Spieler durften den Ball fangen, aber nicht damit laufen oder ihn werfen. Ersichtlich zur Vermeidung von Gewalt auf dem Spielfeld besagt Regel Nr. 13: »Kein Spieler darf hervorstehende Nägel, Eisenplatten oder Guttapercha an Sohle oder Ferse seiner Stiefel haben.«

In den folgenden Jahren wurden die Regeln erweitert und verfeinert. Torschüsse kamen 1869 hinzu, Eckstöße drei Jahre darauf. 1871 wurden erstmals Schiedsrichter genannt. Die Tore wurden mit Netzen und Querlatten ausgestattet. Strafen wurden erst 1891 eingeführt, vor allem weil Fußball als ein Spiel angesehen wurde, »gespielt von Gentlemen, die niemals betrügen würden«.

Es beweist die Ausstrahlungskraft des Fußballs, dass das Spiel heute in 200 Ländern rund um den Globus gespielt wird. Und das gibt uns die Gelegenheit, eines unserer liebsten Zitate anzubringen, die unvergesslichen Worte einer Fußballlegende aus dem Jahr 1970, Bill Shankly, damals Manager des FC Liverpool: »Manche finden, Fußball sei eine Angelegenheit auf Leben und Tod. Ich bin von dieser Ansicht überaus enttäuscht. Ich kann Ihnen versichern: Er ist sehr viel wichtiger als das.«

28

Darwins »Vom Ursprung der Arten«

Charles Darwins Theorie der Evolution durch natürliche Auslese ist eines der wichtigsten Konzepte der Menschheitsgeschichte. Seine gut dokumentierte Untersuchung zum »Survival of the Fittest« revolutionierte die Wissenschaft ebenso wie Philosophie und Theologie. Den ersten Entwurf seines Werks »Vom Ursprung der Arten« schloss Darwin 1842 ab, aber weil er befürchtete, die allgemeinen Auffassungen von Gott, und nicht der Natur, als Ursprung allen Lebens in Frage zu stellen, zögerte er noch siebzehn Jahre mit der Veröffentlichung des Buches.

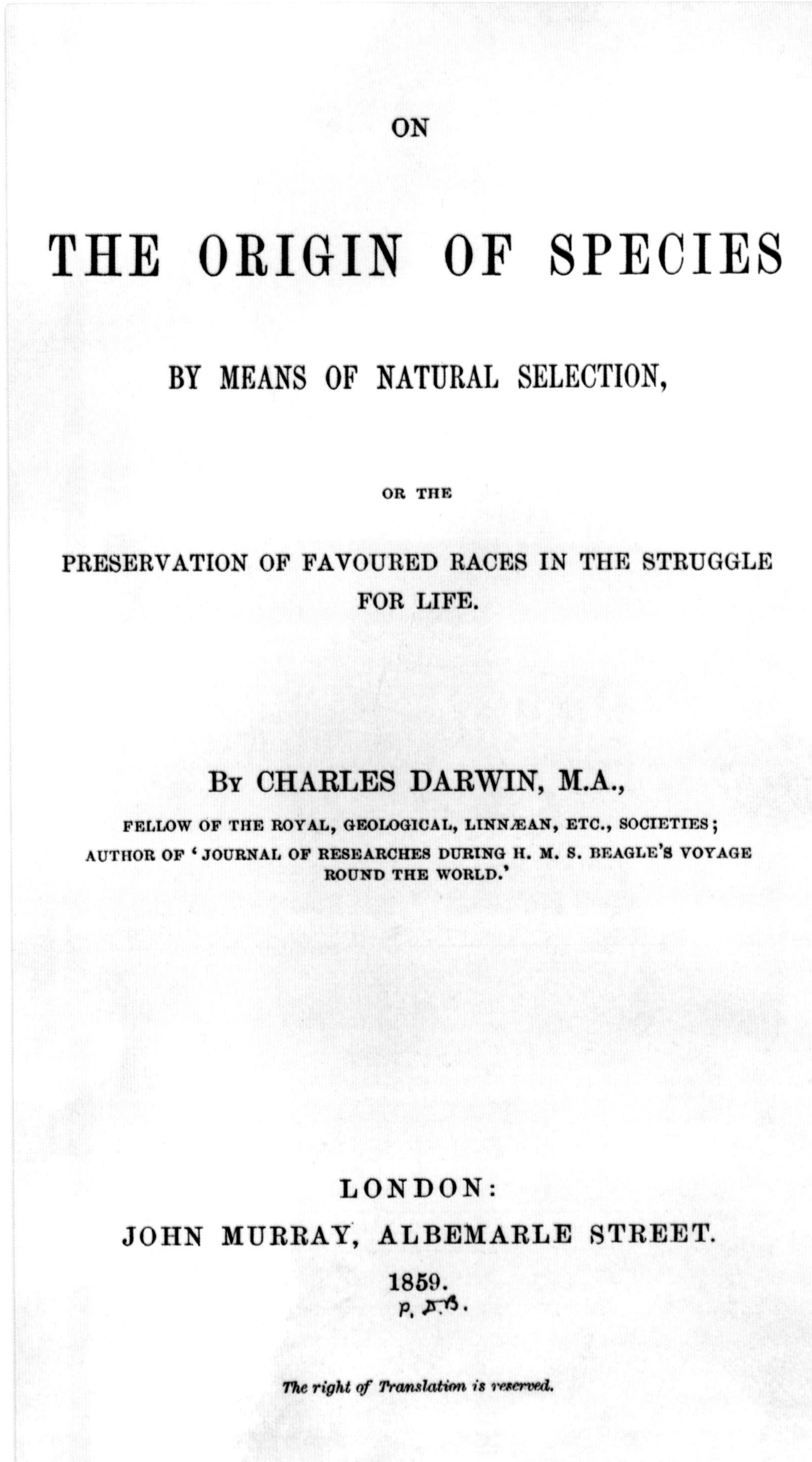

ON

THE ORIGIN OF SPECIES

BY MEANS OF NATURAL SELECTION,

OR THE

PRESERVATION OF FAVOURED RACES IN THE STRUGGLE FOR LIFE.

BY CHARLES DARWIN, M.A.,

FELLOW OF THE ROYAL, GEOLOGICAL, LINNÆAN, ETC., SOCIETIES;
AUTHOR OF 'JOURNAL OF RESEARCHES DURING H. M. S. BEAGLE'S VOYAGE ROUND THE WORLD.'

LONDON:
JOHN MURRAY, ALBEMARLE STREET.
1859.

The right of Translation is reserved.

Im Jahr 1837, mit 28 Jahren, saß Charles Darwin da und zeichnete die kleine Skizze eines Baums, der zum Symbol werden sollte für seine grundstürzende Theorie der Evolution. Die Zweige illustrieren neu entstehende Arten. Einige sterben wieder aus, andere überleben. Den Baum zeichnete er nach seiner Rückkehr von einer fünfjährigen Reise auf der HMS BEAGLE, einer militärischen und wissenschaftlichen Expedition, die den lernbegierigen jungen Naturwissenschaftler auf eine Expedition nach Südamerika und auf andere Kontinente mitnahm. Diese Reise sollte sein Verständnis von der Welt auf den Kopf stellen.

Eigentlich hatte Darwin, wie schon sein Vater und sein Großvater vor ihm, Arzt werden sollen, aber er konnte kein Blut sehen und verließ die ärztliche Hochschule nach nur einem Jahr. Er ging an die Universität von Cambridge und wollte eine Laufbahn in der anglikanischen Kirche einschlagen, aber dann interessierte er sich sehr viel mehr dafür, Insekten zu sammeln und ihre kleinen Unterschiede zu untersuchen, als für das Studium der Theologie. Einer seiner Tutoren empfahl ihm, als »gentleman naturalist« in die Mannschaft der BEAGLE einzutreten. 1831 segelte er los, und da er an der Seekrankheit litt, nahm er jede Gelegenheit wahr, von Bord zu gehen zum Erforschen, Beobachten und Sammeln. Es fiel ihm auf, dass die Fossilien längst ausgestorbener Tierarten denen lebender Spezies ähnelten. Er beobachtete, wie die Eigenschaften von Lebewesen wie Oktopus, Eidechsen oder Vögeln sich ihrem jeweiligen Lebensumfeld anpassten. Außerdem studierte er die Unterschiede der Menschen der verschiedenen Völker, denen er begegnete. Was er auch sah, bestärkte ihn in der wachsenden Überzeugung, dass alle Lebewesen sich nach und nach aus einem einzigen Organismus entwickelt hatten.

Zurück in England sortierte er seine Beobachtungen in einer Reihe Notizbücher und suchte weiter nach Belegen für seine Thesen. 1842, sechs Jahre

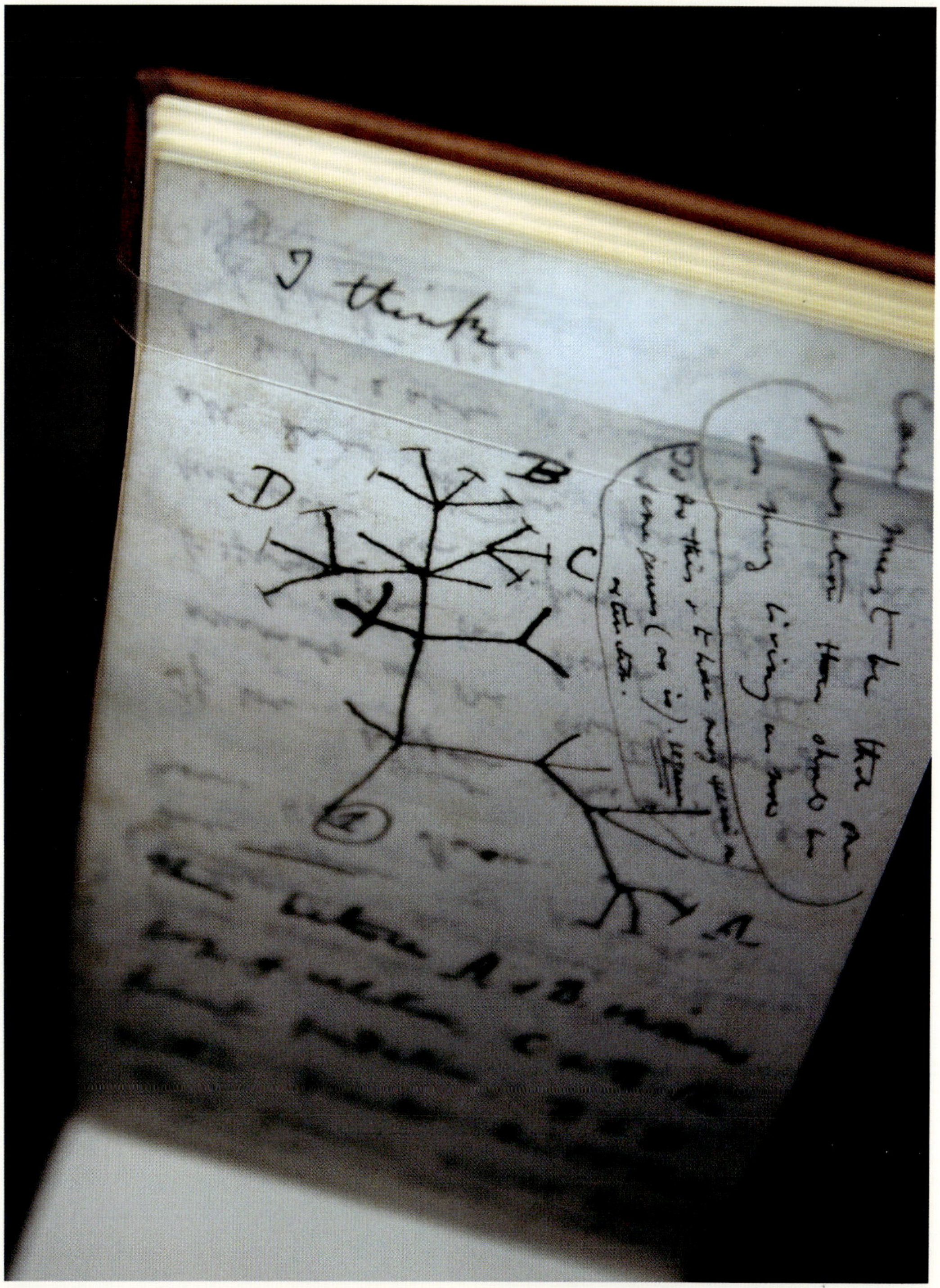

GEGENÜBER: Deckblatt der Erstausgabe des Buches »Über die Entstehung der Arten« aus dem Jahr 1859. Den fünf folgenden Auflagen fügte Darwin weiteres Beweismaterial hinzu.

OBEN: Über die Zeichnung seines berühmten »Lebensbaums« schrieb Darwin die Worte »Ich glaube«. Er zeigt, wie alle Lebewesen auf denselben Ursprung zurückgehen, sich aber in verschiedene Arten entwickeln.

nach der Rückkehr von seiner Reise, stellte er einen Entwurf seiner Abhandlung fertig. Aus verschiedenen Gründen veröffentlichte er »Vom Ursprung der Arten« in den folgenden siebzehn Jahren nicht: Seine Lieblingstochter starb, ebenso sein Vater, und er suchte nach mehr Material zur Unterfütterung seiner Thesen; aber am wichtigsten war, dass er die Folgen für sich und seine Familie fürchtete, wenn er die fest verankerte religiöse Auffassung in Frage stellte, derzufolge alles im Universum in den Händen Gottes lag. Darwin wusste, dass er sich auf gefährlichem Terrain befand, und schrieb 1844 in einem Brief an einen Freund, dass das Schreiben über die Fähigkeit der Arten zur Anpassung »einem Mordgeständnis gleichkommt«.

Darwin hätte seine unermüdlichen Forschungen für mehr Beweismaterial fortgesetzt, wenn nicht ein Wissenschaftskollege, Alfred Russel Wallace, eigene Erkenntnisse gewonnen hätte. 1858 schrieb er an Darwin und umriss seine eigene Evolutionstheorie. Sie war so heikel wie die von Darwin, aber sie bewog Darwin, sein Buch doch noch schnell zu veröffentlichen. Er beschrieb das Verfassen der Abhandlung als »reine Hölle«, aber um eine möglichst breite Leserschaft zu erreichen, schrieb er gut verständlich und in einfacher Sprache, um seine geradlinige und logische Argumentation darzulegen. Bemerkenswerterweise verwendete er im Originaltext die Begriffe »Evolution« oder »Survival of the Fittest« nicht. Sie tauchen erst in späteren Ausgaben auf. Auch stellt er die Hand Gottes in der Natur nicht in Abrede und schrieb, dass »vermutlich alle organischen Wesen, die je auf der Welt existiert haben, von einer Urform abstammen – nachdem ihnen der Schöpfer Leben eingehaucht hat«.

»On the Origin of Species by Means of Natural Selection, or the Preservation of Favoured Races in the Struggle for Life« (so der vollständige Originaltitel) erschien am 24. November 1859. Alle 1.250 Exemplare wurden am ersten Tag verkauft. Die Reaktionen waren gemischt. Ein Kritiker schrieb: »Ich musste beim Lesen laut lachen.« Ein anderer bezeichnete die natürliche Auslese als »Kraut-und-Rüben-Gesetz«.

Darwin schlug nicht als Erster ein Konzept der Evolution vor, aber keiner vor ihm hatte eine so umfassende und zugängliche Erklärung dafür geliefert. Sein Buch erfuhr Aufmerksamkeit überall auf der Welt und schürte die Debatte zwischen Religion und Wissenschaft, die 1925 ihren berühmten Höhepunkt erreichte, als der sogenannte Scopes-Prozess geführt wurde. Der US-amerikanische Lehrer John Thomas Scopes wurde für schuldig befunden, durch die Lehre der Darwin'schen Evolutionstheorie das Gesetz des Bundesstaates Tennessee verletzt zu haben. Der Staat hatte das Lehren der Evolutionstheorie verboten, weil es der Schöpfungsgeschichte der Bibel widersprach. Dieses Gesetz galt noch bis 1967.

Was Darwin betrifft, so verbrachte er den Rest seines Lebens mit dem Schreiben von Büchern und der Überarbeitung fünf weiterer Ausgaben seines Bestsellers und Hauptwerks. Er befasste sich ständig damit, überdachte, überarbeitete und antwortete seinen Kritikern. Der Umfang des Buches »Vom Ursprung der Arten« wuchs um ein Viertel. Es wurde in elf Sprachen übersetzt und machte aus Darwin einen viktorianischen Millionär. Er starb 1882 in Down House, südwestlich von London, wo er vierzig Jahre lang gelebt und gearbeitet hatte. Zu seiner Erinnerung wurde Down House liebevoll erhalten und lohnt einen Besuch. Der große Mann wurde in Westminster Abbey begraben.

OBEN: Down House, wo Darwin mit seiner Familie vierzig Jahre lebte. In seinem Arbeitszimmer schrieb er und kam auf seine Ideen beim Spaziergang im Garten, auf dem »Denkpfad«, wie er ihn nannte.

GEGENÜBER: Diese Fotografie von 1868 nutzte Darwin als Visitenkarte. Es war damals üblich, Freunden, und im Fall Darwins den zahlreichen Lesern, kleine Fotos zu schicken.

29

Die Gettysburg Address

Diese Version seiner berühmten Ansprache in Gettysburg schrieb Abraham Lincoln mit eigener Hand. Als er 1863 an die Toten einer der entscheidenden Schlachten des Sezessionskriegs erinnerte, hatte er diesen Text in der Tasche. Die Rede wurde weltbekannt, weil sie den Segnungen der Demokratie die Ehre erwies.

RECHTS: Abraham Lincoln, Präsident der Vereinigten Staaten von März 1861 bis April 1865. Seine größten Verdienste waren der Sieg über die Konföderation der Südstaaten im Sezessionskrieg und die Abschaffung der Sklaverei.

GEGENÜBER: Der handschriftliche Text von Lincolns Rede in Gettysburg, den sein Sekretär John Nicolay erhielt. Der letzte Satz lautet: »[…] dass diese Nation, unter Gott, eine Wiedergeburt der Freiheit erleben soll – und dass die Regierung des Volkes, durch das Volk und für das Volk, nicht von der Erde verschwinden möge.«

Diese epochale Rede mit ihrer Kraft, ihrer Kürze und ihrer großen Redekunst wurde an einem Wendepunkt der amerikanischen Geschichte gehalten. Es war viereinhalb Monate nach der entscheidenden und überaus blutigen Schlacht bei Gettysburg vom 1. bis 3. Juli 1863. Dorthin zu gelangen, war ein Höhepunkt für die aufständische Südstaaten-Konföderation unter ihrem Kommandeur General Robert E. Lee. Beflügelt vom Sieg über die Armee der Union von Präsident Lincoln bei Chancellorsville, beschloss Lee, die Verteidigungslinien der Nordstaaten umfassender denn je zu durchbrechen. Zur entscheidenden Begegnung kam es bei Gettysburg, wo Lees Angriff entscheidend zurückgeschlagen wurde. Wir haben die eindrücklichen Schlachtfelder besucht und waren berührt von den jeweiligen Denkmälern und der Geschichte der erbitterten Kämpfe, die dort tobten. Über 30.000 Soldaten waren gefallen oder verwundet worden, es war die schlimmste Metzelei in diesem grausamen Krieg, der 1865 mit dem Sieg über die Südstaaten endete.

Abraham Lincoln war 1860 zum Präsidenten gewählt worden, nur ein Jahr bevor die Südstaaten ihre Unabhängigkeit erklärten und die Vereinigten Staaten in einen Bürgerkrieg rissen. Lincoln sah keine andere Wahl als den Kampf, zu diesem Zeitpunkt weniger, um die Sklaverei abzuschaffen, die im Süden besonders verbreitet war, sondern um die Einheit der Union zu bewahren. »Mein überragendes Ziel in diesem Kampf ist die Rettung der Union und nicht, die Sklaverei zu erhalten oder abzuschaffen«, sagte er im August 1862. »Wenn ich die Union retten könnte, ohne einen einzigen Sklaven zu befreien, würde ich es tun.« Wenige

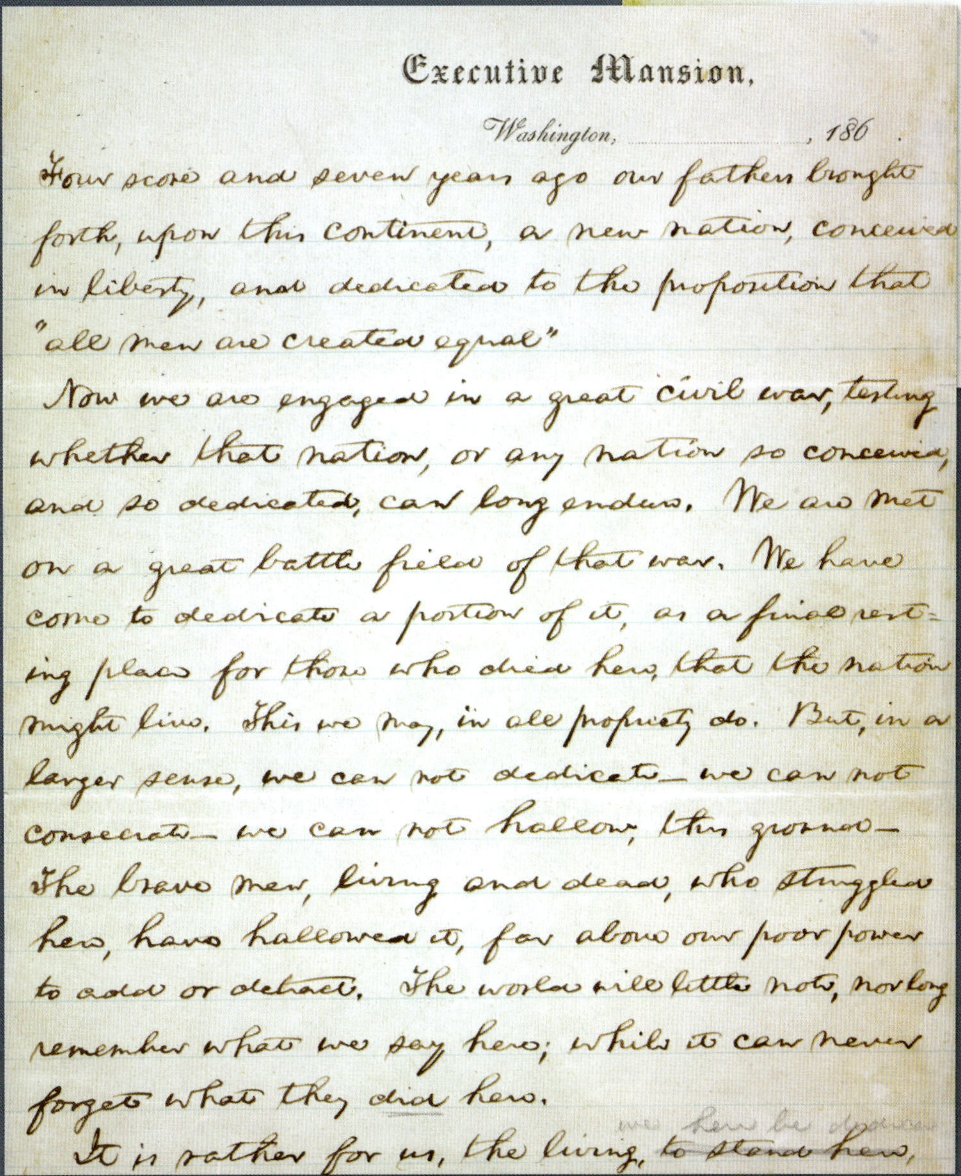

Executive Mansion,

Washington, , 186

Four score and seven years ago our fathers brought forth, upon this continent, a new nation, conceived in liberty, and dedicated to the proposition that "all men are created equal"

Now we are engaged in a great civil war, testing whether that nation, or any nation so conceived, and so dedicated, can long endure. We are met on a great battle field of that war. We have come to dedicate a portion of it, as a final resting place for those who died here, that the nation might live. This we may, in all propriety do. But, in a larger sense, we can not dedicate—we can not consecrate—we can not hallow, this ground—The brave men, living and dead, who struggled here, have hallowed it, far above our poor power to add or detract. The world will little note, nor long remember what we say here; while it can never forget what they did here.

It is rather for us, the living, we here be dedica ~~to stand here,~~

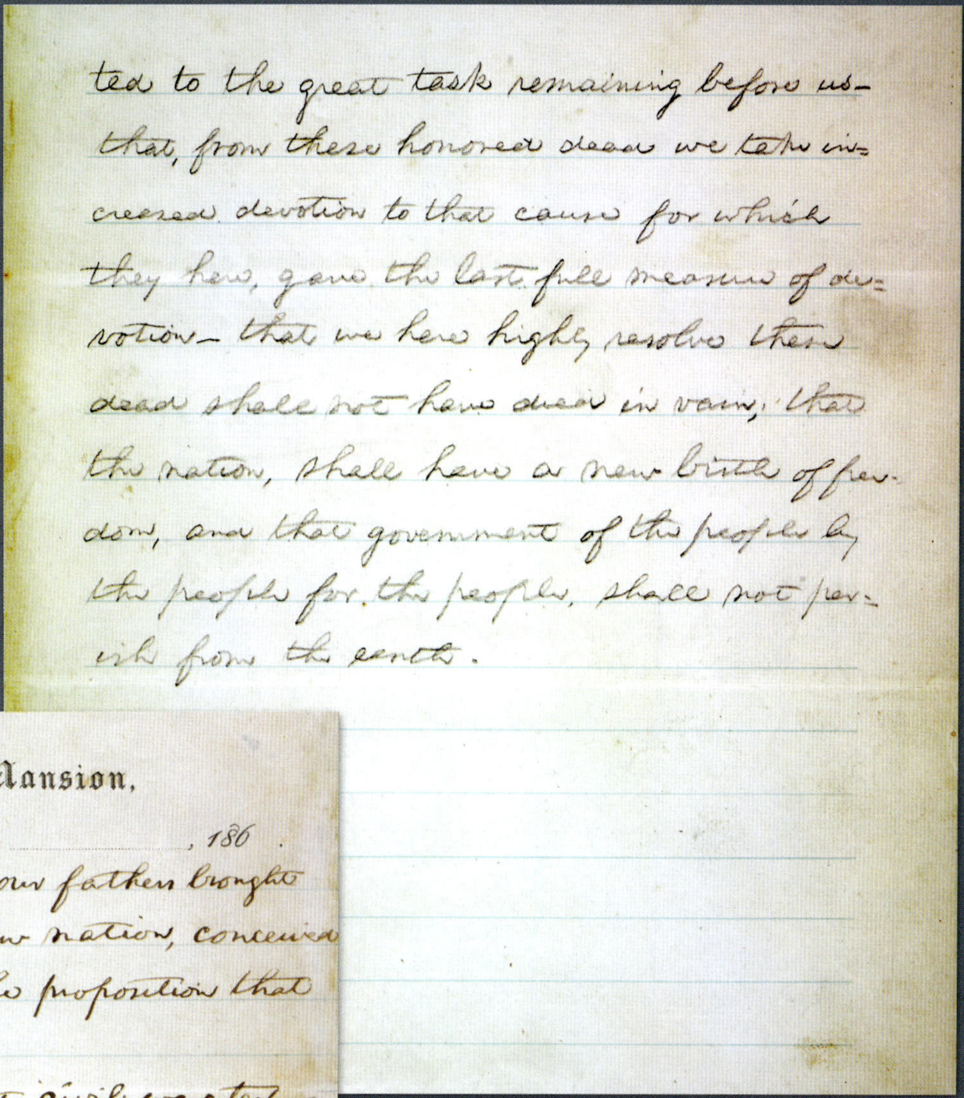

ted to the great task remaining before us—that, from these honored dead we take increased devotion to that cause for which they here, gave the last full measure of devotion—that we here highly resolve these dead shall not have died in vain; that the nation, shall have a new birth of freedom, and that government of the people by the people for the people, shall not perish from the earth.

Wochen später verhärtete sich seine Position, und er warnte, er würde in allen Staaten, die sich im Januar 1863 noch in Rebellion befänden, die Freiheit aller Sklaven verfügen. Es gibt wenig Zweifel, dass er zur Zeit seiner Einladung zur Einweihung eines Soldatenfriedhofs in Gettysburg für November 1863 ein entschlossener Abolitionist war.

Lincolns Ansprache folgte auf eine lange Beschreibung der Schlacht von Gettysburg durch den bekannten US-Politiker Edward Everett. Seine Rede dauerte zwei Stunden, Lincoln sprach nur zwei Minuten. Später schrieb Everett an Lincoln, er wäre gerne »dem zentralen Gedanken des Anlasses in zwei Stunden so nahe gekommen wie Sie in zwei Minuten«.

Lincoln war nach Gettysburg eingeladen worden, um »ein paar angemessene Worte« zu sprechen nach Everett, der offensichtlich für die Hauptrede vorgesehen war. In seiner Tasche trug Lincoln einen Zettel Papier mit dem Wortlaut seiner Rede, und als er sprach, wurde er mehrmals von Applaus unterbrochen.

Es ist so erstaunlich wie aufbauend, sich vorzustellen, welche Bedeutung Lincolns Worte dieser zwei Minuten haben sollten. Er zitierte zunächst aus der amerikanischen Unabhängigkeitserklärung von 1776 – »dass alle Menschen gleich erschaffen worden«. Ironischerweise war der Autor dieses erhabenen Grundsatzes, Thomas Jefferson, selbst Sklavenbesitzer gewesen. Als Lincoln diese Worte 87 Jahre später zitierte, meinte er aber offensichtlich die Sklaven. Definitiv abgeschafft wurde die Sklaverei aber erst anderthalb Jahre nach Gettysburg, als der Kongress den 13. Zusatzartikel der Verfassung beschloss und Lincoln ihn unterzeichnete.

Lincolns bemerkenswerte Erklärung, dieses Totengedenken in Gettysburg veranlasse zu »größerer Entschlossenheit« für die Ideale, für die

die Toten gestorben waren, die Sache der Demokratie, ist der Höhepunkt seiner kurzen Ansprache. Er zitierte die Worte des englischen Theologen John Wycliffe fünf Jahrhunderte zuvor und die des großen italienischen Revolutionärs Giuseppe Mazzini – »die Regierung des Volkes vom Volk für das Volk« – und kleidete sie in eine Ansprache, die ihm anhaltenden Applaus einbrachte.

Lincolns Botschaft richtete sich an ein größeres Publikum als die versammelten Politiker und Soldaten, die an diesem Novembertag vor ihm standen. Er sprach zu den Millionen Amerikanern, die ihre Angehörigen im tödlichsten Konflikt in der US-Geschichte verloren hatten. Es war eine große Herausforderung für das Volk eines Landes, das seine Freiheit erst vor weniger als einem Jahrhundert erlangt hatte, seine Einheit zu bewahren. Und es war auch ein Versprechen an die restliche Welt: Das Amerika, das seine Freiheit gewonnen hatte, würde sie nicht so einfach wieder aufgeben.

Ein Jahrhundert nach dieser Ansprache stand ein berühmter amerikanischer Bürgerrechtler, Martin Luther King, auf den Stufen des Lincoln Memorial in Washington und pries den Präsidenten, der den 13. Zusatzartikel unterzeichnet und damit die Sklaverei abgeschafft hatte. »Diese epochale Verfügung«, sagte King, »wurde zum strahlenden Licht der Hoffnung für Millionen Negersklaven, versehrt von den Flammen ausdörrender Ungerechtigkeit.«

GEGENÜBER: Künstlerische Darstellung von Lincoln bei seiner Rede zur Einweihung des Nationalen Soldatenfriedhofs in Gettysburg am 19. November 1863.

OBEN: Eine seltene Fotografie von Lincoln in Gettysburg, bevor er seine Ansprache hielt. Die Kamera fängt ihn in der Bildmitte ein, als er wie verloren in der Menge von Gardisten und Schaulustigen steht.

30

Der British North America Act

Der British North America Act schuf den Staat Kanada. 1867 von beiden Häusern des britischen Parlaments verabschiedet, bestimmte er die Regierungsstruktur im Dominion Kanada und verfügte die Teilung der Macht zwischen der Bundesregierung und den vier Provinzregierungen. Er ist eines der erfolgreichsten Verfassungsdokumente der Moderne, verblieb in London und diente, mit seinen Zusätzen, als kanadische Verfassung, bis Kanada unter Premierminister Pierre Trudeau 1982 seine Souveränität erlangte.

GEGENÜBER: Der British North America Act vom 29. März 1867 schuf die kanadische Nation. Das Gesetz trat am 1. Juli in Kraft und vereinigte die britischen Kolonien Nordamerikas. Es blieb bis 1982 die kanadische Verfassung.

Unter den drei Millionen Dokumenten, die sich im Parlamentsarchiv im Palast von Westminster befinden, ist eines, das für die Kanadier große Bedeutung hat. Zwischen dem Metropolitan Poor Act und dem Dog Licences Act steckt der British North America Act von 1867. Das harmlos wirkende Pergament wird von rotem Band zusammengehalten und lieferte den Verfassungsrahmen für eines der erfolgreichsten Länder der Welt. Mit dem Gesetz wurden drei britische Kolonien – Kanada (so wurde die Union von Ontario und Quebec damals genannt), Nova Scotia und New Brunswick – als »ein Dominion unter dem Namen Kanada« zusammengefasst.

Die Gründerväter Kanadas, einheimische Politiker und Denker, wollten »unseren Platz unter den Nationen der Welt einnehmen«, aber das Hauptmotiv für die Gründung eines eigenen Staates war die Furcht vor dem amerikanischen Nachbarn. 1865 war der Sezessionskrieg in den Vereinigten Staaten zu Ende gegangen, und mancher US-Politiker sprach ganz offen darüber, Teile des nördlichen Nachbarn zu annektieren. 1866 inszenierten marodierende Mitglieder der Fenian Brotherhood, darunter auch Veteranen des Bürgerkriegs, Angriffe auf die britische Kolonie Kanada, um Großbritannien zu zwingen, Irland die Unabhängigkeit zu gewähren. Im selben Jahr beendete die US-Regierung einen lukrativen Deal, der den freien Handel mit Rohstoffen und Agrarprodukten mit den britischen Nordamerikakolonien ermöglicht hatte.

Die Vorkämpfer wollten den neuen Staat »Königreich Kanada« taufen, was die britische Regierung aber ablehnte. Also mussten sie sich mit dem Titel »Dominion« zufriedengeben, setzten aber ihre Vorstellungen der Regierungsform durch und entschieden sich für das britische Parlamentssystem mit einem Unterhaus und einem Senat. Sie entliehen ebenso, was sie für die besten Bestimmungen der US-Verfassung hielten. Wie in den USA sollte es eine Zentral- oder Bundesregierung geben sowie Provinzregierungen, aber in Kanada sollte die Bundesregierung weitgehende Rechte haben und die Provinzen nur begrenzte, anders als die US-Bundesstaaten. In den Worten von John A. Macdonald, der der erste Premierminister Kanadas wurde: »Wir haben den großen Schwachpunkt vermieden, der der Grund war für die Spaltung der Vereinigten Staaten.« Mit dem mahnenden Beispiel des US-Bürgerkriegs im Kopf wollte er den Provinzen nicht den Rang von Staaten zugestehen, die vielleicht das Recht auf Abspaltung beanspruchen könnten. Das Gesetz regelt die Machtverteilung eindeutig. Die Bundesregierung verantwortet 29 festgelegte Themen, darunter Besteuerung, Währung, Bankwesen und Justizgerichte. Die Provinzregierungen entscheiden auf 16 Gebieten wie Erziehung, Strafvollzug, Krankenhauswesen und Zivilrecht. Alle Richter über dem Niveau der County Courts ernennt die Bundesregierung. Staatsoberhaupt blieb der britische König. Als Dokument seiner Epoche war im Gesetz weder von Frauen die Rede noch von den kanadischen Ureinwohnern.

Am 12. Februar 1867 wurde das Gesetz zur Vereinigung von Kanada, Nova Scotia und New Brunswick im britischen House of Lords eingebracht. Es erlaubte Kanada, seine internen Angelegenheiten selbst zu regeln, während Außen- und Sicherheitspolitik dem britischen Mutterland vorbehalten blieben. Der britische Kolonialminister Henry Herbert, Earl of Carnarvon, sagte, es »lege die Fundamente für einen großartigen Staat – der eines Tages womöglich sogar dieses Land in den Schatten stellen könnte«. Das Gesetz wurde rasch angenommen, weil die britische Politik ihren Kolonien mehr Verantwortung geben wollte, um Dinge wie die Verteidigung zu finanzieren. Großbritannien hieß Kanada als künftigen Handels-

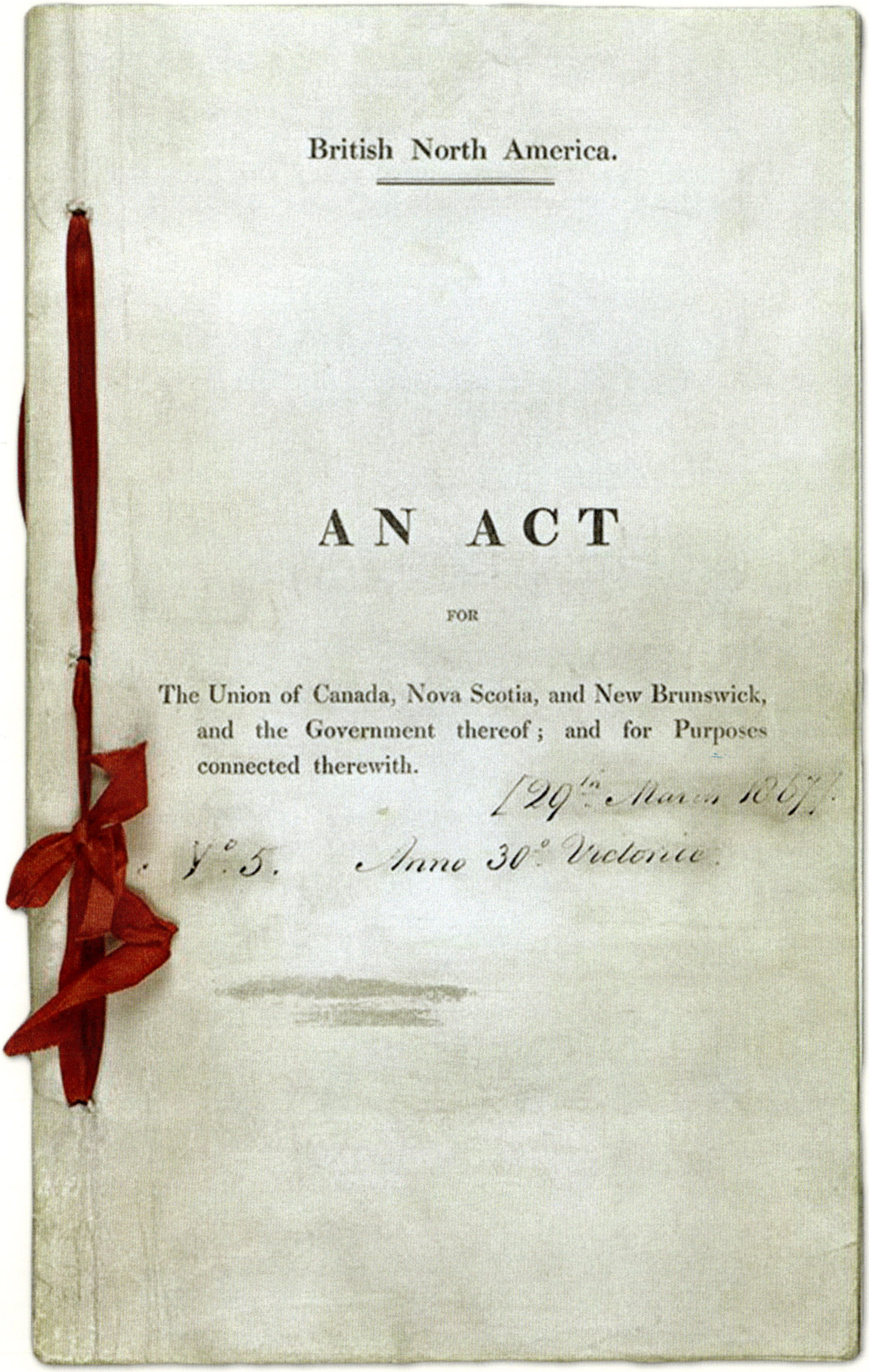

British North America.

AN ACT

FOR

The Union of Canada, Nova Scotia, and New Brunswick, and the Government thereof; and for Purposes connected therewith.

[29th March 1867].

No. 5. Anno 30° Victoriae.

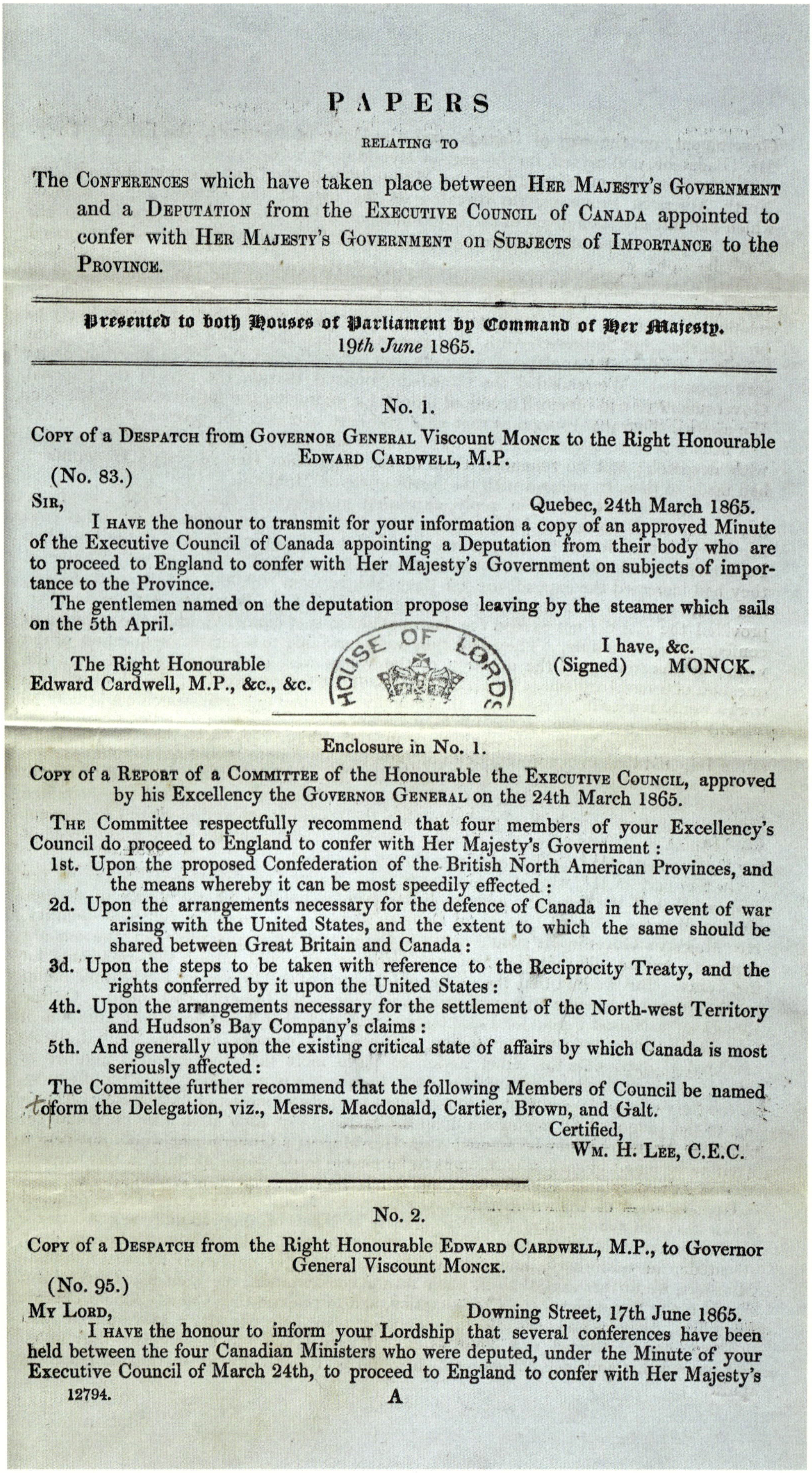

PAPERS

RELATING TO

The CONFERENCES which have taken place between HER MAJESTY'S GOVERNMENT and a DEPUTATION from the EXECUTIVE COUNCIL of CANADA appointed to confer with HER MAJESTY'S GOVERNMENT on SUBJECTS of IMPORTANCE to the PROVINCE.

Presented to both Houses of Parliament by Command of Her Majesty.
19*th June* 1865.

No. 1.

COPY of a DESPATCH from GOVERNOR GENERAL Viscount MONCK to the Right Honourable EDWARD CARDWELL, M.P.

(No. 83.)

SIR, Quebec, 24th March 1865.

I HAVE the honour to transmit for your information a copy of an approved Minute of the Executive Council of Canada appointing a Deputation from their body who are to proceed to England to confer with Her Majesty's Government on subjects of importance to the Province.

The gentlemen named on the deputation propose leaving by the steamer which sails on the 5th April.

I have, &c.
(Signed) MONCK.

The Right Honourable
Edward Cardwell, M.P., &c., &c.

HOUSE OF LORDS

Enclosure in No. 1.

COPY of a REPORT of a COMMITTEE of the Honourable the EXECUTIVE COUNCIL, approved by his Excellency the GOVERNOR GENERAL on the 24th March 1865.

THE Committee respectfully recommend that four members of your Excellency's Council do proceed to England to confer with Her Majesty's Government:

1st. Upon the proposed Confederation of the British North American Provinces, and the means whereby it can be most speedily effected:

2d. Upon the arrangements necessary for the defence of Canada in the event of war arising with the United States, and the extent to which the same should be shared between Great Britain and Canada:

3d. Upon the steps to be taken with reference to the Reciprocity Treaty, and the rights conferred by it upon the United States:

4th. Upon the arrangements necessary for the settlement of the North-west Territory and Hudson's Bay Company's claims:

5th. And generally upon the existing critical state of affairs by which Canada is most seriously affected:

The Committee further recommend that the following Members of Council be named to form the Delegation, viz., Messrs. Macdonald, Cartier, Brown, and Galt.

Certified,
WM. H. LEE, C.E.C.

No. 2.

COPY of a DESPATCH from the Right Honourable EDWARD CARDWELL, M.P., to Governor General Viscount MONCK.

(No. 95.)

MY LORD, Downing Street, 17th June 1865.

I HAVE the honour to inform your Lordship that several conferences have been held between the four Canadian Ministers who were deputed, under the Minute of your Executive Council of March 24th, to proceed to England to confer with Her Majesty's

12794. A

LINKS: Dieses Dokument nennt eine kanadische Delegation, die 1865 in London über die geplante Konföderation verhandelte. Einer der Delegierten war John A. Macdonald, der Kanadas erster Premierminister wurde.

GEGENÜBER OBEN: Fotografie der Väter der Konföderation, das Gemälde fiel 1916 einem Feuer zum Opfer. In der Mitte der künftige Premier Macdonald, der aus einer Schriftrolle vorliest.

GEGENÜBER UNTEN: Der kanadische Premierminister Pierre Trudeau und Queen Elizabeth unterzeichnen 1982 in Ottawa den Constitution Act.

partner und als bedeutendes Mitglied des British Empire willkommen. Gesetzeskraft erlangte der British North America Act am 1. Juli 1867. In Ottawa wurde die Konföderation mit einem Salut von 101 Kanonenschüssen begrüßt. In Toronto gab es ein Feuerwerk, in Montreal erklangen Trompeten, und in Halifax fand eine Militärparade statt.

Über die Jahre erhielt der British North America Act zahlreiche Zusatzartikel. Weil Großbritannien die Kontrolle über die kanadische Gesetzgebung behielt, mussten alle Änderungen vom britischen Parlament bestätigt werden. 1871 erhielt Kanada das Recht, neue Provinzen und Territorien zu gründen. 1930 erhielten die jüngeren Provinzen British Columbia, Alberta, Manitoba und Saskatchewan Rechte über bestimmte Ressourcen in Ländereien, die die Zentralregierung verwaltete. Erst 1949 gestattete ein britisches Gesetz dem kanadischen Parlament, die Verfassung zu ergänzen – aber nur wenn Bundesrechte berührt waren. Der kanadischen Regierung gelang es jedoch lange nicht, die Provinzen dazu zu bringen, Großbritannien um die Souveränität zu bitten. Schließlich schaffte es Premierminister Pierre Trudeau. Am 29. März 1982 verabschiedete das britische Parlament den Canada Act, der dem Vereinigten Königreich jede gesetzgeberische Macht über Kanada entzog. Keine drei Wochen später reiste Königin Elisabeth II. nach Ottawa, um das neue Verfassungsgesetz zu unterzeichnen. Seine heutige gesellschaftliche und demokratische Stabilität aber verdankt Kanada, mit seinen zehn Provinzen und drei Territorien, dem North America Act von 1867.

31

Die Kongoakte der Berliner Konferenz 1885

Die Kongoakte der Berliner Konferenz vom Februar 1885 entschied, wem Afrika gehören sollte. Damals vereinbarten die europäischen Mächte – darunter Großbritannien, Frankreich, Portugal und Deutschland – gemeinsam mit den Vereinigten Staaten, den Kontinent ohne die geringste Geste an den Willen der afrikanischen Völker aufzuteilen.

Eine der überraschendsten Tatsachen der Weltgeschichte ist, dass der riesige Kontinent Afrika bis zu den 1880er Jahren weitgehend verschont blieb von kolonialen Begehrlichkeiten von außen. Bis dahin beschränkte sich die europäische Präsenz auf verstreute Besiedlungen vor allem entlang der Küsten, aber der größere Teil Afrikas wurde weiterhin von einheimischen afrikanischen Herrschern regiert. Die immense Welle imperialistischer Ausdehnung seit 1500 war an Afrika weitgehend vorbeigegangen. Doch in den Jahrzehnten vor Ausbruch des Ersten Weltkriegs 1914 installierten die Europäer in einem spektakulären Rundumschlag koloniale Herrschaften fast überall. Man nannte es den »Wettlauf um Afrika«.

Die europäische Gier nach Kolonien war angetrieben von einem Appetit nach Handel, Rohstoffen und Lebensraum für die rapide wachsende Stadtbevölkerung der Industriestaaten, in der Industrialisierung zu Wohlstand gekommen und gierig angesichts der Gelegenheiten, die sich plötzlich eröffneten. Die Konkurrenz um Land verstärkte den Wettlauf. In Windeseile schluckten die kleinen Außenposten an den afrikanischen Küsten riesige Landmassen im Inneren, schlossen Verträge und führten manchmal auch Kriege gegen afrikanische Völker und Reiche, deren Souveränität die europäischen Kolonialisten bald kassierten. Das militärische Ungleichgewicht ließ Widerstand außer in wenigen Fällen aussichtslos erscheinen.

Der Sieg des äthiopischen Kaisers Menelik II. über italienische Truppen 1896 war so ein seltener Fall erfolgreicher afrikanischer Gegenwehr.

Die wichtigsten europäischen Länder im Wettkampf um ein Stück Afrika waren Frankreich in Westafrika, Großbritannien im Westen, Süden und Osten sowie Portugal, vor allem im Süden Afrikas. Eher Neulinge waren Deutschland in Südwestafrika und Belgien im Zentralkongo. Deutschland hatte unter dem rührigen preußischen Kanzler Otto von Bismarck seine staatliche Vereinigung erreicht und versprach sich einen diplomatischen Vorteil daraus, zu einer Konferenz in Berlin einzuladen, um für die Ausbeutung Afrikas ein paar Regeln zu vereinbaren. Bismarck wollte unbedingt den wachsenden Einfluss Deutschlands nutzen, um die Ambitionen Großbritanniens, Frankreichs und Portugals in Afrika auszutarieren. Daher brachte er die wetteifernden Staaten an einen Tisch und entwarf die Kongoakte vom Februar 1885. Er fand dabei die tatkräftige Unterstützung des belgischen Königs Leopold II., der seine Erwerbung des Kongo als seinen persönlichen Besitz anerkannt sehen wollte.

Abgesandte aus vierzehn Staaten mit Interessen in Afrika nahmen an der Berliner Konferenz teil, darunter die Vereinigten Staaten. Sie verhandelten im großen Ballsaal des Reichskanzlerpalais. Nur zwei der Delegierten waren schon einmal in Afrika gewesen, kein einziger Afrikaner war vertreten. Im Vertrag gibt es zwei besonders wichtige Artikel: Nummer sechs betont, was sie die Welt über ihre Absichten bei der Kolonisierung Afrikas glauben machen wollten: »Alle Mächte, welche in den gedachten Gebieten Souveränitätsrechte oder einen Einfluss ausüben, verpflichten sich, die Erhaltung der eingeborenen Bevölkerung und die Verbesserung ihrer sittlichen und materiellen Lebenslage zu überwachen und an der Unterdrückung der Sklaverei und insbesondere

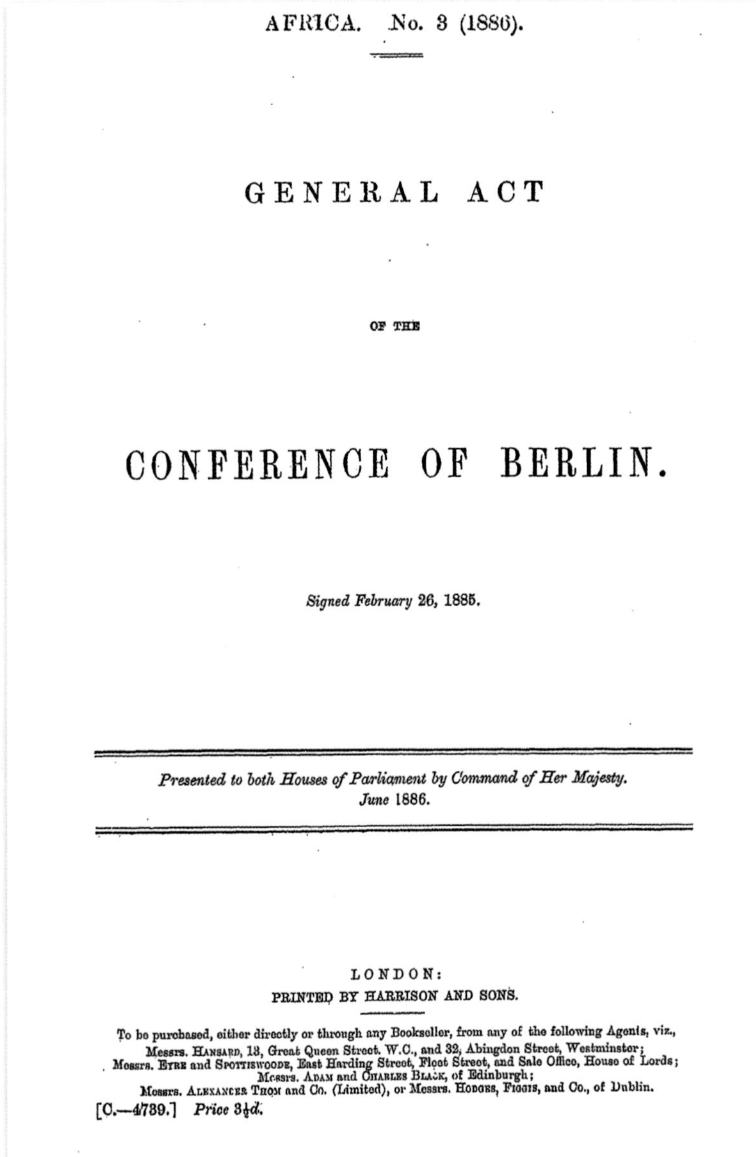

AFRICA. No. 3 (1886).

GENERAL ACT

OF THE

CONFERENCE OF BERLIN.

Signed February 26, 1885.

Presented to both Houses of Parliament by Command of Her Majesty.
June 1886.

LONDON:
PRINTED BY HARRISON AND SONS.

To be purchased, either directly or through any Bookseller, from any of the following Agents, viz.,
Messrs. HANSARD, 13, Great Queen Street. W.C., and 32, Abingdon Street, Westminster;
Messrs. EYRE and SPOTTISWOODE, East Harding Street, Fleet Street, and Sale Office, House of Lords;
Messrs. ADAM and CHARLES BLACK, of Edinburgh;
Messrs. ALEXANDER THOM and Co. (Limited), or Messrs. HODGES, FIGGIS, and Co., of Dublin.

[C.—4739.] *Price 3½d.*

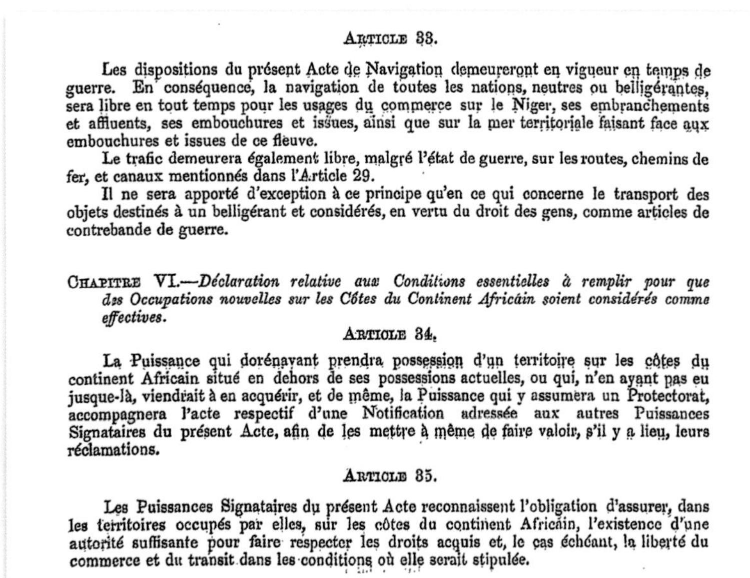

ARTICLE 33.

Les dispositions du présent Acte de Navigation demeureront en vigueur en temps de guerre. En conséquence, la navigation de toutes les nations, neutres ou belligérantes, sera libre en tout temps pour les usages du commerce sur le Niger, ses embranchements et affluents, ses embouchures et issues, ainsi que sur la mer territoriale faisant face aux embouchures et issues de ce fleuve.

Le trafic demeurera également libre, malgré l'état de guerre, sur les routes, chemins de fer, et canaux mentionnés dans l'Article 29.

Il ne sera apporté d'exception à ce principe qu'en ce qui concerne le transport des objets destinés à un belligérant et considérés, en vertu du droit des gens, comme articles de contrebande de guerre.

CHAPITRE VI.—*Déclaration relative aux Conditions essentielles à remplir pour que des Occupations nouvelles sur les Côtes du Continent Africain soient considérés comme effectives.*

ARTICLE 34.

La Puissance qui dorénavant prendra possession d'un territoire sur les côtes du continent Africain situé en dehors de ses possessions actuelles, ou qui, n'en ayant pas eu jusque-là, viendrait à en acquérir, et de même, la Puissance qui y assumera un Protectorat, accompagnera l'acte respectif d'une Notification adressée aux autres Puissances Signataires du présent Acte, afin de les mettre à même de faire valoir, s'il y a lieu, leurs réclamations.

ARTICLE 35.

Les Puissances Signataires du présent Acte reconnaissent l'obligation d'assurer, dans les territoires occupés par elles, sur les côtes du continent Africain, l'existence d'une autorité suffisante pour faire respecter les droits acquis et, le cas échéant, la liberté du commerce et du transit dans les conditions où elle serait stipulée.

GEGENÜBER:
Otto von Bismarck (Mitte, dem Betrachter zugewandt) hielt die Kongokonferenz in seinem Berliner Reichskanzlerpalais ab. Man beachte die Karte von Afrika an der Wand und die völlige Abwesenheit von Afrikanern im Raum.

LINKS (OBEN UND UNTEN):
Der französische Text der Kongoakte der Konferenz. Einer der Schlüsselartikel – Nr. 34 – besagt: »Diejenige Macht, welche in Zukunft von einem Gebiete an der Küste des afrikanischen Festlandes, welches außerhalb ihrer gegenwärtigen Besitzungen liegt, Besitz ergreift, oder welche, bisher ohne dergleichen Besitzungen, solche erwerben sollte, desgleichen auch die Macht, welche dort eine Schutzherrschaft übernimmt, wird den betreffenden Akt mit einer an die übrigen Signatarmächte der gegenwärtigen Akte gerichteten Anzeige begleiten …«

AFRIQUE

Aufteilung Afrikas
1885–1914
KOLONIALE MÄCHTE
BRITISCH
FRANZÖSISCH
DEUTSCH
PORTUGIESISCH
ITALIENISCH
BELGISCH
SPANISCH
UNABHÄNGIG
SPANISCH-MAROKKO
TUNESIEN
ALGERIEN
MAROKKO
RIO DE ORO
LIBYEN
ÄGYPTEN
FRANZÖSISCH-WESTAFRIKA
ERITREA
FRANZÖSISCHE SOMALIKÜSTE
BRITISCH-SOMALILAND
ANGLO-
ÄGYPTISCHER
SUDAN
GAMBIA
GUINEA
SIERRA LEONE
GOLDKÜSTE
TOGO
NIGERIA
ABESSINIEN
LIBERIA
KAMERUN
ITALIENISCH-SOMALILAND
RIO MUNI
GABUN
BELGISCH-
KONGO
BRITISCH-OSTAFRIKA
DEUTSCH-OSTAFRIKA
PORTUGIESISCH KONGO
ANGOLA
MOSAMBIK
RHODESIEN
MADAGASKAR
BETSCHUANALAND
DEUTSCH-SÜDWESTAFRIKA
ORANJE-FREISTAAT
SÜDAFRIKANISCHE UNION

GEGENÜBER OBEN: Die französische Karikatur sagt alles: Bismarck sitzt vor einem großen Kuchen mit der Aufschrift »Afrika«, den er zerteilt.

GEGENÜBER UNTEN: Die Karte zeigt den »Wettlauf um Afrika« von 1885 bis 1914. Nur zwei Staaten, Liberia und Abessinien (heute Äthiopien und Eritrea) – hier in Grau –, behielten ihre Unabhängigkeit.

OBEN: Der Forscher Henry Morton Stanley, den der belgische König Leopold in den Kongo schickte, um sein Kolonialreich zu managen. Umstritten ist, ob Stanley die Befehle Leopolds nach absoluter weißer Herrschaft abmilderte.

des Negerhandels mitzuwirken.« Von politischen oder Menschenrechten der einheimischen Bevölkerung ist an keiner Stelle die Rede. Die Mächte kündigen dann an, »die Eingeborenen zu unterrichten und ihnen die Vortheile der Civilisation verständlich und werth zu machen«.

Der andere Schlüsselartikel in der Kongoakte der Konferenz ist Nummer 34, wo unbekümmert festgehalten wird, jeder Staat, der »von einem Gebiete [...] Besitz ergreift«, müsse dies den anderen Staaten mitteilen, um jegliches Missverständnis zu vermeiden. Abermals ist von einer Anerkennung einheimischer afrikanischer Souveränität keine Rede.

Hauptnutznießer der Plattitüden der Kongokonferenz war der belgische König. Leopold war eine eindrucksvolle Erscheinung mit langem Bart, er finanzierte den bekannten britisch-amerikanischen Journalisten und Forscher Henry Morton Stanley. In den Jahren vor der Konferenz in Berlin hatte er Stanley beauftragt, eine Vielzahl afrikanischer Stammesherrscher zu überzeugen oder zu überreden, einzuwilligen in das, was Leopold als ein großes philanthropisches Projekt verkaufte: die Gründung eines Staates an den Oberläufen des Kongo. »Es steht außer Frage«, teilten die Berater des Königs Stanley mit, »den Negern auch nur die geringste politische Macht zu gewähren. Das wäre absurd.« Die Kongokonferenz anerkannte Leopolds Kontrolle über einen riesigen Teil Afrikas mit reichen Beständen an Kautschuk und Elfenbein. Gleich nach der Konferenz taufte Leopold diese Besitzung »Freistaat Kongo«, und seine skrupellose Ausbeutung der Menschen und Ressourcen wurde zu einem internationalen Skandal. Das hörte erst 1908 auf, als Leopold den Kongo ein Jahr vor seinem Tod an die belgische Regierung übergab.

Der Anstrich von Respektabilität, den sich die europäischen Mächte auf der Kongokonferenz gaben, hielt nicht einmal ein Jahrhundert. In den 1950er und 1960er Jahren wurden fast alle vormaligen afrikanischen Kolonien frei und unabhängig. Manche entwickelten sich zu Demokratien, andere wurden zu Diktaturen. Das Vermächtnis dieser kurzen Periode europäischer Kolonialherrschaft wird für immer Gegenstand erbitterter Kontroversen sein.

32

Petition für das Frauenwahlrecht in Neuseeland, 1893

Diese Petition von 270 Metern Länge stellt einen Wendepunkt in der Geschichte der Frauenrechte dar. Sie führte dazu, dass Neuseeland als erstes Staatswesen den Frauen das Wahlrecht gewährte, und wurde zum weltweiten Vorbild für die Einführung des Frauenwahlrechts.

Als 1893 das neuseeländische House of Representatives (Unterhaus) ein Gesetz zur Einführung des Frauenwahlrechts debattierte, rollte man auf dem Fußboden des Saals eine riesige Petition aus. Darauf standen die Unterschriften von fast 32.000 Frauen, einem Viertel der weiblichen Bevölkerung Neuseelands. Das Frauenrechts-Dokument bestand aus 546 aneinandergeklebten Seiten und verlangte, dass »das Stimmrecht auf sie erweitert werde«.

Die Kampagne für ein Frauenwahlrecht in Neuseeland begann in den 1870er Jahren und wurde angeregt durch ähnliche Bewegungen in Europa und Nordamerika. Damals galten Frauen als Bürger zweiter Klasse, die am besten den Haushalt führten und Kinder heranzogen, aber das sollte bald vorbei sein. Zwischen 1878 und 1887 wurden dem Parlament von Neuseeland mehrere Gesetzesanträge oder Verfassungszusätze vorgelegt, aber jedes Mal abgelehnt. Die Gegner eines Wahlrechts für Frauen waren laut und unverblümt. Suffragetten verleumdete man als »kreischende Schwestern«, deren Bewegung einen Sprung ins Dunkle propagierte, der die Frauen von »Engeln des Heims in übellaunige Weiber« verwandelte.

Es bedurfte entschlossener Bemühungen von Frauen wie Kate Sheppard, dies zu ändern. Sie war Mitbegründerin der »Woman's Christian Temperance Union«, die wie andere ähnliche Organisationen weltweit den Alkohol anprangerte als Ursache für soziale Probleme wie Armut oder häusliche Gewalt. Sheppard war davon überzeugt, dass die Frauen die Gesellschaft verändern könnten, wenn sie erst das Wahlrecht besäßen. Als eindrucksvolle Rednerin beklagte sie, die Frauen seien es »leid, auf einen Lebens-

bereich beschränkt zu sein und gesagt zu bekommen, alles außerhalb dessen sei unweiblich«. Um ihre Sache zu befördern, schrieb sie Artikel, umwarb Politiker und, vor allem, initiierte Petitionen. Dank der neuen Erfindung frauengeeigneter Fahrräder radelten ihre Unterstützerinnen durch das ganze Land und sammelten Unterschriften. 1891 hatten mehr als 9.000 Frauen unterschrieben. Diese Zahl verdoppelte sich im Jahr darauf.

Die so bedeutende Petition von 1893 enthielt fast 32.000 Unterschriften von Frauen jeder Couleur. Das Dokument zeigt die elegante Handschrift von Frauen guter Bildung neben dem »X« der Analphabetinnen.

1891 und 1892 verabschiedete das neuseeländische Unterhaus Gesetze, die den Frauen das Wählen erlauben sollten, aber die Gegner im Oberhaus (Legislative Council) fügten Zusätze hinzu, die das Vorhaben sabotierten. Weil viele Suffragetten ein Alkoholverbot befürworteten, waren diejenigen Politiker besonders lautstark dagegen, die Verbindungen zur Alkoholindustrie hatten. Auch befürchtete die regierende Liberal Party, die Frauen könnten ihre Stimme der oppositionellen Conservative Party geben.

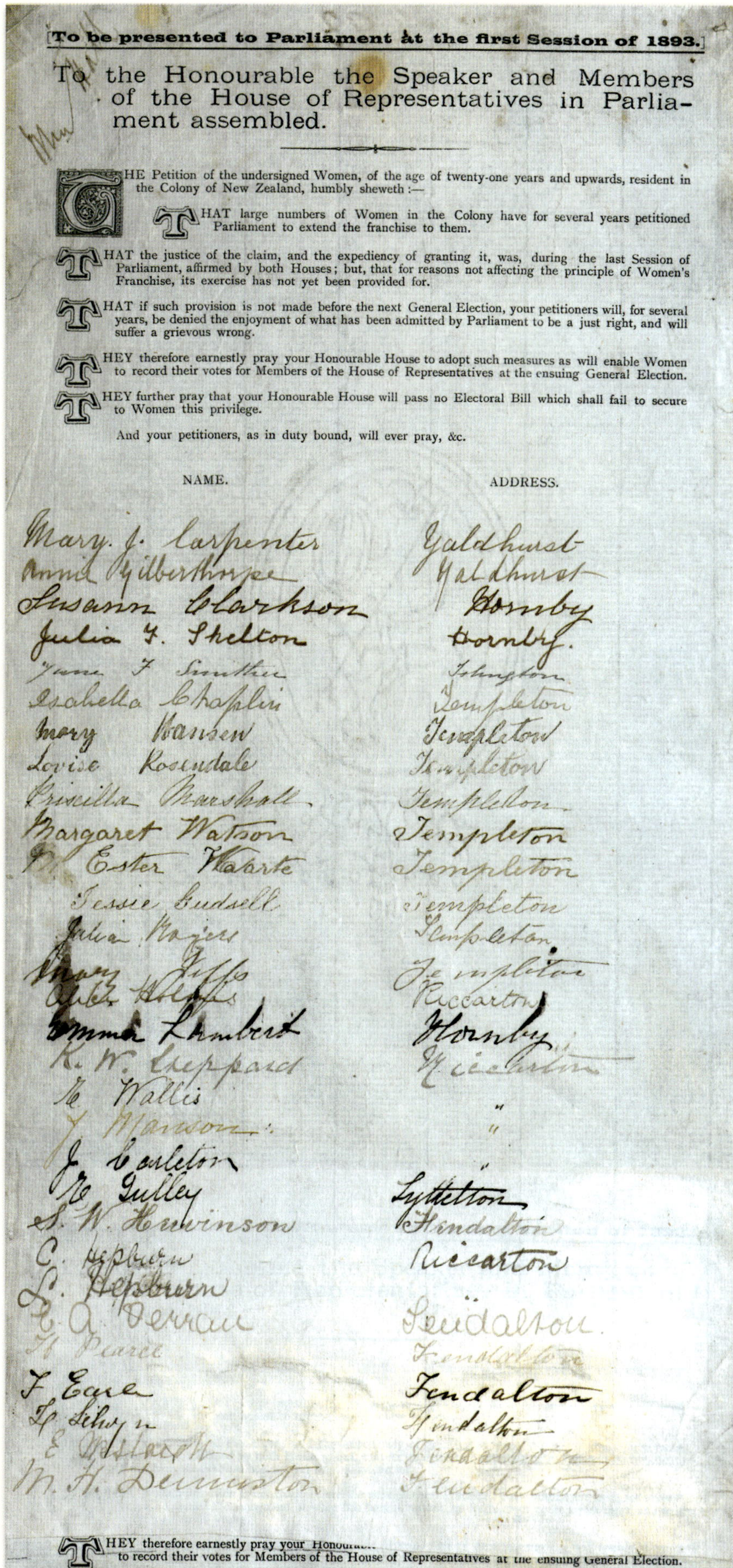

[To be presented to Parliament at the first Session of 1893.]

To the Honourable the Speaker and Members of the House of Representatives in Parliament assembled.

THE Petition of the undersigned Women, of the age of twenty-one years and upwards, resident in the Colony of New Zealand, humbly sheweth :—

THAT large numbers of Women in the Colony have for several years petitioned Parliament to extend the franchise to them.

THAT the justice of the claim, and the expediency of granting it, was, during the last Session of Parliament, affirmed by both Houses; but, that for reasons not affecting the principle of Women's Franchise, its exercise has not yet been provided for.

THAT if such provision is not made before the next General Election, your petitioners will, for several years, be denied the enjoyment of what has been admitted by Parliament to be a just right, and will suffer a grievous wrong.

THEY therefore earnestly pray your Honourable House to adopt such measures as will enable Women to record their votes for Members of the House of Representatives at the ensuing General Election.

THEY further pray that your Honourable House will pass no Electoral Bill which shall fail to secure to Women this privilege.

And your petitioners, as in duty bound, will ever pray, &c.

NAME.	ADDRESS.
Mary J. Carpenter	Yaldhurst
Annie Gilberthorpe	Yaldhurst
Susann Clarkson	Hornby
Julia F. Shelton	Hornby
Jane F. Smither	Islington
Isabella Chaplin	Templeton
Mary Hansen	Templeton
Louise Rosendale	Templeton
Priscilla Marshall	Templeton
Margaret Watson	Templeton
M. Ester Waarte	Templeton
Jessie Gudsell	Templeton
Julia Rogers	Templeton
Mary Jiffs	Templeton
Ester Holiffe	Riccarton
Emma Lambert	Hornby
K. W. Sheppard	Riccarton
M. Wallis	"
J. Manson	"
J. Carleton	
M. Gulley	Lyttelton
S. W. Hewinson	Fendalton
C. Hepburn	Riccarton
L. Hepburn	
E. A. Derrau	Fendalton
H. Pearce	Fendalton
J. Eare	Fendalton
L. Lelwyn	Fendalton
E. Wsteath	Fendalton
M. H. Denniston	Fendalton

THEY therefore earnestly pray your Honourable House to adopt such measures as will enable Women to record their votes for Members of the House of Representatives at the ensuing General Election.

GEGENÜBER: Diese Postkarte zeigt eine junge Frau auf einem der damals neuen Fahrräder, die dem fortschrittlichen Neuseeland applaudiert, weil es Frauen das Wahlrecht zustand. Für das altmodische Großbritannien steht John Bull auf einem Hochrad.

RECHTS: Die ersten von 32.000 Unterschriften auf der Petition für das Frauenwahlrecht in Neuseeland. Es trug dazu bei, dass Neuseeland als erste Nation der Welt den Frauen das Stimmrecht gab.

Im April 1893 wurde abermals ein Gesetzesentwurf für das Frauenwahlrecht im Unterhaus eingebracht. Während dieser Debatte wurde die riesige Petitionsschrift von Sheppard auf dem Fußboden des Plenarsaals effektvoll entrollt. Gerichtet an den »ehrenwerten Vorsitzenden und die Mitglieder des House of Representatives im Parlament« verkündete das Dokument, »eine große Anzahl Frauen der Kolonie hat seit Jahren an das Parlament appelliert, ihnen das Wahlrecht zu geben«. Weiter hieß es, wenn das Gesetz nicht vor den nächsten Wahlen verabschiedet werde, »wird ihren Antragstellerinnen weitere Jahre der Genuss dessen verwehrt, was das Parlament als rechtmäßig anerkannt hat, und werden daher großes Unrecht erleiden«.

Das Gesetz wurde ohne Probleme verabschiedet, aber es brauchte auch im tief zerstrittenen Oberhaus eine Mehrheit. In der »Schlacht der Blumen im Knopfloch« steckten sich die Unterstützer des Gesetzes weiße Kamelien an, die Gegner nahmen rote. Der neuseeländische Premierminister Richard Seddon, der der Alkohollobby sehr nahestand, wollte das Gesetz unbedingt zu Fall bringen. Weil er wusste, dass es auf Messers Schneide stand, übte er Druck aus auf die Abgeordneten, die die Frauen unterstützten. Immerhin einen brachte er dazu, seine Meinung zu ändern. Das aber machte zwei Gegner des Gesetzes so wütend, dass sie die Seite wechselten und für das Gesetz stimmten. Am 8. September 1893 wurde das Gesetz mit 20 zu 18 Stimmen angenommen. Elf Tage später wurde das neue Wahlgesetz wirksam. Alle Frauen über 21 Jahren, die britische Staatsbürger oder Maori waren, durften fortan wählen. Bei den nächsten Wahlen nur zehn Wochen darauf machten fast 80 Prozent der wahlberechtigten Frauen von ihrem Recht Gebrauch. Warnungen kursierten, die »Wählerdamen« würden von »angetrunkenen Rüpeln« belästigt werden. Als es so weit war, berichtete eine neuseeländische Zeitung, auf den Straßen sei es am Wahltag zugegangen »wie bei einer heiteren Gartenparty« und wie die »hübschen Kleider der Frauen und ihre lachenden Gesichter die Wahllokale wunderbar bezauberten«.

Zwar gewährten einige Bundesstaaten und Territorien der USA 1893 den Frauen bereits das Wahlrecht, aber Neuseeland war die erste Nation, die ihnen erlaubte, bei Parlamentswahlen ihre Stimme abzugeben. Australien folgte 1902. Das erste europäische Land, das 1906 Frauen zuließ, war Finnland. In den USA durften Frauen bis 1920 an Nationalwahlen nicht teilnehmen, und britische Frauen über 21 Jahren mussten noch bis 1928 warten. Neuseeland ist eines der wenigen Länder, das drei Frauen zu führenden Politikerinnen machte. Bei unserem Besuch erschien es uns als eines der stabilsten und bestgeführten Länder der Welt.

RECHTS: Frauen vor der Stimmabgabe am 28. November 1893. Kandidieren für das Parlament durften Frauen erst 1919.

Vom 20. Jahrhundert bis heute

1903 bis heute

33

Das Telegramm der Brüder Wright

Orville und Wilbur Wright sind die berühmtesten Piloten der Welt. Im Dezember 1903 absolvierten sie auf einem Strand in North Carolina den ersten energiebetriebenen Flug. Gleich anschließend schickten sie ihrem Vater Bischof Milton Wright ein Telegramm, in dem sie ihm den neuesten Erfolg stolz mitteilten. Der Flug dauerte weniger als eine Minute, und sie erreichten eine Geschwindigkeit von etwa 50 Kilometern pro Stunde.

OBEN: Die beiden Pioniere der Luftfahrt, Wilbur und Orville Wright, im Jahr 1909 auf den Stufen ihres Hauses in Dayton, Ohio.

GEGENÜBER OBEN: Das Telegramm, das Orville Wright am 17. Dezember 1903 an seinen Vater schickte.

GEGENÜBER UNTEN: Das Design des ersten erfolgreichen Fluggeräts. Die beiden Propeller befinden sich hinter dem Flügel, die Höhenruder vorn. Die kleine Skizze oben links zeigt die Flugbewegung beim Sinken.

Es war windig an jenem Morgen am Kitty Hawk Beach in North Carolina, eine Woche vor Weihnachten 1903. Zwei Brüder in den Dreißigern, denen zu Hause in Ohio ein Fahrradladen gehörte, zogen eine merkwürdig aussehende Apparatur ans Ende zweier Schienen von zwanzig Metern Länge, sodass sie den Wind vor sich hatte. Mit einem Riemen befestigten sie das Gerät am Boden, stiegen abwechselnd an Bord und legten sich mit dem Gesicht nach unten auf den unteren Flügel. Die Flügel bestanden aus Musselin, der über einen Holzrahmen mit einer Spannweite von etwas über 12 Metern aufgespannt war. Vor dem Piloten befand sich ein weiteres kleines Gerät, ein Höhenruder, das der Flieger mit einem Hebel per Hand auf und ab bewegen konnte. Mit einer Hüftbewegung konnte man die Flügel »krümmen«, sodass man in der Luft schräg nach links oder rechts steuern konnte. Dahinter war ein Ruder, um den Gierwinkel zu kontrollieren. Ein Benzinmotor mit 12,5 Pferdestärken war seitlich angebracht, die Brüder hatten ihn in ihrer Fahrradwerkstatt gebastelt. Er bewegte zwei Ketten, die die beiden großen Holzpropeller antrieben, die hinter den Flügeln angebracht waren. Bei voller Motorkraft würden die Propeller das primitive Flugzeug nach vorne bewegen, sobald der Befestigungsriemen gelöst wurde.

Die beiden Brüder waren Orville und Wilbur Wright aus Dayton, Ohio. Wie andere Flugpioniere hatten sie beim Fliegen mit Gleitflugzeugen in den

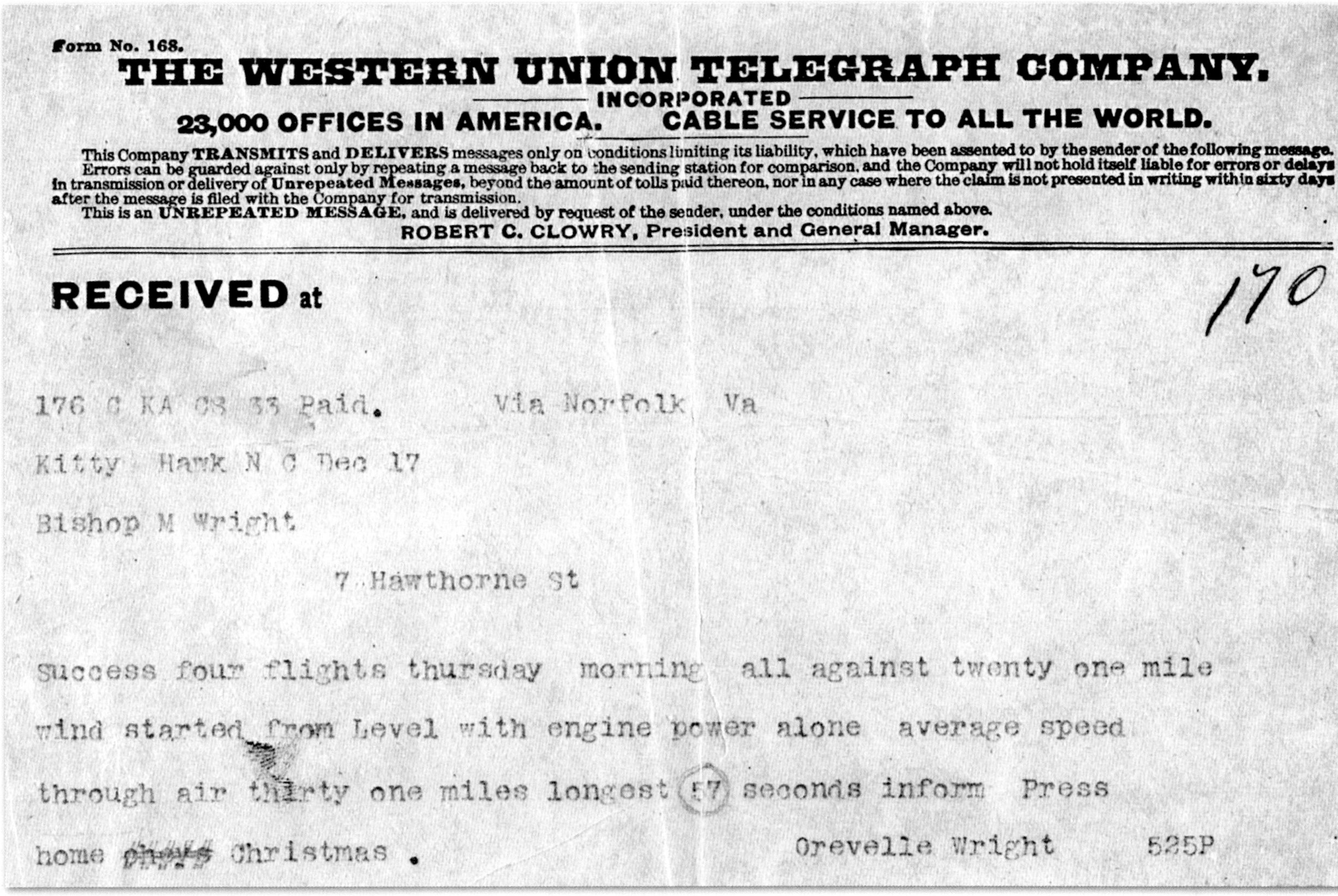

Form No. 168.

THE WESTERN UNION TELEGRAPH COMPANY.

INCORPORATED

23,000 OFFICES IN AMERICA. CABLE SERVICE TO ALL THE WORLD.

This Company **TRANSMITS** and **DELIVERS** messages only on conditions limiting its liability, which have been assented to by the sender of the following message. Errors can be guarded against only by repeating a message back to the sending station for comparison, and the Company will not hold itself liable for errors or delays in transmission or delivery of **Unrepeated Messages**, beyond the amount of tolls paid thereon, nor in any case where the claim is not presented in writing within sixty days after the message is filed with the Company for transmission.

This is an **UNREPEATED MESSAGE**, and is delivered by request of the sender, under the conditions named above.

ROBERT C. CLOWRY, President and General Manager.

RECEIVED at 170

176 C KA CS 33 Paid. Via Norfolk Va

Kitty Hawk N C Dec 17

Bishop M Wright

7 Hawthorne St

Success four flights thursday morning all against twenty one mile wind started from Level with engine power alone average speed through air thirty one miles longest 57 seconds inform Press home [illegible] Christmas .

Orevelle Wright 525P

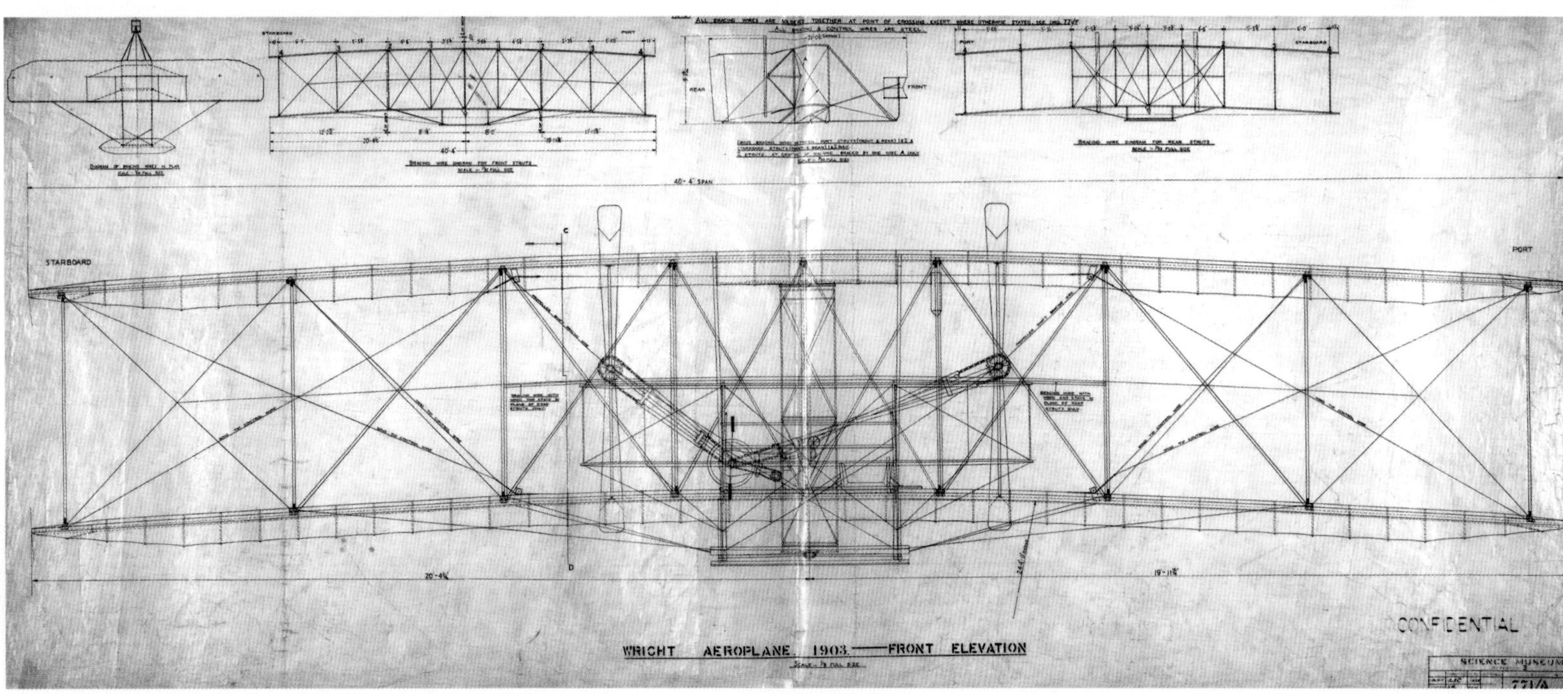

vergangenen Jahren ihr Leben riskiert, aber dies war ihr erster Versuch mit einem Motorfluggerät. Dreimal an diesem Morgen hatte jeder von ihnen versucht, in die Luft zu kommen, und jetzt, gegen Mittag, war für den vierten Versuch der ältere der beiden an der Reihe, Wilbur. Dies würde der Flug sein, der Geschichte schrieb und der Orville veranlasste, das berühmte Telegramm an ihren Vater, Bischof Milton Wright, aufzugeben. 59 Sekunden lang konnte sich Wilbur in der Luft halten und erreichte eine Durchschnittsgeschwindigkeit von etwa 50 Kilometern pro Stunde. Sein Flug sollte einen rauschhaften Wettstreit der Lüfte in Gang setzen, und noch bevor Orville 1948 starb, würde ein Pilot die Schallmauer durchbrochen haben.

Keiner der Brüder Wright besuchte je eine Hochschule. 1892 eröffneten die beiden einen Fahrradladen in Dayton, und ihr mechanisches Können weckte das Interesse für die Herausforderung des kontrollierten Fliegens. Segelfliegen war vor allem deshalb gefährlich, weil die Flugmaschinen – nicht viel mehr als verbesserte Flugdrachen – nur sehr schwer unter Kontrolle zu halten waren. Wilbur und Orville bauten sich ihren eigenen Windtunnel und entwickelten verschiedene Bauformen von Flügel und Ruder, die sie dann mit ihren selbstgebauten Segelflugzeugen erprobten. Bald schon bauten sie mit ihrem Fahrradmechaniker Charles Taylor einen Motor aus Aluminium und konstruierten ein Fluggerät, das leicht genug war, um den Motor und einen Piloten an den Kontrollhebeln zu tragen.

Bemerkenswerterweise druckte die Lokalzeitung nichts über diesen ersten Flug, als sie der Redaktion davon berichteten. Orville und Wilbur wurden erst im Sommer 1908 berühmt, als sie ihr Fluggerät nach Frankreich mitnahmen und auf einer Pferderennbahn bei Le Mans zahlreiche Zuschauer mit einer Vorführung in Atem hielten. Orville machte weiter und absolvierte im September des Jahres in den USA den ersten Flug, der mehr als eine Stunde dauerte. Bis zum Sommer 1909 erhielten die Brüder Auszeichnungen durch US-Präsident William Howard Taft und verkauften ihren neuen Zweisitzer an die Fernmeldetruppe der US-Armee.

Wilbur starb 1912 an Typhus, aber Orville blieb auf diversen Posten der Luftfahrtindustrie verbunden, bis er 1948 im Alter von 76 Jahren starb. Einem Interviewer sagte er einmal: »Wir hatten die Hoffnung, etwas erfunden zu haben, das der Menschheit dauerhaften Frieden bringen könnte. Aber wir irrten uns.« Er verurteilte die Zerstörungen durch die Luftangriffe des Zweiten Weltkriegs, bedauerte aber ausdrücklich nicht seinen Anteil bei der Erfindung des Apparats, der der Menschheit auch so wertvolle Dienste leistete.

Merkwürdigerweise blieb das Land, dessen große Erfinder die angetriebene Flugmaschine gebaut hatten, deutlich hinter Europa zurück, als die Luftfahrtindustrie ab 1910 florierte. Bei Ausbruch des Ersten Weltkriegs gab es noch keine US-Luftwaffe, und außer den wenigen Maschinen in der Fernmeldetruppe besaß die Armee keine Flugzeuge. Als die Vereinigten Staaten 1917 in den Krieg eintraten, mussten sie fast ausschließlich auf Flugzeuge der Briten und der Franzosen zurückgreifen. Doch zu Kriegsende waren die US-Truppen in Europa mit 6.384 Flugzeugen ausgerüstet, von denen 1.213 in den USA hergestellt worden waren.

Es ist erstaunlich, wie das Fliegen seit jenen frühen Tagen der Luftfahrt alle Erwartungen übertroffen hat. Heute fliegen wir in einem Tag rund um die Welt und in weniger als einer Woche zum Mond. Die beiden Männer vom Kitty Hawk Beach begaben sich auf ein Abenteuer, dessen spätere Entwicklung jede Vorstellungskraft gesprengt hat.

RECHTS: Das Flugzeug der Brüder Wright steigt auf Kitty Hawk Beach in North Carolina in die Luft. Es hat gerade von der Kamera weg abgehoben; man erkennt den Piloten, der in der Mitte flach daliegt, und hinten die beiden rotierenden Propeller.

34

Das Gallipoli-Tagebuch des Frederick Tubb

Lieutenant Frederick Tubb VC war Zeuge eines Ereignisses, das sich als entscheidender Moment in der australischen Militärgeschichte erweisen sollte. Sein Tagebuch berichtet von den grausamen Kämpfen 1915 bei Lone Pine auf der Halbinsel Gallipoli. Mit großer Bescheidenheit schreibt er über seinen Kampf gegen alle Chancen, allein in einem Schützengraben, alle seine Kameraden tot neben sich.

Kaum ein militärischer Ort wird von Australiern und Neuseeländern so verehrt wie die türkische Halbinsel Gallipoli. Die dortige verlustreiche Operation im zweiten Jahr des Ersten Weltkriegs war das erste Mal, dass diese beiden einstigen Kolonien den ganzen Schrecken eines Krieges als Dominions erlebten. Vor allem für die Australier verdiente sich dieses kleine Plateau mit einer einsamen Kiefer seinen besonderen Platz in den Geschichtsbüchern. Dort kam es zu einer selten erfolgreichen Aktion in einer der desaströsesten militärischen Kampagnen zwischen dem 6. und 9. August 1915. Die Australier erwiesen sich in der Schlacht von Lone Pine als überaus tapfer und erfindungsreich. Sie verdienten sich allein mit dieser Aktion nicht weniger als sieben Victoria-Kreuze, die höchste britische Kriegsauszeichnung. Lieutenant Frederick Tubb aus Longwood in Victoria erhielt eines davon. »Es würde ein Buch füllen zu beschreiben, was sich dort zugetragen hat«, schrieb er in sein Tagebuch.

Wir besuchten den Friedhof auf dem Schlachtfeld und waren tief bewegt von der Geschichte dieser blutigen Schlacht. Von rund 60.000 Australiern, die auf Gallipoli kämpften, fielen 30.000 dem acht Monate langen Einsatz zum Opfer, allein 2.300 davon bei dem Vorfall von Lone Pine.

Truppenteile aus Australien und Neuseeland bildeten das ANZAC Corps in Ägypten zu Beginn des Ersten Weltkriegs und waren eine willkommene Quelle von Manpower für Winston Chur-

chill in seinem Plan im April 1915, der Türkei die Halbinsel Gallipoli zu entreißen. Die Türkei hatte sich Deutschland angeschlossen im Kampf gegen Briten, Franzosen, Russen und ihre Verbündeten. Als Erster Lord der Admiralität obsiegte Churchill über Gegner im britischen Kabinett und setzte durch, eine neue Front zu eröffnen und die türkische Hauptstadt Konstantinopel ins Visier zu nehmen. Die Australier und Neuseeländer landeten auf der sogenannten ANZAC Cove, ein paar Kilometer entfernt von der Spitze der Halbinsel, wo vor allem Briten und Franzosen an Land gingen.

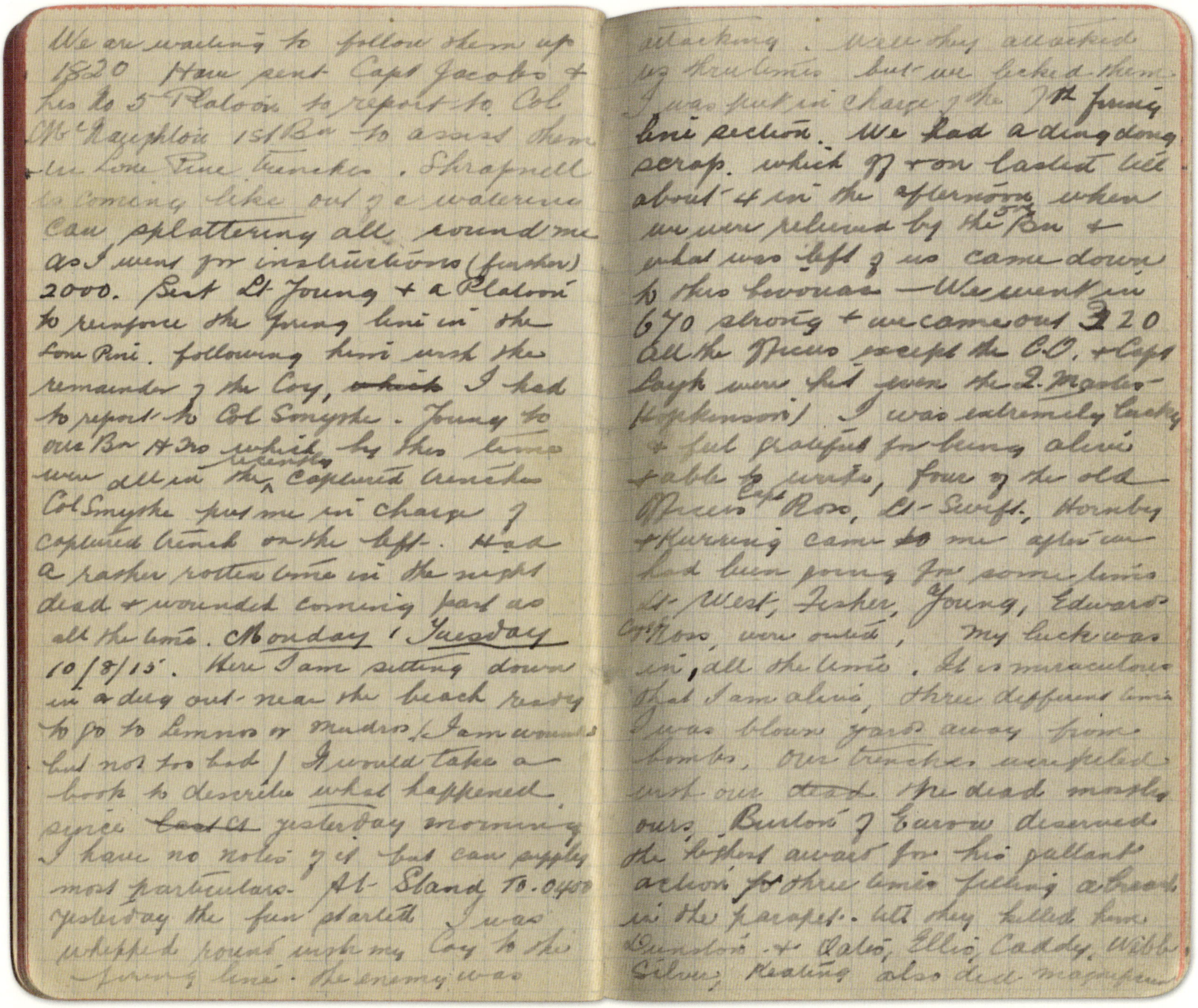
We are waiting to follow them up
1820 Have sent Capt Jacobs &
his No 5 Platoon to report to Col
McNaughton 1st Bn to assist them
in Lone Pine trenches. Shrapnell
is coming like out of a watering
can splattering all round me
as I went for instructions (further)
2000. Sent Lt Young & a Platoon
to reinforce the firing line in the
Lone Pine. following him with the
remainder of the Coy, ~~which~~ I had
to report to Col Smythe. Young to
our Bn H Qrs which by this time
were all in the recently captured trenches
Col Smythe put me in charge of
captured trench on the left. Had
a rather rotten time in the night
dead & wounded coming past us
all the time. Monday / Tuesday
10/8/15. Here I am sitting down
in a dug out near the beach ready
to go to Lemnos or Mudros (I am wounded
but not too bad) It would take a
book to describe what happened
since ~~last~~ yesterday morning
I have no notes of it but can supply
most particulars. At Stand To. 0400
yesterday the fun started. I was
whipped round with my Coy to the
firing line. The enemy was

attacking. Well they attacked
us three times but we licked them
I was put in charge of the 7th firing
line section. We had a ding dong
scrap. which off & on lasted till
about 4 in the afternoon when
we were relieved by the 5th Bn &
what was left of us came down
to this bivouac — We went in
670 strong & we came out 320
All the Officers except the C.O. & Capt
Leigh were hit (even the 2 Majors –
Hopkinson) I was extremely lucky
& feel grateful for being alive
& able to write, four of the old
Officers Capt Ross, Lt Swift, Hornby
& Hanning came to me after we
had been going for some time
Lt West, Fisher, Young, Edwards
Capt Ross, were outed, my luck was
in, all the time. It is miraculous
that I am alive, three different times
I was blown yards away from
bombs, Our trenches were filled
with our dead. The dead mostly
ours. Burton of Euroa deserved
the highest award for his gallant
action for three times filling a breach
in the parapet. till they killed him.
Dunstan & Oates, Ellis, Caddy, Webb
Silver, Keating also did magnificent

Die Türken, befehligt vom deutschen General Otto Liman von Sanders, schlugen sich tapfer und konnten die Invasoren zurückhalten. Aufgrund schlechter Führung auf alliierter Seite und weil sie mehrere taktische Gelegenheiten nicht ausnutzte, sah sich die britische Regierung im Dezember 1915 und im Januar 1916 schließlich zu einem erniedrigenden Rückzug gezwungen.

Die Schlacht von Lone Pine bildete eine dramatische Ausnahme. Auf ihrem kleinen Brückenkopf sahen sich die ANZAC-Einheiten den ganzen heißen Sommer hindurch belagert. Sie litten unter Läusen, Wassermangel und kämpften bei schmaler Kost aus Ochsenfleisch und Keksen ums Überleben. Am 6. August befahl man ihnen ein letztes Mal, sich Luft zu verschaffen. In Unterstützung eines Vorstoßes der Neuseeländer zu ihrer Linken rückte die erste Brigade der Australier über das Plateau bis auf ein paar Meter an die türkischen Schützengräben heran. Sie sollten über den Standort der einsamen Kiefer vordringen, die ihr Kommandeur ein paar Monate zuvor gezeichnet hatte, die aber inzwischen im Granatfeuer zerstört worden war. Gewaltiges Sperrfeuer von den Schiffen der Royal Navy hatte die Türken in ihre Gräben gezwungen. Als um 17.30 Uhr die Waffen schwiegen, rückten die Australier schnell vor, direkt ins tödliche Feuer türkischer Gewehr- und Maschinengewehrschützen. Aber es überlebten genügend Australier, die in

GEGENÜBER: Captain Frederick Tubb, einer der australischen Helden von Gallipoli. Für seine Verdienste 1915 erhielt er das Victoria-Kreuz.

OBEN: In seinem Tagebucheintrag vom 10. August 1915 beschreibt Tubb (rechte Seite), wie es tags zuvor »heftig zur Sache gegangen war, und das mit Unterbrechungen bis ungefähr vier Uhr am Nachmittag …« Etwas später schreibt er: »Ich hatte großes Glück und bin dankbar, weil ich noch am Leben bin …«

die ersten Reihen der türkischen Schützengräben ausschwärmten und in heftigem Kampf Mann gegen Mann die Türken zurückdrängen konnten. Die erste Runde ging an die Australier, aber in den nächsten drei Tagen standen sie unter heftiger Gegenattacke.

Frederick Tubb befand sich in einem der eroberten Schützengräben voller Toter und Verwundeter und unter ständigem Beschuss. Er befahl seinen Männern den Bau von Barrikaden, um ihre besetzten Gräben zu verteidigen und auszubauen, als die Türken wieder und wieder durchstießen und ihre Handgranaten warfen. »Es ging heftig zur Sache«, schrieb er. »Wir schrien auf die schwarzen Teufel ein und erledigten sie wie die Kaninchen.« Seinen Kameraden befahl er, Decken auf die großen Handgranaten der Türken zu werfen oder sie zurückzuschleudern, aber in dem Chaos starb ein Kamerad Tubbs nach dem anderen. »Viele unserer tapferen Jungs wurden in Stücke gerissen.« Einer seiner Männer griff nach einer türkischen Granate, um sie zurückzuwerfen, als sie in seinem Gesicht explodierte. »Alle unserer Bombenwerfer sind gefallen, und auch die Freiwilligen, die sie ersetzten.« Als die Türken eine Barrikade sprengten und hereindrängten, war er ganz auf sich allein gestellt. Doch er kämpfte sie zurück und verteidigte seine Position, bis Hilfe eintraf. »Ich hatte großes Glück. Dreimal wurde ich schwer verwundet«, schrieb er nach seiner Rettung. »Außer mir sind alle von der guten alten 7. Division gefallen.« Für seine Tapferkeit wurde Tubb mit dem Victoria-Kreuz ausgezeichnet. In der Flandernschlacht 1917 bei Ypern tötete ihn ein deutscher Heckenschütze.

Irgendwie hielten sich die Australier am Lone Pine noch weitere vier qualvolle Monate, und heute wird jedes Jahr der Dawn Service abgehalten, um dieser und der anderen schrecklichen Schlachten im ANZAC-Sektor von Gallipoli zu gedenken.

OBEN: Australische Truppen greifen bei Lone Pine die Türken an. Es war eine der grausamsten Schlachten im Feldzug von Gallipoli. Über 2.300 Australier kamen ums Leben.

GEGENÜBER: Australische Soldaten in den Schützengräben von Lone Pine, August 1915. Das Bild schaffte es in jenem Jahr auf eine beliebte Briefmarke.

35

Die Allgemeine Relativitätstheorie

Albert Einsteins Allgemeine Relativitätstheorie vermittelte ein verblüffend neues Verständnis des Zusammenspiels von Raum und Zeit, von Materie, Energie und Erdanziehung. Sie gilt als der wichtigste Durchbruch in der modernen Physik. Die Bedeutung seiner Theorie war so umfassend, dass sich wohl niemand wunderte, als das Magazin »Time« Einstein am 31. Dezember 1999 zur Persönlichkeit des Jahrhunderts erklärte.

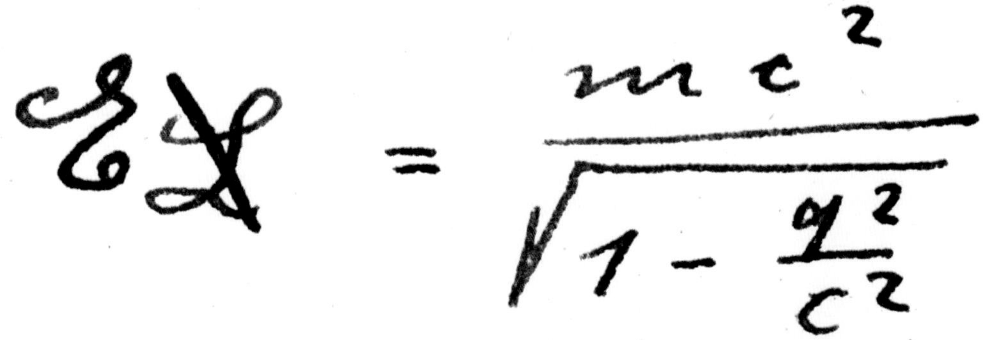

OBEN: In dieser Gleichung ersetzt Einstein »L« (Lichtenergie) mit »E« (Energie an sich). Später arrangierte er die Variablen und formulierte sein berühmtes E = mc^2.

GEGENÜBER: Eine handschriftliche Seite des Entwurfs der Allgemeinen Relativitätstheorie, die Einstein am 11. Mai 1916 veröffentlichte. Eine Version seiner berühmtesten Gleichung notierte Einstein ganz oben.

1905 reichte ein unbekannter, 26 Jahre alter technischer Experte eines Schweizer Patentamts bei einer wissenschaftlichen Zeitschrift vier Arbeiten ein. Sie sollten den jungen Albert Einstein zum anerkannten Genie machen. Eine davon enthielt seine Spezielle Relativitätstheorie, die die gängigen Auffassungen von Raum und Zeit als voneinander unabhängig und absolut in Frage stellte. Im Gegenteil behauptete Einstein, wenn die Gesetze der Physik für jeden Betrachter gleich sein sollten, müssten Abstände und Zeiteinheiten je nach Standpunkt des Betrachters variieren. Zu dieser verblüffenden Erkenntnis gelangte er mit Hilfe von »Gedankenexperimenten«, wie er das nannte – die Nutzung von Szenarios der praktischen Wahrnehmung zur Erklärung wissenschaftlicher Gesetze. So stellte er sich beispielsweise einen Menschen in einem schnell fahrenden Zug vor und einen anderen auf einem Bahnsteig. Trifft ein Blitz beide Zugenden, während dessen Mitte gerade den Menschen auf dem Bahnsteig passiert, sieht dieser die Blitzeinschläge im selben Moment. Der Mensch im Zug jedoch nimmt den Blitzeinschlag am Anfang des Zuges vor dem am Zugende wahr, denn der Zug bewegt sich vorwärts, weshalb der Blitz einen kürzeren Weg zurücklegen muss. Das gleiche Vorkommnis – der Blitzeinschlag an beiden Enden des Zuges – stellt sich von der Position auf dem Bahnsteig aus als simultan dar, nicht aber von der Position im Zug. Und daher ist es eine relative Vorstellung, dass Dinge gleichzeitig passieren! Einstein schloss daraus, dass Raum und Zeit in einem einzigen Raum-Zeit-Kontinuum miteinander verbunden sind. Er postulierte außerdem, dass nichts schneller sein kann als die Lichtgeschwindigkeit (299.792 Kilometer pro Sekunde). Er entwickelte die bald schon berühmteste Gleichung der Welt, E = mc^2 (»E« steht für Energie, »m« für Masse und »c« für Lichtgeschwindigkeit), und legte dar, dass Masse und Energie äquivalente Größen sind. Weil die Lichtgeschwindigkeit eine riesige Größe ist, kann selbst eine winzige Menge Masse in eine gewaltige Menge Energie umgesetzt werden.

Allerdings fehlte etwas in seiner Gleichung: Schwerkraft. Das Gesetz der Schwerkraft von Sir Isaac Newton aus dem Jahr 1687 besagt, dass Schwerkraft eine unsichtbare Kraft ist, die zwei Objekte aufeinander ausüben, und die abnimmt, je weiter sie sich auseinanderbewegen. Einstein erschütterte diese These, ließ seine Entdeckung aber sehr einfach aussehen: »Ich saß auf meinem Stuhl im Patentamt in Bern. Plötzlich hatte ich einen Einfall: Wenn sich eine Person im freien Fall befindet, wird sie ihr eigenes Gewicht nicht spüren. Mir ging ein Licht auf. Dies trieb mich dann zur Gravitationstheorie.« Die Vorstellung eines fallenden Menschen in einem Aufzug, der im selben Tempo fällt, der schwerelos ist und nicht sagen könnte, ob er fällt oder sich im Weltall befindet, überzeugte Einstein davon, dass Beschleunigung und Gravitation dasselbe sein mussten. Später sprach er vom »glücklichsten Gedanken meines Lebens«.

1916 veröffentlichte Einstein diese weiterführenden Erkenntnisse in seiner Allgemeinen Relativitätstheorie. Unter vielem anderen hielt er fest, dass jede Masse eine Verkrümmung in der Raumzeit bewirkt, die als Schwerkraft wahrgenommen wird. Das häufig verwendete Beispiel für diese komplexe Vorstellung ist das eines schweren Balls auf einer Gummimatte. Das Gewicht des Balls verursacht eine Delle in der Matte, sodass eine leichtere Murmel, die über die Matte gerollt wird, nicht geradeaus rollt, sondern sich um den

Nach diesen Vorbereitungen kehren wir zu unserem physikalischen Problem zurück. Solange der physikalische Zustand der von uns betrachteten Platte (z. B. deren Energieinhalt) inbezug auf einen mitbewegten Beobachter ungeändert bleibt, und wir ausschliesslich fortschreitende Bewegung der ~~ganzen~~ Platte ~~im~~ als Ganzes ins Auge fassen, können wir dieselbe sicherlich als materiellen Punkt von einer gewissen Masse M ansehen. Man erhält dann für die Energie E der Platte inbezug auf Σ unter Berücksichtigung des Umstandes, dass dieselbe inbezug auf Σ' sich in Ruhe befindet, gemäss (28) den Ausdruck

$$E = \frac{Mc^2}{\sqrt{1-\frac{v^2}{c^2}}}$$

Diese Gleichung gelte für den Zustand der Platte vor Aussendung der beiden Licht-wellenzüge. Nach Aussendung der Wellenzüge hat die Energie der Platte inbezug auf Σ' um $-2\eta' = \Delta E'$, inbezug auf Σ um $-(\eta_1 + \eta_2) = \Delta E$ zugenommen. Zwischen beiden besteht wegen (29) die Gleichung

$$\Delta E = \frac{\Delta E'}{\sqrt{1-\frac{v^2}{c^2}}}$$

Nach diesen zwei Gleichungen ist die Energie $E+\Delta E$ der Platte nach der Aussendung der Wellenzüge gegeben durch

$$(E+\Delta E) = \frac{\left(M + \frac{\Delta E'}{c^2}\right)}{\sqrt{1-\frac{v^2}{c^2}}}$$

Dieser Ausdruck ist nach (28) gleichlautend wie der Ausdruck der Energie einer mit der Geschwindigkeit v bewegten Platte von der Masse $\left(M + \frac{\Delta E'}{c^2}\right)$; die träge Masse der Platte nimmt also um $\frac{\Delta E'}{c^2}$ zu, wenn ~~sich~~ deren Ruh-Energie (Energie für einen mitbewegten Beobachter) ~~einen Zuwachs~~ um $\Delta E'$ erfährt.

Wir müssen noch zeigen, dass aus dem Impulssatz das nämliche Resultat folgt. Vor der Aussendung der Wellenzüge ist die Bewegungsgrösse $\mathfrak{B}$ der Platte inbezug auf Σ' nach (27) gegeben durch

$\mathfrak{B}$ … Mv

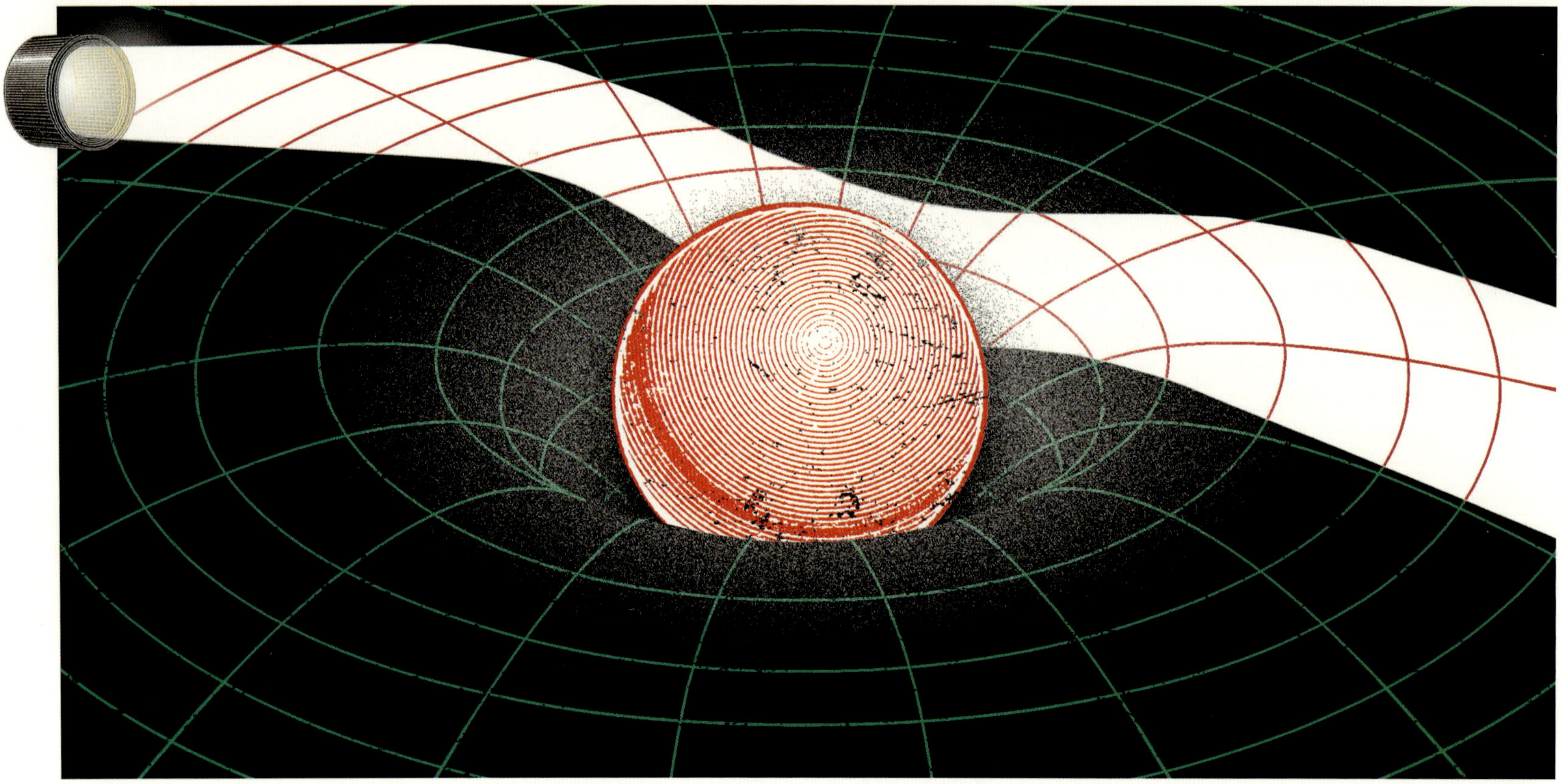

Ball krümmt. Wenn die Murmel sich auf der Oberfläche bewegt, die der Ball eingedrückt hat, scheint sie von einer Anziehungskraft beeinflusst, so wie die Erde im Verhältnis zur Sonne. Einstein legte dar, dass auch die Lichtstrahlen ferner Sterne sich auf gekrümmten Bahnen bewegen, wenn sie die gebogene Raumzeit nahe der Sonne umrunden. Als seine Berechnungen 1919 anlässlich einer Sonnenfinsternis bestätigt wurden, fragte man ihn, was passiert wäre, wenn er widerlegt worden wäre. »Es hätte mir für den Herrgott leidgetan, denn die Theorie ist korrekt«, lautete sein nüchterner Kommentar.

Es war eine weitere von Einsteins Erkenntnissen, die der menschlichen Wahrnehmung widersprechen, dass auch die Zeit unter dem Einfluss großer Massen steht. Je näher man einer riesigen Masse wie der Erde kommt, umso langsamer vergeht die Zeit. Daher gehen Uhren auf Bergspitzen ein winziges bisschen langsamer als auf Küstenniveau, weshalb Menschen in höhergelegenen Gegenden minimal länger leben.

Einsteins Theorie wurde sehr schnell als bahnbrechend gepriesen, und er wurde zum Helden der Wissenschaft. Als ihn einmal sein kleiner Sohn fragte, warum er so berühmt sei, zog Einstein ein Gedankenexperiment heran, um zu erklären, dass es sich bei der Schwerkraft um eine Krümmung in der Raumzeit handelte. Er sagte, ein blinder Käfer erkenne einen Ast nicht als krumm, wenn er daran entlanglaufe: »Ich hatte das Glück zu bemerken, was der Käfer nicht bemerkt hatte.«

Die Allgemeine Relativitätstheorie ermöglichte ein neues, umfassendes Verständnis des Universums. Sie erklärt Phänomene vom Ursprung der Sterne bis zu Schwarzen Löchern. Sie wurde ebenso zur Entwicklung von Nuklearwaffen und Atomkraftwerken herangezogen wie zur Bestimmung der Masse ferner Galaxien. Unsere Autos und Smartphones führen uns zu bestimmten Standorten, weil dank Einstein GPS das Gravitationsfeld der Erde nutzt, um unser Ziel haargenau zu bestimmen.

Einsteins Erkenntnisse enthalten noch sehr viel mehr, als wissenschaftliche Laien wie wir erklären können, weil uns sowohl die Zeit als auch die Fähigkeit dazu fehlt. Aber wir glauben, es ist weniger wichtig, seine Theorie zu verstehen, als darüber zu staunen, was sie alles ermöglicht.

GEGENÜBER OBEN: Um zu erklären, welchen Einfluss Masse hat, setzte man einen schweren Ball auf eine Gummimatte.

GEGENÜBER UNTEN: Als »Gedankenexperiment« stellte sich Einstein zwei Menschen vor, die einen Blitz an beiden Enden eines Zuges einschlagen sehen. Ihm wurde dabei klar, dass Zeit sich unterschiedlich bewegt, je nachdem ob jemand steht oder in Bewegung ist.

OBEN: Einstein 1921 bei einer Vorlesung in Wien. Im selben Jahr erhielt er den Nobelpreis, allerdings nicht für seine Relativitätstheorie, sondern für seine »Entdeckung des photoelektrischen Effekts«.

36

Woodrow Wilsons Vierzehn Punkte

Woodrow Wilson, Präsident der Vereinigten Staaten von 1913 bis 1921, brachte vor dem Ende des Ersten Weltkriegs in Kurzhandschrift einen Entwurf für seinen visionären Vierzehn-Punkte-Plan zu Papier. Die berühmte Rede über seinen Friedensplan hielt er im Januar 1918 vor dem US-Kongress und nahm seine Vorschläge mit zur Pariser Friedenskonferenz, die im Jahr darauf in Versailles stattfand. Er hoffte, sie würden helfen, eine neue, gerechtere und friedlichere Welt zu schaffen.

Woodrow Wilsons Land trat erst spät in den Ersten Weltkrieg ein, leistete aber einen entscheidenden Beitrag und spielte eine Schlüsselrolle in der folgenden Friedenskonferenz. Der US-Präsident war Demokrat und eine edle, aufrechte Gestalt mit priesterlicher Ausstrahlung, und sein Idealismus verband sich mit störrischer Arroganz. Im Frühjahr 1917 brachte er die Vereinigten Staaten zum Kriegseintritt gegen Deutschland, wollte aber keine bestrafenden Friedensbedingungen verordnen. Zehn Monate vor Kriegsende präsentierte er im Januar 1918 sein Vierzehn-Punkte-Friedensprogramm, das vermied, trotz der zu erwartenden Niederlage an Deutschland allzu strenge Forderungen zu richten. Wilson war ein leidenschaftlicher liberaler Internationalist, und so enthielten seine Vierzehn Punkte das Versprechen transparenter Friedensregelungen ohne Geheimabsprachen, völliger Freiheit der Seefahrt und des Handels, wo immer möglich, und des deutschen Rückzugs aus Gebieten, die im Krieg besetzt worden waren. Außerdem lehnte er Vergeltungsreparationen für Deutschland ab: »Wir wollen auf keinen Fall den legitimen Einfluss Deutschlands beschneiden oder seine Macht einschränken.« Er verlangte von Deutschland lediglich, anstelle von Vorherrschaft Frieden und Gleichheit anzuerkennen. Dazu bekannte er sich zur Gründung eines Völkerbundes, dem Vorläufer der Vereinten Nationen (siehe Seite 186). Seine Versammlung sollte nur einstimmig Beschlüsse fassen. Russland und eine Zeitlang auch Deutschland sollten davon ausgeschlossen werden. Die Geschichte hat erwiesen, dass vieles von Wilsons Träumen zu ehrgeizig war, aber er verfolgte seine Ziele mit aller Entschlossenheit.

Bei anderen Regierungen und prominenten Amerikanern stießen die Vorstellungen des US-Präsidenten auf ein geteiltes Echo. Der frühere republikanische Präsident Theodore Roosevelt lehnte Wilsons Vierzehn Punkte ab als »bedeutungslos [...] noch so ein Fall für den Papierkorb der Diplomatie«. Für das nahezu besiegte Deutschland jedoch versprach ein Friede auf der Grundlage von Wilsons Prinzipien einige Vorteile. Doch den hartleibigen Siegern des Krieges, allen voran die Franzosen, deren Land im Krieg zerstört worden war, erschienen die Ideale Wilsons als gefährlich schwach. Frankreichs altes Schlachtross, Premierminister Georges Clemenceau, hasste die Deutschen so sehr, dass er seinen Erben auftrug, ihn aufrecht stehend zu begraben, den finsteren

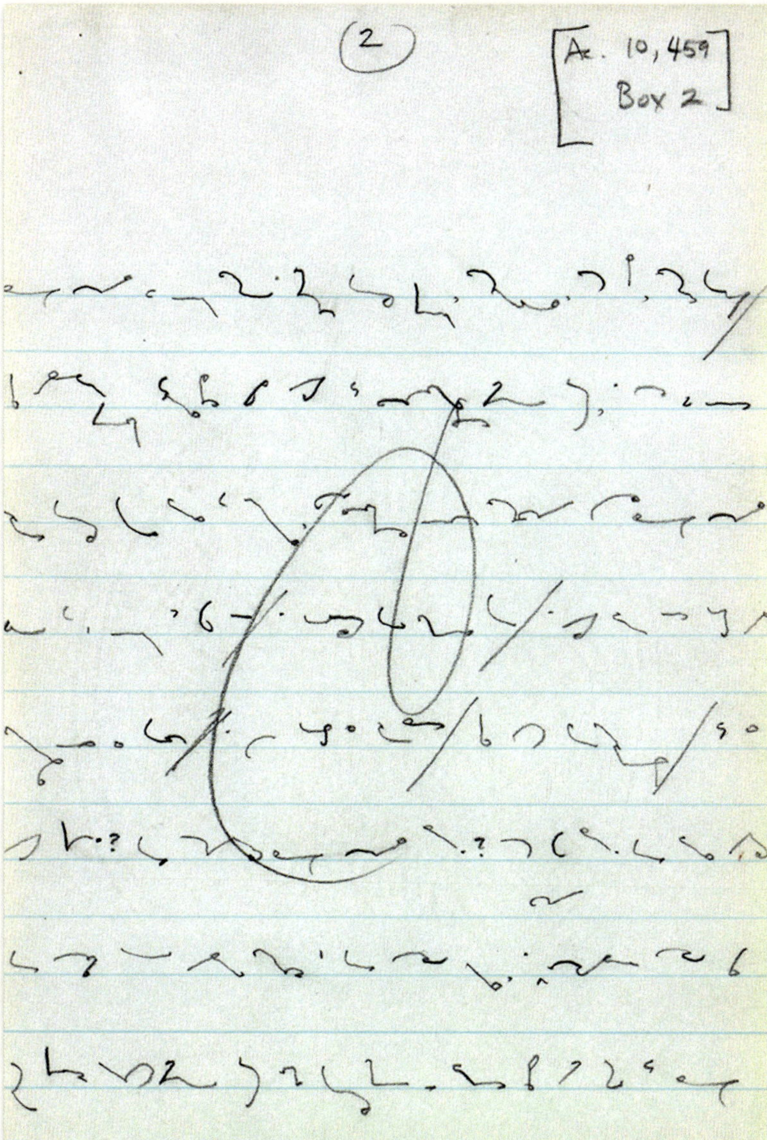

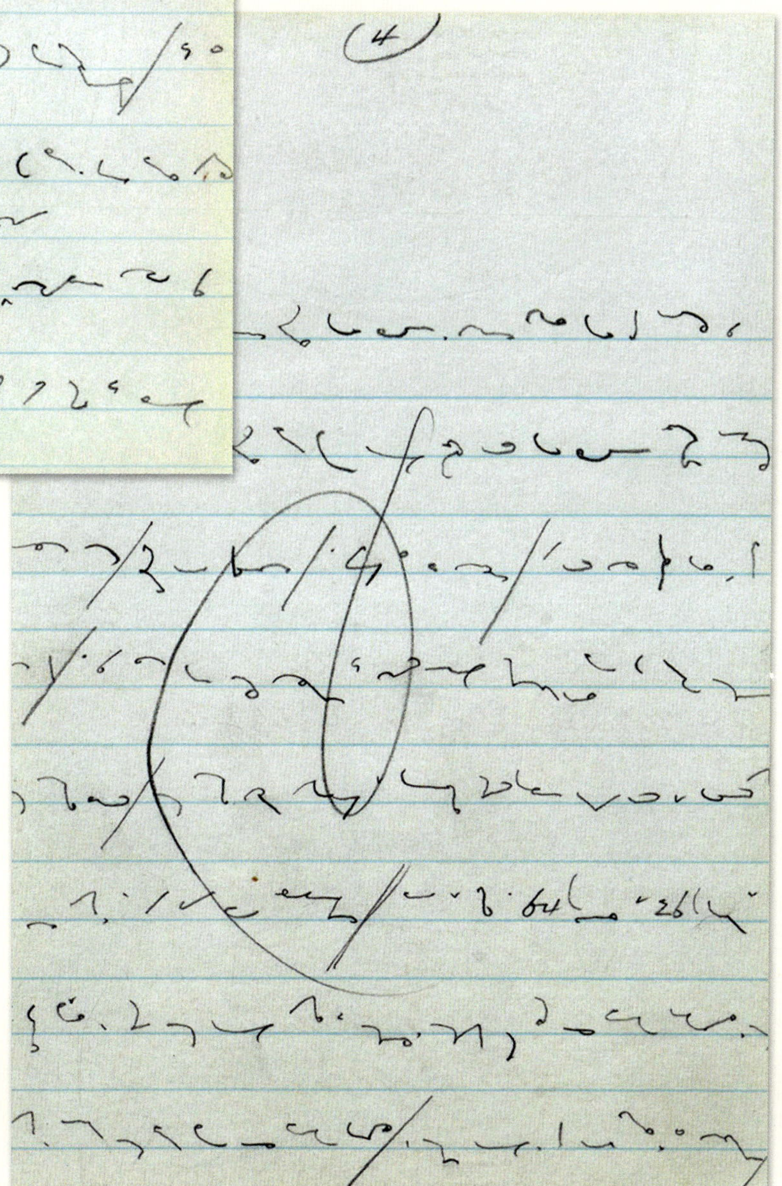

Blick gen deutsche Grenze gerichtet. Er beurteilte die ausgleichende Haltung Deutschland gegenüber als abstoßend frömmelnd. »Man hat das Gefühl, mit Jesus Christus zu sprechen, wenn man Wilson vor sich hat«, sagte er. David Lloyd George, ein weiterer Friedensunterhändler in Versailles, fand Wilson geradeheraus und freundlich, aber auch »taktlos, dickköpfig und eitel«. Trotzdem unterstützten sowohl Lloyd George als auch Clemenceau Wilsons Völkerbundpläne.

Was auch immer die anderen Konferenzteilnehmer von Wilsons Vierzehn Punkten hielten, niemand stellte das Recht der Amerikaner in Frage, am Verhandlungstisch die führende Rolle einzunehmen. Zwar hatten die USA mit 53.000 Toten sehr viel weniger Opfer zu beklagen als Frankreich mit einer Million oder Großbritannien mit 750.000, aber der amerikanische Beitrag zum Sieg und die finanziellen Aufwendungen standen außer Frage. Als Wilson am 13. Dezember 1918, einen Monat nach dem Waffenstillstand, in Europa eintraf, wurde er begeistert willkommen geheißen. Und als er die anderen drei wichtigsten Unterhändler – Lloyd George, Clemenceau und den italienischen Premierminister Vittorio Orlando – zum offiziellen Beginn der Friedensverhandlungen im Januar 1919 in Paris traf, erhielt er als Staatsoberhaupt einen Stuhl, der ein paar Zentimeter höher war als die anderen.

Sobald sie sich in die oft erbitterten Verhandlungen begaben, die fünf Monate dauern sollten, traten die Unterschiede klar hervor. Briten und Amerikaner feilschten über die Länge von Kriegsschiffen und die Verwendung der internierten deut-

GEGENÜBER: Woodrow Wilson legt im Januar 1918 vor dem US-Kongress seinen Plan für einen Frieden mit Deutschland und die Gründung des Völkerbunds dar.

LINKS UND UNTEN: Die originalen Kurzschrift-Notizen Wilsons für seine Rede zum Vierzehn-Punkte-Plan für den Frieden. Er hatte Kurzschrift gelernt, weil er Schwierigkeiten mit der Schreibschrift hatte.

LE ROY
GOUVERNE

schen Hochseeflotte, die vor dem schottischen Scapa Flow festgehalten wurde. Als die deutschen Flottenbesatzungen die meisten ihrer Schiffe eine Woche vor der Unterzeichnung des Friedensvertrags selbst versenkten, entspannte sich die Atmosphäre merklich. Wilson war strikter Gegner der immensen Finanzforderungen Frankreichs und Großbritanniens gegenüber Deutschland. Er war der Ansicht, die französischen Forderungen nach 44 Milliarden britischen Pfund seien zehnmal zu hoch. Wilsons Vierzehn Punkte machten deutlich, dass er eine Verkleinerung Deutschlands ablehnte, aber Clemenceau wollte Frankreich im Rheinland und im saarländischen Kohlerevier halten. Wegen dieser Frage wurde der französische Premierminister einmal so wütend, dass er den Saal verließ. Am Ende fanden Clemenceau und Wilson in den wichtigsten Fragen zu einem Kompromiss. Nur ein Teil des Rheinlandes sollte für fünfzehn Jahre besetzt bleiben, und die Bevölkerung des Saarlandes – überwiegend deutschsprachig – sollte in dieser Frage 1935 abstimmen dürfen. Die Saarländer stimmten dann mit überwältigender Mehrheit für den Verbleib bei Deutschland.

Wilsons weitreichendster Beitrag zu den Friedensbestimmungen, sein Plan zur Gründung des Völkerbunds, wurde von Lloyd George und Clemenceau ohne große Begeisterung akzeptiert, aber in Europa und darüber hinaus weitgehend begrüßt. Ihm sollte kein langes Leben beschieden sein. 1931 versagte der Völkerbund kläglich darin, in der Mandschurei den Frieden zu bewahren, ebenso 1935 in Äthiopien; außerdem erwies er sich als unfähig, den Zweiten Weltkrieg zu verhindern. Er wurde schließlich 1946 aufgelöst und durch die Vereinten Nationen ersetzt.

Ironischerweise weigerten sich die Vereinigten Staaten als eines von wenigen Ländern, dem Völkerbund beizutreten. Trotz des unermüdlichen Werbens von Wilson für seine Vorteile erhielt er im US-Senat keine Mehrheit. Nur drei Monate nach seiner Rückkehr aus Paris erlitt Wilson im Oktober einen schweren Schlaganfall und starb 1924. Wie alle Friedensunterhändler in Versailles hatte Wilson sein Bestes gegeben, und es erscheint wenig gerecht, ihn oder die anderen Unterhändler für die Katastrophe des Zweiten Weltkriegs zwanzig Jahre später verantwortlich zu machen. Wilsons Geist aber lebt weiter, und seine Vierzehn Punkte verdienen einen sicheren Platz in der Geschichte der Friedensverhandlungen.

GEGENÜBER: Der Friedensvertrag von Versailles wurde am 28. Juni 1919 im Spiegelsaal unterzeichnet. Sitzend von links nach rechts: Italiens Premier Vittorio Orlando, US-Präsident Woodrow Wilson, Frankreichs Premier Georges Clemenceau und der britische Premier David Lloyd George.

OBEN: Die vier Chefunterhändler von Paris unterzeichnen den Vertrag: (von links nach rechts) Lloyd George, Orlando, Clemenceau und Wilson.

37

Coco Chanels Zeichnung

Coco Chanel schrieb Modegeschichte und revolutionierte die Kleidungsgewohnheiten der modernen Frau. Ihr Markenzeichen ist das »kleine Schwarze«, ein klassisches Kostüm ohne Kragen und mit praktischer Handtasche zum Umhängen, bei dem es um Einfachheit, Komfort und Eleganz geht. Ihre unbestrittenen Talente, ihr rasanter Aufstieg und ihr außergewöhnliches Liebesleben machten sie zur Ikone des 20. Jahrhunderts.

OBEN: Diese Zeichnung von Chanels »kleinem Schwarzen« erschien im Oktober 1926 in der amerikanischen »Vogue«. Die Herausgeber nannten es das »Ford-Kleid«, weil sie vorhersagten, es werde einen ähnlichen Massenanreiz liefern wie Fords berühmtes Model T.

GEGENÜBER: Chanel im Jahr 1936, als ihr Modeunternehmen 4.000 Mitarbeiter beschäftigte. Zu Beginn des Zweiten Weltkriegs drei Jahre darauf schloss sie ihren Betrieb und sagte: »Dies ist keine Zeit für Mode.«

Ich mache keine Mode, ich bin Mode.« Coco Chanel war so geradeheraus wie talentiert und besaß auch ein Talent zur Übertreibung. Geboren 1883, behauptete sie gleichwohl, zehn Jahre jünger zu sein. Als sie zwölf Jahre alt war, starb ihre Mutter, und ihr verarmter Vater steckte sie und ihre Schwestern ins Waisenhaus. Später verklärte sie diese harten Zeiten als eine idyllische Periode, die sie bei zwei liebevollen Tanten verbrachte. Im Waisenhaus lernte Gabrielle Chanel Nähen, Sticken und Bügeln – Fertigkeiten, die ihr halfen beim Aufstieg zur meistgefeierten Modedesignerin der Geschichte.

Eigentlich wollte Chanel Schauspielerin werden und arbeitete zunächst in Cabarets, wo man ihr den Spitznamen Coco gab. Glücklicherweise konnte sie nicht singen, weshalb sie 1913, nachdem ein reicher britischer Liebhaber, Arthur »Boy« Capel, ihr die Ausstattung eines Geschäfts angeboten hatte, im schicken Seebad Deauville einen Hutladen eröffnete. Bald kamen zu den Hüten Pullover, Kostüme und Kleider aus Jersey, einem maschinell gewebten Stoff, der vor allem für Männerunterwäsche verwendet wurde. Ihre fließenden, praktischen Designs waren eine willkommene Rettung aus den engen Frauenkorsetts und komplizierten

Petticoats, die damals in Mode waren. Chanels Slogan »Luxus muss bequem sein« wurde zum Mantra von Frauen, die gutgeschnittene Kleidung wollten, die sie toll aussehen ließ und ihnen für ihre Tagesgeschäfte die nötige Freiheit gab. Modemagazine horchten auf. »Eine Frau, die nicht wenigstens ein Chanel-Kleid besitzt, ist hoffnungslos aus der Mode«, verkündete »Harper's Bazaar«.

1919 besaß Chanel ein *Maison de Couture* in Paris. Hier entwarf sie ihr berühmtes Tweedkostüm, ihre schicke und bis heute beliebte abgesteppte Handtasche und das von der »Vogue« so benannte »kleine Schwarze«. Nach Ansicht des Modemagazins war »die Kluft, die alle Welt tragen wird« für die Mode dasselbe wie Fords Model T für die Fortbewegung. Coco Chanel hat die weibliche Silhouette wahrhaftig befreit und den modernen Frauen Kleider und Accessoires geschenkt, die sie liebten. Sie war auch die erste Designerin, die ihr eigenes Parfüm in einem auffälligen Flakon vermarktete.

Irgendwie fand Chanel trotz des hektischen Lebens als Geschäftsfrau die Zeit für leidenschaftliche und öffentlich beachtete Liebschaften. Zu ihren Liebhabern gehörten Pablo Picasso, Igor Strawinsky, der russische Großfürst Dmitri Pawlowitsch Romanow und Hugh Grosvenor, Duke of Westminster. Als der Herzog um ihre Hand anhielt, erwiderte sie gravitätisch: »Es hat schon diverse Herzoginnen von Westminster gegeben. Aber es gibt nur eine Chanel.«

Ihre Affäre mit dem deutschen Diplomaten Hans Günther Freiherr von Dincklage während des Zweiten Weltkriegs in Paris jedoch sollte Chanels Ruf und ihr Geschäftsimperium fast zugrunde richten. Der Krieg hatte sie gezwungen, ihre Geschäfte zu schließen, und sie zog ins Hotel Ritz, in dem auch viele hochrangige deutsche Militärs logierten. Französische Spionageakten enthüllen, dass Chanel zusammen mit Dincklage für die Deutschen spionierte. Den Unterlagen zufolge war sie eine »bösartige Antisemitin«, die Hitler pries. Festgehalten ist ihre Teilnahme an der Operation Modellhut, für die sie 1944 den britischen Pre-

GEGENÜBER:
Ein Tageskleid von Chanel aus dem Jahr 1919. Sie sagte einmal, ihr Maßstab bei der Entwurfsarbeit war: »Würde ich das auch selbst tragen? Wenn die Antwort darauf nein lautet, dann mache ich es nicht.«

RECHTS: Chanel mit Winston Churchill und seinem Sohn Randolph, 1928 auf der Jagd. Churchill lernte sie durch den Herzog von Westminster kennen, mit dem sie zehn Jahre lang liiert war.

mierminister Winston Churchill treffen sollte. Sie kannte Churchill aus ihrer Zeit mit dem Herzog von Westminster als ihrem Liebhaber und sollte ihn dazu überreden, in Friedensverhandlungen mit Deutschland einzutreten. Das Treffen kam nie zustande, nach dem Krieg bestritt Chanel, mit den Deutschen kollaboriert zu haben, und verließ rasch Frankreich, um sich in der Schweiz niederzulassen.

1954 kehrte Chanel, nun in den Siebzigern, nach Paris zurück und eröffnete wieder ihr Modehaus, weil sie sich, wie sie Freunden anvertraute, zu Tode langweilte. Die französische Presse bereitete ihr keinen sehr freundlichen Empfang. Wegen ihrer engen Beziehungen zu Deutschland während des Krieges war ihr Ruf noch immer angeschlagen, auch wenn Modejournalisten überall in der Welt sie mit offenen Armen empfingen. Sobald sie ihr Update des klassischen Kostüms mit der wunderbar gefertigten kragenlosen Jacke und dem eleganten Glockenrock sahen, wurde sie mit Lob überschüttet. Coco Chanel war abermals die unangefochtene First Lady of Fashion.

Anfang 1971, mit 87 Jahren, arbeitete Chanel mit Hocheifer an ihrer Frühjahrskollektion. Nach einem Spaziergang mit einer Freundin starb sie am 10. Januar in ihrem Bett im Hotel Ritz. Ihre letzten Worte an eine Angestellte waren: »Siehst du, so ist es, wenn man stirbt.«

Das Leben der Coco Chanel wurde in Theaterstücken, Filmen und Büchern verewigt. In einer Broadway-Produktion des Musicals »Coco« spielte Katherine Hepburn die Titelrolle. Das vielleicht größte Vermächtnis der Frau, die sich gerne als »einfache kleine Modistin« bezeichnete, ist der anhaltende Erfolg ihres Modelabels und anderer Produkte, die ihren Namen tragen.

38

Das Tagebuch der Anne Frank

Man nannte Anne Frank eine Stimme, die für die geschätzt sechs Millionen Juden spricht, die im Holocaust ums Leben kamen. Ihr Tagebuch, geschrieben 1942 bis 1944 im Versteck vor den Nazis, spricht zu uns allen. Als eines der berühmtesten Dokumente des 20. Jahrhunderts wurde es in 70 Sprachen übersetzt und mehr als 30 Millionen Mal verkauft.

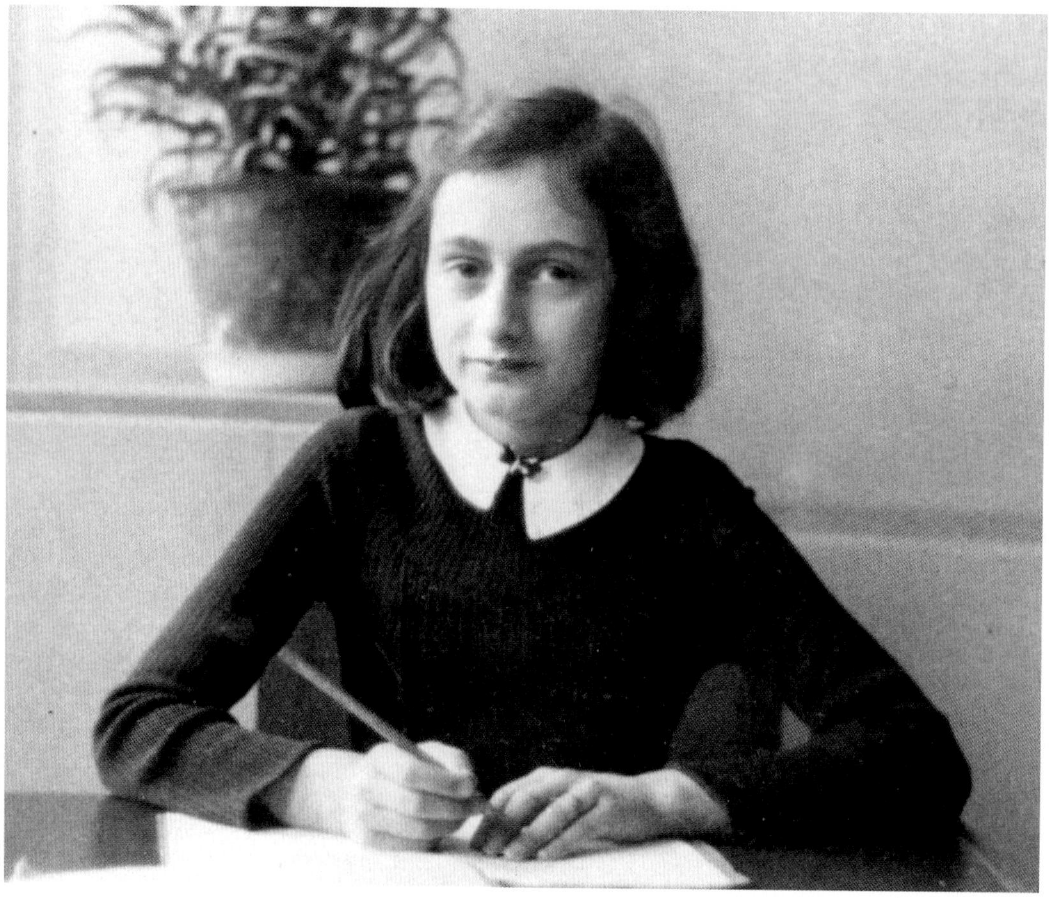

OBEN: Anne Frank 1941, mit zwölf Jahren. Nachdem die Deutschen die Niederlande besetzt hatten, durften Juden keine nicht-jüdischen Schulen mehr besuchen. Sie kam aufs Jüdische Lyceum von Amsterdam.

GEGENÜBER OBEN: Seiten aus Anne Franks Tagebuch aus dem Oktober 1942. Sie fügte Briefe und Fotos bei sowie Nachrichten über jüdische Freunde, »die in Horden weggebracht werden. Die Gestapo behandelt sie sehr brutal und transportiert sie in Viehwaggons ...«

GEGENÜBER UNTEN: Das Anne-Frank-Haus in Amsterdam ist heute ein Museum. Im Hinterhaus versteckte sich die Familie in einem verborgenen Anbau.

Als wir das Anne-Frank-Haus in Amsterdam besuchten, fiel uns als Erstes auf, dass die Einrichtung fehlte. Die Gestapo entfernte sie mit allen anderen Habseligkeiten, nachdem sie Anne und ihre Familie in ihrem Versteck im August 1944 entdeckt hatte. Nur wenige versehrte Überbleibsel ihres Lebens im Verborgenen sind erhalten: eine Tabelle, in der Annes Vater die Größe seiner wachsenden Töchter verzeichnete, Fotografien von Filmstars an den Wänden von Annes Zimmer und ein Spiegel, in dem sich der Nachthimmel spiegelte. In einer Vitrine sorgsam verwahrt ist das Tagebuch, das Anne in der Zeit des Versteckens vor den Nazis führte. Wer ihr Buch gelesen hat, dem kommt das Haus quälend vertraut vor.

Anne bekam das rotweiß eingebundene Tagebuch zu ihrem dreizehnten Geburtstag am 12. Juni 1942. Die ersten Einträge sind voller Schulmädchengeschichten, doch am 8. Juli schreibt sie: »Plötzlich ist die ganze Welt durcheinandergeraten.« Ihre Eltern waren mit Anne und ihrer Schwester Margot untergetaucht, um der Deportation in die Konzentrationslager zu entgehen.

Nachdem Hitler 1933 an die Macht gekommen war, zogen die Franks aus Deutschland nach Amsterdam. Otto Frank baute sich erfolgreich eine geschäftliche Existenz auf, doch als Deutschland 1940 die Niederlande besetzte, wurde er zum Opfer neuer, strikt antisemitischer Gesetze. Damit seine Unternehmen nicht enteignet wurden, überschrieb er sie nichtjüdischen Freunden. Vom 9. Juli 1942 bis zum 4. August 1944 besorgten diese Freunde der Familie Frank Nahrungsmittel und gaben ihnen Zuflucht in einem 46 Quadratmeter großen Versteck über dem Gebäude, in dem Otto sein Geschäft geführt hatte.

Annes Tagebuch liefert uns einen sehr detaillierten Bericht vom beengten Leben in den Zimmern hinter einem Bücherregal, das man drehen konnte. Drei Mitglieder der Familie van Pels zogen zu den Franks in ihr Versteck, gefolgt vom Zahnarzt Fritz Pfeffer, der mit Anne das Zimmer teilte. Er brachte beunruhigende Nachrichten mit von Juden, die in größeren Gruppen verhaftet und in die Todeslager deportiert wurden: »[...] die Geschichten, die er erzählte, waren so schrecklich und beängstigend, dass wir sie gar nicht mehr aus dem Kopf bekommen.« Sie berichtet von den Spannungen durch das Zusammenleben in beengten Verhältnissen. »Das Haus bebt noch immer von den

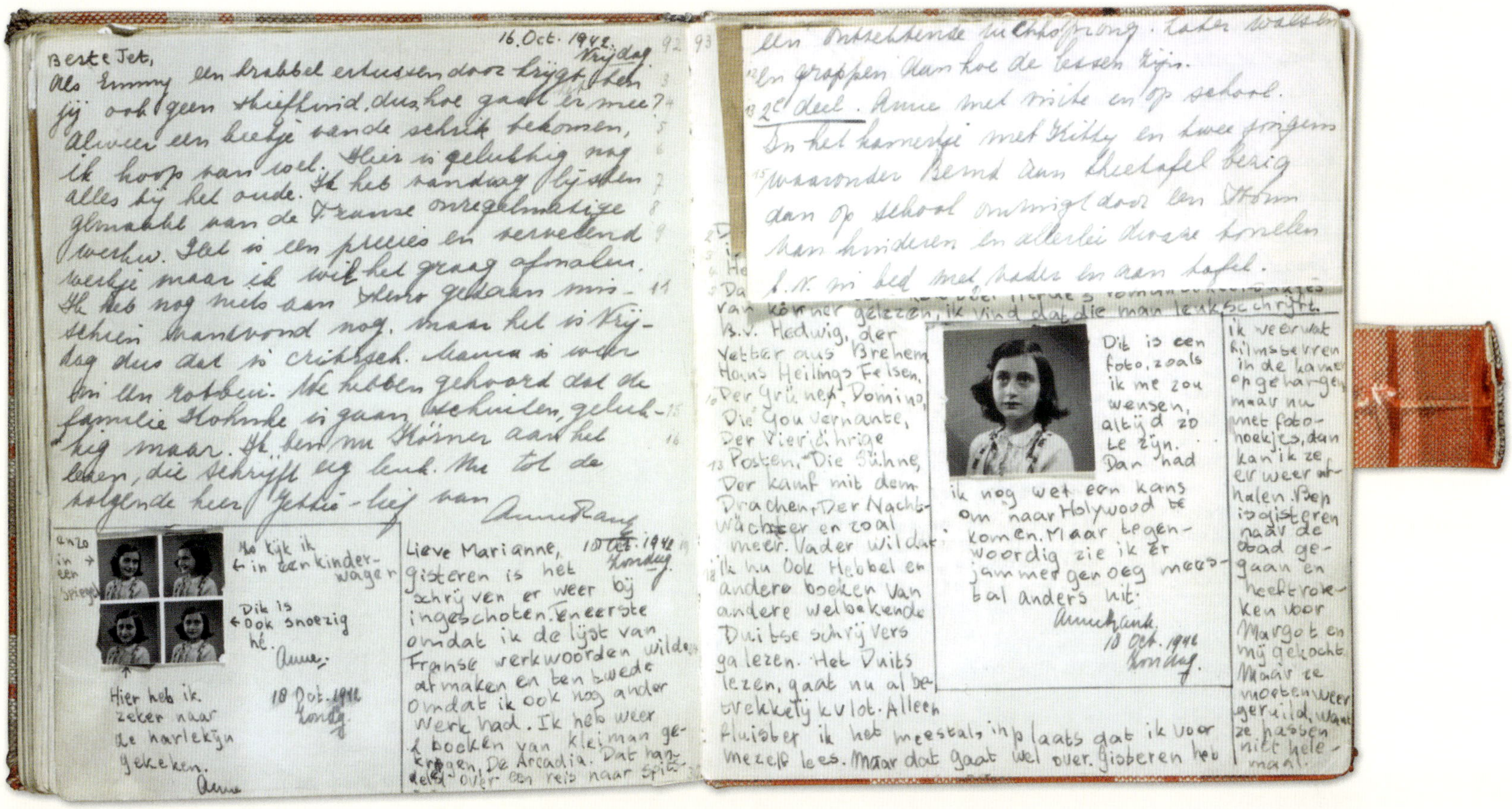

Nachwehen unseres Streits.« Sie beklagt, dass sie die Außenwelt nur »durch staubige Vorhänge vor verschmutzten Fenstern« sehen kann, aber »wenn ich über unser Leben hier nachdenke, komme ich zu dem Schluss, dass wir im Paradies leben, verglichen mit den Juden, die sich nicht versteckt haben«. Am 6. Juni 1944 beschreibt sie die Freude über die Nachricht in der BBC von der alliierten Landung: »Die Invasion hat begonnen. Hier im Anbau ist alles im Aufruhr. Ist das wirklich die lang ersehnte Befreiung? Die Befreiung, über die wir so viel geredet haben. Es erfüllt uns mit neuem Mut und stärkt uns […] Diese schrecklichen Deutschen haben uns so lange geknechtet und bedroht, dass der Gedanke an Freunde und Rettung uns alles bedeutet! […] Vielleicht, hat Margot gesagt, kann ich sogar im September oder Oktober wieder zur Schule gehen.«

Neben dem eindrücklichen Kommentar zum Alltagsleben im Versteck teilt Anne auch ihre Geheimnisse mit. Besonders ergreifend ist ihre wachsende Zuneigung zu Peter van Pels. Am 22. August 1942 beschreibt sie den Teenager als »überempfindlich und faul«. Am 3. März 1943:

»Peter ist ein Schatz«, und am 16. April 1944, nach ihrem ersten Kuss, ist Anne »sprachlos vor Glück«.

Die sich anbahnende Romanze endete ebenso abrupt wie Annes Tagebuch am 4. August 1944. An diesem Tag durchsuchten ein Gestapooffizier und Angehörige der niederländischen Sicherheitspolizei das Hinterhaus, vermutlich aufgrund eines Hinweises. Alle acht Flüchtlinge wurden in ein Amsterdamer Gefängnis gebracht und dann in das Transitlager Westerbork. Am 3. September ging es mit tausend anderen auf einen Transport, der der letzte aus Westerbork ins polnische Auschwitz sein sollte. Annes Mutter starb dort an Unterernährung. Im Oktober 1944 wurden Anne und ihre Schwester nach Bergen-Belsen in Deutschland verlegt. Beide kamen dort zu Tode, nur Wochen bevor britische Soldaten das Lager am 15. April 1945 befreiten.

Als einziges Familienmitglied überlebte Otto Frank den Holocaust. Er kehrte nach dem Krieg nach Amsterdam zurück und erhielt von einer treuen Freundin, die sich um die Familie in ihrem Versteck gekümmert hatte, Annes Tagebuch und ein Bündel Notizen. Die Freundin hatte die Unterlagen auf dem Fußboden verstreut gefunden, nachdem das Hinterhaus durchsucht worden war. Zwei Jahre brauchte Otto, bis er einen Verleger gefunden hatte für das Buch, das einer der größten Bestseller der Geschichte wurde.

Am 5. April 1943 schrieb Anne in ihr Tagebuch: »Wenn ich schreibe, schüttele ich all meine Sorgen ab. Mein Schmerz verschwindet, mein Geist belebt sich [...] werde ich je etwas wirklich Großes schreiben können?« Die Antwort auf diese Frage ist ein eindeutiges Ja.

GEGENÜBER: Annes Passfotos. Bevor sie untertauchten, beantragte ihr Vater Einwanderervisa für die USA. Die Formulare wurden zerstört, als die Deutschen das Gebäude des US-Konsulats in Rotterdam 1940 bombardierten.

OBEN: Familie Frank auf einem Ausflug 1941. Im Jahr darauf versteckten sie sich vor den Nazis.

RECHTS: Hinter diesem Regal verbarg sich die Öffnung zum Geheimversteck. Vertrauenswürdige Mitarbeiter von Otto Frank brachten Essen und Nachrichten von der Außenwelt.

39

Albert Einsteins Brief zum Manhattan-Projekt

Einen Monat vor Beginn des Zweiten Weltkriegs schrieb der weltberühmte Physiker Albert Einstein diesen Brief an US-Präsident Roosevelt und forderte ihn auf, die Entwicklung von Atombomben zu erwägen. Er betonte, dass Deutschland sich über das Potenzial solcher Waffen im Klaren sei. Dieser Brief führte zum Start des Manhattan-Projekts und zum Bau der Waffe, die die japanischen Städte Hiroshima und Nagasaki zerstörte und den Krieg beendete.

OBEN: Der amtliche Stempel des Manhattan-Projekts, umgeben von einem Atompilz.

RECHTS: Die Anlage für das Gasdiffusionsverfahren in Oak Ridge, Tennessee, wo radioaktives Material angereichert wurde – für die erste Atombombe, die über Hiroshima abgeworfen wurde.

GEGENÜBER: Einsteins Brief an Roosevelt, in dem er mitteilt, dass die Nuklearforschung in jüngster Zeit große Fortschritte gemacht habe und »überaus schlagkräftige Bomben neuen Typs daher konstruiert werden könnten«. Im letzten Absatz warnt er, die Deutschen forschten ebenfalls daran.

Nichts hat die Aussichten für den Weltfrieden mehr überschattet als die Bedrohung durch Nuklearwaffen. Einer, der eine wichtige Rolle bei ihrer Entwicklung spielte, war Albert Einstein. Er war nicht Teil des Teams, das in den USA die erste Atombombe entwickelte, aber es war sein warnender Brief an Präsident Roosevelt von der wahrscheinlichen Kraft der Waffe, der zum Start ihrer Entwicklung beitrug.

Das Projekt einer Nuklearwaffe begann im Jahrzehnt nach Einsteins großem Beitrag für die Wissenschaft mit seiner Allgemeinen Relativitätstheorie (siehe Seite 158). 1911 entdeckte Ernest Rutherford, dass ein Atom aus noch kleineren Teilchen besteht. Rutherfords Nachfolger entdeckten, dass jedes Atom aus einem Kern besteht, der Protonen und Neutronen enthält. Je mehr Protonen und Neutronen ein Kern enthält, desto höher ist das Atomgewicht, und als eines der schwersten Elemente von allen erwies sich ein besonders unbeständiges: Uran. Bis 1939 hatten Forscher herausgefunden, dass die Spaltung des Kerns des Uranatoms – was man Kernspaltung nannte – eine Kettenreaktion in Gang setzte, die

Albert Einstein
Old Grove Rd.
Nassau Point
Peconic, Long Island

August 2nd, 1939

F.D. Roosevelt,
President of the United States,
White House
Washington, D.C.

Sir:

Some recent work by E.Fermi and L. Szilard, which has been communicated to me in manuscript, leads me to expect that the element uranium may be turned into a new and important source of energy in the immediate future. Certain aspects of the situation which has arisen seem to call for watchfulness and, if necessary, quick action on the part of the Administration. I believe therefore that it is my duty to bring to your attention the following facts and recommendations:

In the course of the last four months it has been made probable - through the work of Joliot in France as well as Fermi and Szilard in America - that it may become possible to set up a nuclear chain reaction in a large mass of uranium,by which vast amounts of power and large quantities of new radium-like elements would be generated. Now it appears almost certain that this could be achieved in the immediate future.

This new phenomenon would also lead to the construction of bombs, and it is conceivable - though much less certain - that extremely powerful bombs of a new type may thus be constructed. A single bomb of this type, carried by boat and exploded in a port, might very well destroy the whole port together with some of the surrounding territory. However, such bombs might very well prove to be too heavy for transportation by air.

or ores of uranium in moderate
nada and the former Czechoslovakia,
um is Belgian Congo.
think it desirable to have some
Administration and the group
s in America. One possible way
trust with this task a person
rhaps serve in an inofficial
llowing:
nts, keep them informed of the
ommendations for Government action,
em of securing a supply of uran-

rk,which is at present being car-
of University laboratories, by
ed, through his contacts with
contributions for this cause,
and perhaps also by obtaining the co-operation of industrial laboratories which have the necessary equipment.

I understand that Germany has actually stopped the sale of uranium from the Czechoslovakian mines which she has taken over. That she should have taken such early action might perhaps be understood on the ground that the son of the German Under-Secretary of State, von Weizsäcker, is attached to the Kaiser-Wilhelm-Institut in Berlin where some of the American work on uranium is now being repeated.

Yours very truly,
A. Einstein
(Albert Einstein)

GEGENÜBER: Der Atompilz über Hiroshima am 6. August 1945. Die US-Bombe besaß eine Sprengkraft von 15.000 Tonnen TNT.

RECHTS: Professor Oppenheimer, Chef des Geheimlabors in Los Alamos, und der Direktor des Manhattan-Projekts, General Groves, begutachten 1945 die Überreste eines Turms vom ersten Atombombentest.

eine unfassbar hohe Menge Energie freisetzte, genug für eine Bombe mit zigtausendmal höherer Zerstörungskraft als jede bisher gebaute.

Zwei der Wissenschaftler, die an der US-amerikanischen Columbia University intensiv daran forschten, waren der Ungar Leó Szilárd und der Italiener Enrico Fermi. Sie befürchteten, die Wissenschaftler im sich zunehmend aggressiver gebärdenden Nazideutschland könnten ebenfalls in Reichweite dieses Durchbruchs sein, und so beschlossen sie, ihre Bedenken der US-Regierung mitzuteilen. Wer aber eignete sich besser als Albert Einstein, so überlegten sie, einen solchen Brief an den US-Präsidenten zu unterzeichnen? Einstein willigte ein, und Szilárd schrieb für ihn, was er am 2. August 1939 unterzeichnete. Sie entschieden, am wahrscheinlichsten würde Roosevelt den Brief lesen, wenn man das Dokument jemandem aus seiner unmittelbaren Umgebung zukommen ließ, der ihn dem Präsidenten übergab. Einer von Roosevelts Wirtschaftsberatern, Alexander Sachs, war bereit, den Brief zu übergeben. Weil der Krieg ausbrach, musste Sachs zwei Monate warten, bis er Zugang zum Präsidenten erhielt. Am 11. Oktober forderte Roosevelt im Oval Office Sachs auf, ihm den Brief vorzulesen. Der Präsident reagierte umgehend: Er schrieb an Einstein, der Brief habe ihn bewogen, ein Komitee ins Leben zu rufen, »um die Möglichkeiten Ihres Vorschlags bezüglich des Elements Uran sorgfältig zu untersuchen«.

Roosevelts Begeisterung für das Projekt half dem wissenschaftlichen Momentum kräftig nach, und im Sommer 1942 übergab der Präsident die Kontrolle an die US-Armee, die in New York das Manhattan-Projekt ins Leben rief. Das Projekt bekam Schwung durch den Maud-Report, hochgeheime Erkenntnisse, die britische Forscher mit ihren amerikanischen Alliierten teilten. Diese Forschungsergebnisse besagten, dass eine kritische Masse von Uran 235 mit nur zehn Kilo eine gewaltige Explosion verursachen und in eine Bombe gepackt werden könnte, die leicht genug für ein Flugzeug war. Das Wettrennen um die Waffe, die den Krieg entscheiden konnte, war eröffnet. Geld war kein Kriterium, allein die Zeit zählte. Seit dem Winter 1942, als Hitler auf der Höhe seiner Macht stand, investierten die USA zwei Milliarden Dollar ins Manhattan-Projekt. Unter der wissenschaftlichen Leitung von Robert Oppenheimer und der militärischen durch Colonel Leslie Groves errichtete man gigantische Produktionsanlagen in Oak Ridge, Tennessee, und Hanford im Bundesstaat Washington. Los Alamos in New Mexico wurde Schauplatz einer Testanlage.

Im Juli 1945 war zum ersten Mal der Test einer Atombombe erfolgreich. Am 6. und am 9. August wurden zwei Bomben auf Hiroshima und Nagasaki abgeworfen und beendeten den Krieg gegen Japan. Das Ausmaß an Zerstörung und menschlichem Leid veränderte die Sicht auf Krieg. Für den Rest des Jahrhunderts und bis ins 21. Jahrhundert verfolgten weitere Staaten die Entwicklung von Atomwaffen. Und auch wenn die nukleare Bedrohung viel dazu beitrug, Staaten vom Risiko eines großen Krieges abzuhalten, ist die Gefahr, manche Regierung oder Gruppe könnte eine katastrophale Eskalation entfesseln, immer alarmierender geworden.

Vor seinem Tod 1955 sah Einstein die Gefahr der Nuklearwaffen voraus. Er verurteilte ihren Einsatz gegen Japan und bedauerte seinen Brief an Präsident Roosevelt, als er sagte: »Wäre mir klar gewesen, dass die Deutschen die Entwicklung der Atombombe nicht bewerkstelligen würden, hätte ich keinen Finger gerührt.«

40

Karte der alliierten Landung

Der D-Day war der größte Triumph der Westalliierten im Zweiten Weltkrieg. Diese Karte der alliierten Landung erstellte die British Geographical Section des Generalstabs (GSGS). Sie weist die Einheiten aus, die als Erste an den fünf Stränden in der Normandie landen sollten, und zeigt (in Blau) die Transportkorridore übers Wasser, die von Minen befreit wurden, und (in Rot) die Positionen der wichtigsten Kriegsschiffe der Alliierten.

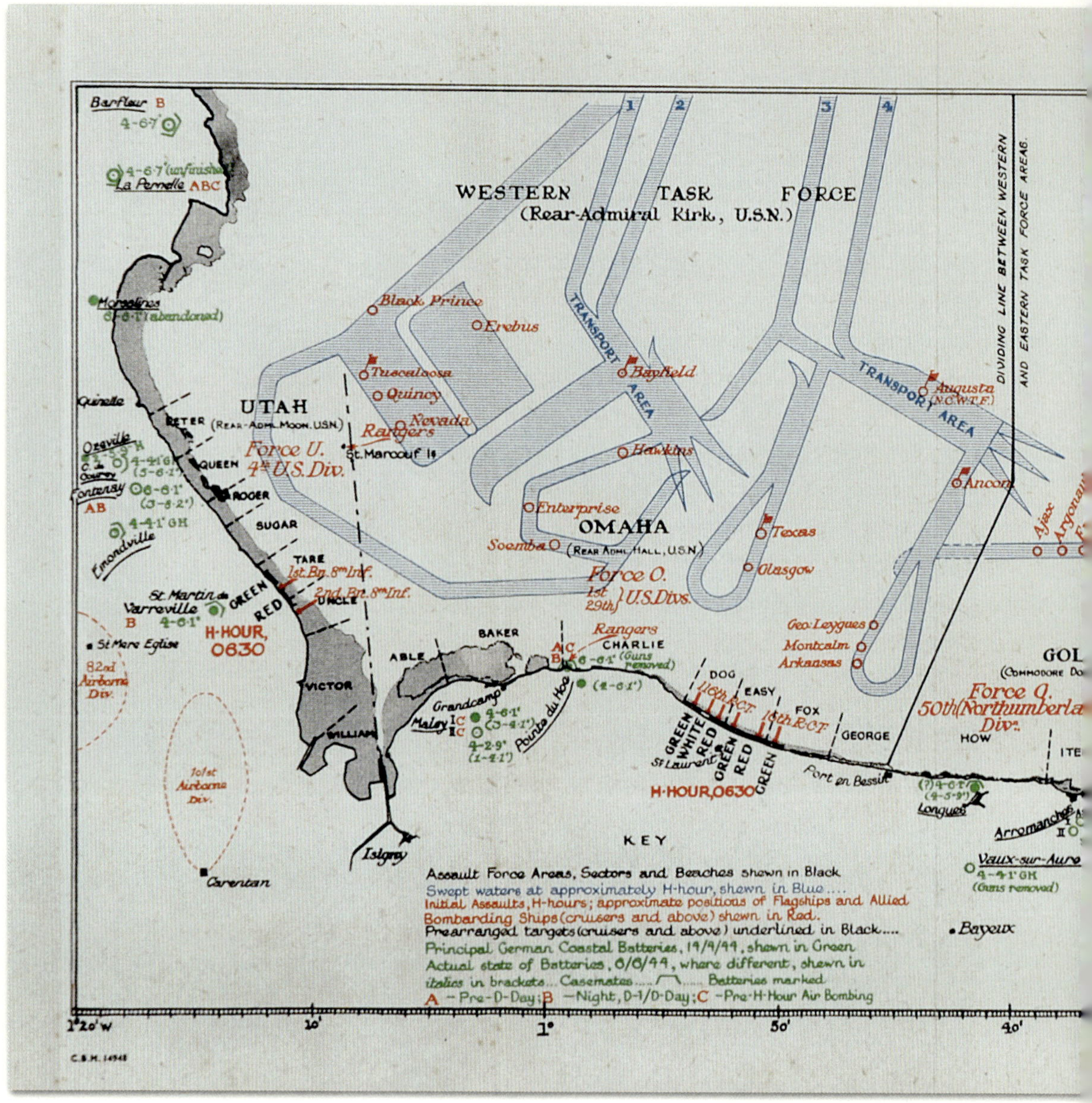

OBEN: Diese Überblickskarte der alliierten Landung erstellte die British Geographical Section des Generalstabs (GSGS). Deutsche Küstenstellungen sind grün markiert. Blau sind Wasserrouten, die von Minen befreit wurden und daher von Landungstruppen genutzt werden konnten. Rot markiert sind die Einheiten, die zur Landung an den jeweiligen Küstenabschnitten vorgesehen waren, von der 4. US-Division in Utah Beach im Westen der Landungszone bis zur 3. Britischen Infanteriedivision am Sword Beach im Osten.

Die großangelegte alliierte Landung am D-Day bedeutete, dass aus der Hoffnung auf einen Sieg über Hitlers Nazideutschland Gewissheit wurde.

Der Plan, die größten Landungskräfte der Kriegsgeschichte nach Frankreich zu bringen, um Hitler von Westen her anzugreifen, war ein riesiges Wagnis. Am 4. Juni 1944 wartete eine unüberschaubare Zahl von rund 150.000 Soldaten, Fahrzeugen und Flugzeugen aller Art an der englischen Südküste auf das Signal, die Invasion über den Ärmelkanal zur Küste des deutsch besetzten Frankreich zu beginnen. Das Wetter war stürmisch, und erst der 6. Juni versprach eine kurze Flaute. Ähnliche Land-See-Operationen hatten bisher große Verluste bedeutet. Churchill befürchtete, 20.000 Männer könnten in den ersten Stunden getötet werden, und seinem Stabschef Feldmarschall Alan Brooke war »bei der ganzen Operation nicht wohl«. Zu den vielen Unbekannten gehörte die Frage, ob die riesige Täuschungsaktion der Alliierten – Operation Fortitude – funktioniert hatte. Mit ihr wollte man die Deutschen glauben lassen, die Invasion stehe im Nordosten Frankreichs rund um Calais bevor und nicht an den Stränden der Normandie viel weiter südwestlich.

General Dwight D. Eisenhower, der oberste Kommandeur der Alliierten, stand vor einer schwierigen Wahl: das vergleichsweise günstige Wetter am 6. Juni ausnutzen oder bis zu zwei Wochen verschieben? Um vier Uhr morgens am 5. Juni traf er eine Entscheidung. Er ließ seine Truppen aus US-amerikanischen, kanadischen

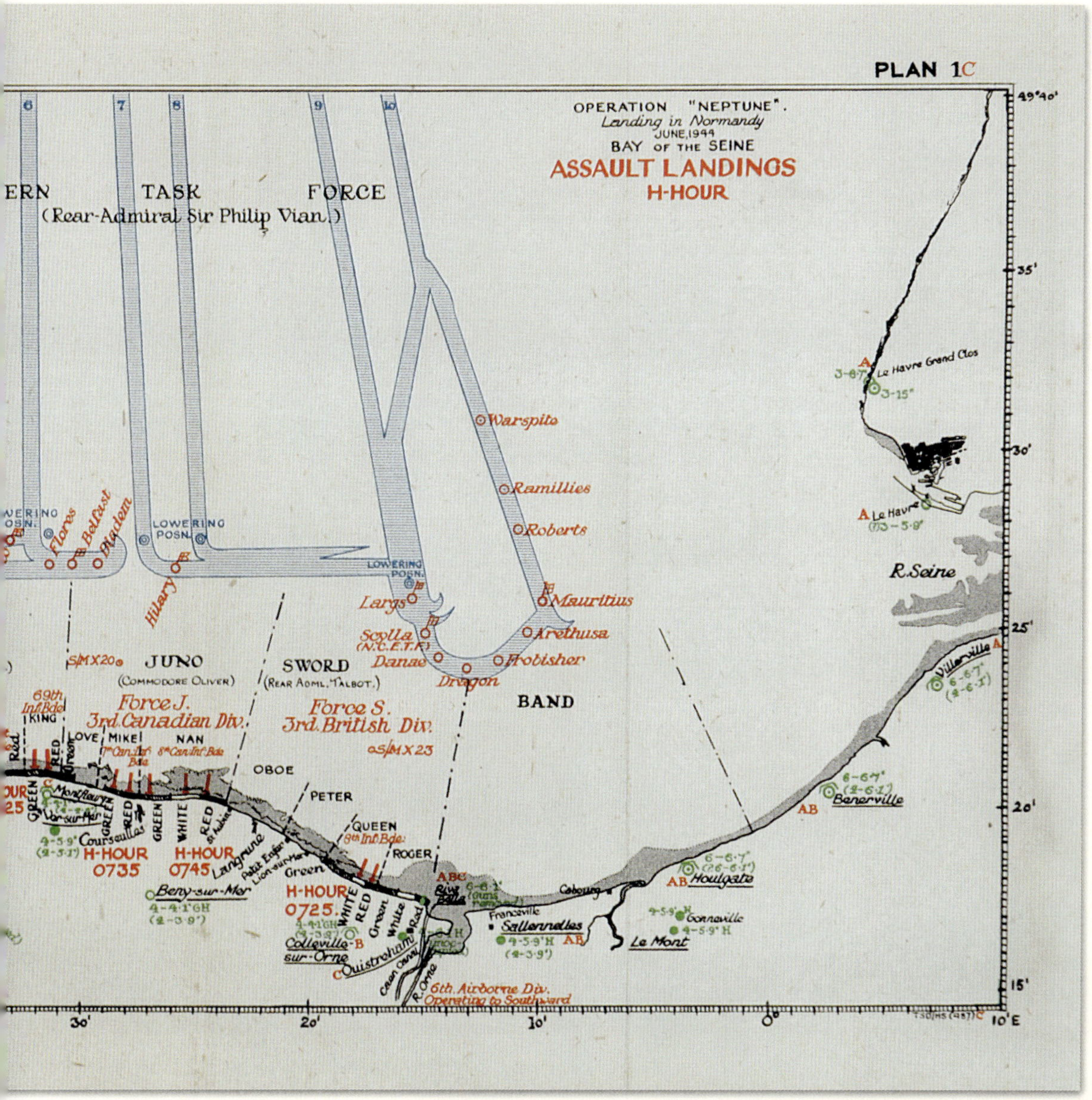

GANZ OBEN RECHTS: Marschall Karl Rudolf Gerd von Rundstedt, der 68-jährige Oberbefehlshaber West der deutschen Wehrmacht.

OBEN RECHTS: Feldmarschall Erwin Rommel, bekannt als Wüstenfuchs in Nordafrika. Als Kommandeur der Heeresgruppe B, die dem alliierten Angriff an der Küste der Normandie nicht viel entgegensetzen konnte, war er weniger erfolgreich.

RECHTS: Air Chief Marshal Tedder der Royal Air Force, General Eisenhower und General Montgomery planen die alliierte Landung von 1944. Montgomery und Tedder überwarfen sich später im Streit um die Fortsetzung des Feldzugs nach dem D-Day.

LINKS: Ein Landungsfahrzeug entlädt Soldaten und Fahrzeuge, während Sperrballons darüber kreisen, um Gegenangriffe der deutschen Luftwaffe zu behindern. Die USA verzeichneten am D-Day 7.000 Opfer, die meisten in den schweren Kämpfen am Omaha Beach.

und britischen Einheiten wissen, es werde am nächsten Tag losgehen. »Wir akzeptieren nichts anderes als den völligen Sieg«, teilte er ihnen mit.

In dieser Nacht wurden Luftlandetruppen mit Fallschirmen und Fluggleitern in der Normandie abgesetzt: die US-Soldaten auf der Halbinsel Cotentin bei Cherbourg im Westen und die Briten bei Ouistreham am östlichen Ende der 80 Kilometer langen Front. Viele liefen wegen der schlechten Sicht in die Irre, doch die Amerikaner konnten den strategisch wichtigen Ort Sainte-Mère-Église einnehmen, während die Briten zwei bedeutsame Brücken über Fluss und Kanal besetzten, die östliche Flanke der alliierten Landungszone. Von beiden Enden der Kampfzone gab es viele Berichte über tapfere Einsätze der Luftlandetruppen.

Am frühen Morgen des 6. Juni war die Flotte aus fast 200 Kriegsschiffen mit Soldaten und Material sowie 4.000 Landungsfahrzeugen auf dem Weg. »Es war fast wie auf dem Piccadilly Circus«, meinte ein Offizier auf der HMS Glasgow. Manchmal war es auch ziemlich chaotisch. Der hohe Seegang ließ viele seekrank werden. Nahe der Küste ertranken mehrere Panzerbesatzungen, weil die eigens entwickelten Stofflafetten im Wasser versagten. Für die Fußsoldaten, die die Rampen hinabrannten, war das Überleben so sehr eine Sache des Glücks wie der Taktik, als sie die exponierten Strände erreichten. An der Westflanke landeten die Amerikaner mit 23.000 Mann erfolgreich in Utah Beach, es gab etwa 200 Tote. Acht Kilometer weiter östlich, am Omaha Beach, sorgten feindliche Geschütze eine Zeitlang für ein unvorstellbares Gemetzel. Dort war die deutsche Verteidigung am effektivsten und tödlichsten, aber am Ende des Tages hatten die US-Soldaten weit entfernt von der Küste einen Brückenkopf errichtet.

Briten und Kanadier landeten in Gold, Juno und Sword Beach, die auf der Karte im Osten verzeichnet sind. Die Briten erlitten 3.000 Opfer, die Kanadier 1.000 durch deutschen Beschuss, der von Ort zu Ort unterschiedlich stark war. Ein kanadischer Kompanieführer beobachtete entsetzt, wie ein kanadischer Panzer feindlichem Beschuss auswich und dabei die eigenen Toten und Verwundeten überfuhr. Er konnte den Panzer nur stoppen, indem er eine Handgranate vor ihn warf.

Der Erfolg oder Misserfolg der Landung hing von der Stärke des Gegenangriffs ab. Die ersten 24 Stunden waren kritisch, doch den Alliierten kamen drei große Fehler der Deutschen zugute. Der Kommandeur der 7. Armee der Wehrmacht an dieser Küste und einer von Hitlers besten Feldmarschällen, Erwin Rommel, feierte zu Hause in Deutschland den Geburtstag seiner Frau. Hitler selbst verschlief den halben Vormittag und wurde von seinen Leuten nicht geweckt, weil sie das Ganze für ein Täuschungsmanöver der Alliierten hielten. Der Großteil der deutschen Truppen befand sich außerdem noch weiter in Richtung Calais, wo sie den Hauptschlag des alliierten Angriffs erwarteten. Selbst als Hitler schließlich geweckt wurde, weigerte er sich, seine Kräfte nach Westen zu verlegen oder irgendeine Streitmacht dafür aufzuwenden, den Vormarsch der Alliierten zurückzuschlagen. Zwar wagten die Panzer der 21. Panzerdivision einen Gegenangriff, aber das war zu wenig und zu spät.

Das Ziel für den ersten Tag der Offensive erwies sich als zu ehrgeizig. Nur wenig davon wurde erreicht. Die Alliierten brauchten noch bis Juli, um die Stadt Caen zehn Kilometer landeinwärts zu erreichen. Doch die Brückenköpfe, die am 6. Juni gesichert werden konnten, waren ein eindrucksvoller Auftakt für das, was sich als unaufhaltbarer Vorstoß durch das besetzte Frankreich erweisen sollte, bis am 25. August Paris befreit werden konnte. Den Rhein erreichten die Alliierten im Februar 1945. Mut, Entschlossenheit und gute Planung des D-Day machten die alliierte Landung zur wichtigsten Einzelaktion der Westalliierten auf ihrem Weg zum Sieg. Zusammen mit den Erfolgen der Sowjets in Osteuropa führte sie zu Hitlers Niederlage im Mai 1945.

41

Das Balkan-Abkommen zwischen Churchill und Stalin

Als sich im Oktober 1944 der Zweite Weltkrieg seinem Ende zuneigte, ließ der britische Premierminister Winston Churchill dem Sowjetführer Josef Stalin bei einem Treffen in Moskau dieses Stück Papier zukommen. Stalin warf einen Blick darauf und erteilte mit einem großen Haken auf der Notiz in der Ecke oben rechts seine Zustimmung. Das war eine diplomatische Entscheidung, so brüsk und schockierend wie so manche der Weltgeschichte. Während Nazideutschland sich auf dem Rückzug befand, teilten die beiden Männer einen großen Teil Osteuropas unter sich auf.

RECHTS: Die rasch gekritzelte Notiz schlägt eine grobe prozentuale Aufteilung der Nachkriegskontrolle über den Balkan vor, die Churchill Stalin in Moskau zukommen ließ. Der britische Premier bezeichnete es später als sein »schlimmes Schriftstück«.

GEGENÜBER: Winston Churchill, Josef Stalin und der britische Außenminister Anthony Eden bei ihrem Treffen im Oktober 1944 in Moskau.

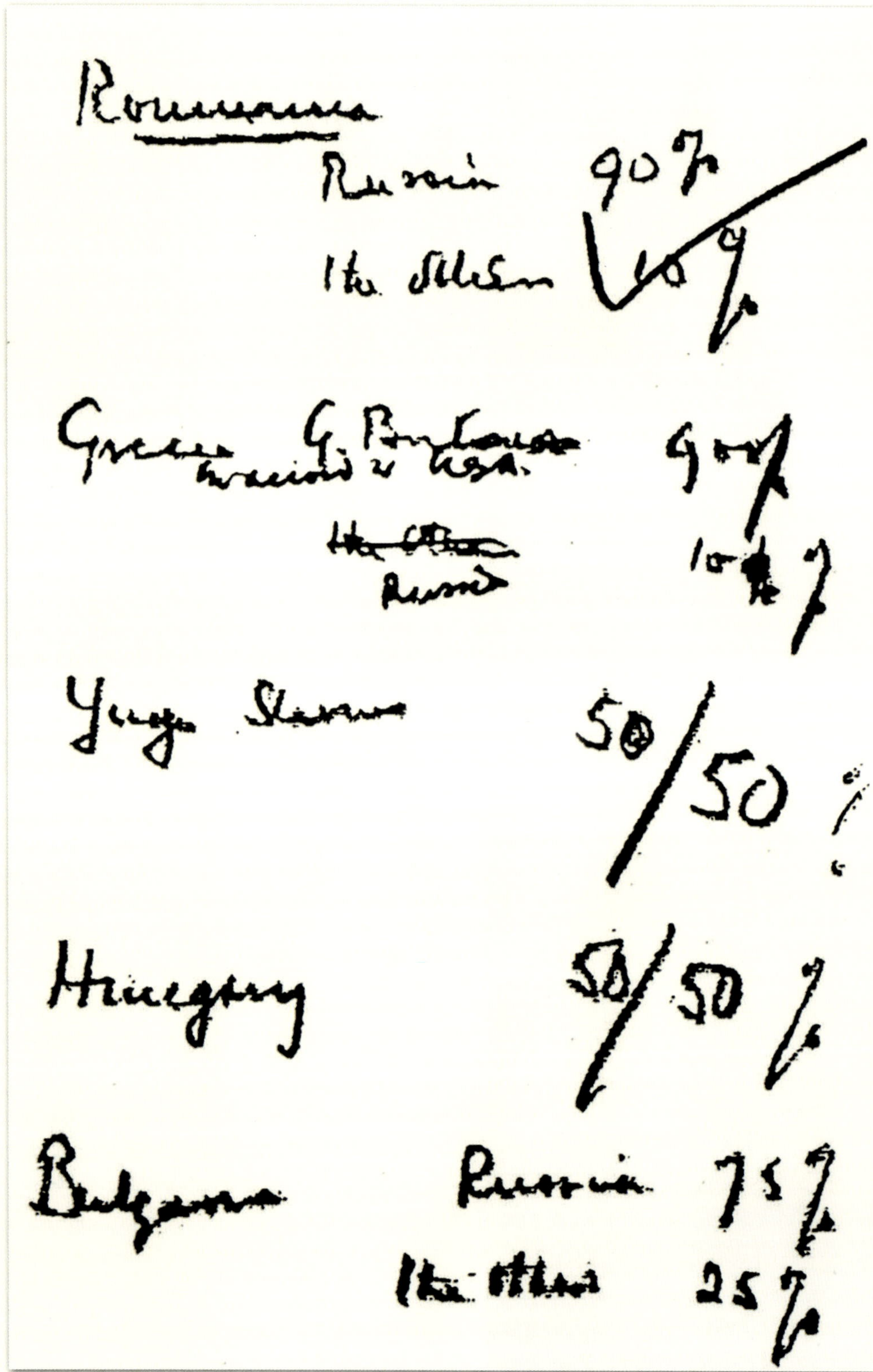
Roumania
Russia 90%
The others 10%
Greece G. Britain (in accord with U.S.A.) 90%
Russia 10%
Yugoslavia 50/50%
Hungary 50/50%
Bulgaria Russia 75%
The others 25%

Im Herbst 1944, nur vier Monate nach dem Beginn der Befreiung Frankreichs durch die Westalliierten, trafen sich Churchill und Stalin. Im Osten steckten die Sowjets bereits im dritten Jahr ihres kostspieligen Feldzugs, um Hitlers Armee zurück nach Berlin zu drängen. Stalins Truppen hatten im August Rumänien besetzt, im September Bulgarien und standen vor der Invasion in Ungarn. Niemand bezweifelte mehr, dass Hitler besiegt werden würde: Alle Augen richteten sich auf die Zukunft eines befreiten Europa.

Churchill wusste, dass er und seine amerikanischen Verbündeten in keiner sehr starken Position waren, um entscheidenden Einfluss in Ländern zu verlangen, die die Sowjets bereits besetzt hielten. Aber ihm war es wichtig, die britische Mitsprache über die Zukunft Griechenlands zu erreichen, das mit seiner Armee gegen Hitler gekämpft hatte und vor der kommunistischen Übernahme bewahrt werden sollte. Auch zur ungarischen Regierung des windigen Miklós Horthy und dem jugoslawischen Partisanenführer Josip Tito hatte es Kontakte gegeben, um auf den Nachkriegskurs dieser Länder Einfluss zu nehmen. Das stand auf Churchills Prioritätenliste ganz oben, als er am 9. Oktober mit Stalin im Kreml zusammenkam. In seinen Memoiren schrieb Churchill, dass er (zweifellos nach ein oder zwei Gläsern Whisky) Stalin vorschlug: »Lassen Sie uns die Dinge auf dem Balkan regeln [...] Was hielten Sie von 90 Prozent Vorherrschaft in Rumänien, für uns 90 Prozent Einfluss in Griechenland und 50 zu 50 über Jugoslawien?« Über den Tisch schob er Stalin zu, was er später als sein »schlimmes Schriftstück« bezeichnete. Es nannte den prozentualen Einfluss, den er für die jeweilige Seite in den fünf Balkanstaaten vorsah. Es sah außerdem halbehalbe für Ungarn vor sowie 75 zu 25 Prozent für die Sowjets in Bulgarien. Nachdem Stalin seinen Haken auf den Zettel gemacht hatte, erinnerte sich Churchill, entstand eine lange Pause. »Schließlich sagte ich: ›Wird es nicht reichlich zynisch erscheinen, wenn der Eindruck entsteht, wir hätten über diese Angelegenheit, über das Schicksal von Millionen Menschen wie nebenbei entschieden? Lassen Sie uns den Zettel verbrennen.‹ – ›Nein, behalten Sie ihn‹, antwortete Stalin.«

Churchill war über seinen dreisten Deal mit Stalin so beschämt, dass er US-Präsident Roosevelt nur bruchstückhaft davon berichtete. Er versicherte dem Präsidenten, »nichts wird beschlossen als vorläufige Übereinkünfte zwischen Großbritannien und Russland, über die weiter verhandelt wird«. Dem britischen Premierminister waren zwei neue geopolitische Gegebenheiten durchaus bewusst: Die Sowjets waren auf dem Weg, in Osteuropa kommunistische Regime zu errichten, und Großbritannien musste als Weltmacht hinter die Vereinigten Staaten zurücktreten. Am erfolgversprechendsten für ihn war eine Vereinbarung bezüglich Griechenlands.

Churchill und sein Außenminister Anthony Eden verbrachten noch anderthalb Wochen in Moskau, und am Ende kassierten Stalin und sein Außenminister Wjatscheslaw Molotow mehr als nur die Prozentanteile, die Churchill vorgeschlagen hatte. Sie verschoben das Gleichgewicht noch mehr zu ihren Gunsten. Aus dem Verhältnis 50/50 und 75/25 für Ungarn beziehungsweise Bulgarien wurde in beiden Fällen ein 80 zu 20 Prozent zugunsten des sowjetischen Einflusses. Die Briten konnten wenig mehr tun, als die sowjetische Vorherrschaft in diesen Ländern zu akzeptieren, auch wenn Churchill die britische Offerte von 90 zu 10 Prozent für Griechenland behaupten konnte. Bemerkenswerterweise hielt sich Stalin an die Abmachung. Ob in Anerkennung der Abmachung oder aufgrund anderer Faktoren, er lieferte seither keine Unterstützung für kommunistische Revolutionäre in Griechenland oder für ihre Genossen in Nachbarländern wie Jugoslawien.

Churchill konnte sich zugutehalten, wenigstens einen gewissen Erfolg zu verbuchen im Eindämmen Stalins auf dem Balkan, aber weder er noch Roosevelt konnten den sowjetischen Plänen für Polen etwas entgegensetzen, den größten der osteuropäischen Staaten, die Stalins Armeen befreiten. Bei den Gesprächen in Moskau überredete Churchill Stalin zu einem Treffen mit dem Kopf der polnischen Exilregierung, Stanisław Mikołajczyk. Das erwies sich als Fehler. Stalin bestand darauf, dass jede polnische Nachkriegsregierung akzeptieren musste, auf einen Großteil ihrer östlichen Gebiete zugunsten der Sowjetunion zu verzichten. Mikołajczyk lehnte ab. Stalin machte keinen weiteren Versuch, ihm entgegenzukommen. Er war bereits in Kontakt zu einer Gruppe polnischer Kommunisten, dem Lubliner Komitee, das der Kreml zur neuen Regierung in Polen bestimmte. Da die russischen Streitkräfte durch Polen in Richtung Berlin zogen, konnten weder Roosevelt noch Churchill viel tun, um einen Kompromiss zu erreichen.

Das Ergebnis des Zweiten Weltkriegs und der folgenden Friedenskonferenz war die völlige sowjetische Oberherrschaft über Osteuropa – 100 Prozent und nicht weniger. Churchill selbst merkte 1946 an: »Von Stettin an der Ostsee bis Triest an der Adria ist über diesen Kontinent ein eiserner Vorhang niedergegangen.« Und der Zettel mit gekritzelten Prozentangaben, heute im Besitz des britischen Nationalarchivs, hat sich einen besonderen Platz in den Geschichtsbüchern verdient.

UNTEN: Sowjetische Panzer auf dem Vormarsch durch Polen in den letzten Monaten des Zweiten Weltkriegs. Mehr als viereinhalb Jahrzehnte dauerte die sowjetische Oberherrschaft über Osteuropa. Es gab nicht viel, was die Westalliierten dagegen unternehmen konnten oder wollten.

42

Die Charta der Vereinten Nationen

Die Charta der Vereinten Nationen macht die ehrgeizigsten Versprechen der Weltgeschichte. Verfasst zur Sicherung von Frieden und Stabilität in einer Welt, die von zwei Weltkriegen verwüstet war, verspricht dieses Dokument außerdem, Menschenrechte, politische und soziale Rechte zu fördern. US-Präsident Harry S. Truman nannte es eine »solide Struktur, mit der wir eine bessere Welt bauen können«.

OBEN: US-Außenminister Edward Stettinius spricht vor dem Treffen des »Steering-Komitees« auf der Konferenz in San Francisco. Am Tisch sitzen die Vorsitzenden der Delegationen, die an der Konferenz teilnehmen.

GEGENÜBER: Die Präambel der Charta der Vereinten Nationen. Es bedurfte 400 Komiteesitzungen in zwei Monaten mit Vertretern von 50 Nationen, um die Charta zu vereinbaren.

Kraftvoll fassen die ersten Worte der Charta der Vereinten Nationen ihre noblen Absichten zusammen: »[...] künftige Geschlechter vor der Geißel des Krieges zu bewahren, die zweimal zu unseren Lebzeiten unsagbares Leid über die Menschheit gebracht hat, unseren Glauben an die Grundrechte des Menschen, an Würde und Wert der menschlichen Persönlichkeit, an die Gleichberechtigung von Mann und Frau sowie von allen Nationen, ob groß oder klein [...]«

Schon während des Zweiten Weltkriegs gab es Pläne für eine effektive Organisation, um Frieden und Stabilität in der Welt zu bewahren. Sie sollte den Völkerbund ersetzen, der seinen Auftrag zum Erhalt des Friedens nach dem Ersten Weltkrieg nicht erfüllt hatte. 1941 unterzeichneten US-Präsident Franklin D. Roosevelt und der britische Premierminister Winston Churchill die Atlantik-Charta, in der sie eine neue internationale Organisation vorschlugen. Sie wurde 1942 von den Vereinten Nationen bestätigt, wie die 26 Alliierten genannt wurden, die gegen Deutschland, Italien und Japan kämpften. Bedeutend für die Struktur der neuen Organisation waren die Vereinigten Staaten, Großbritannien und die Sowjetunion unter Beteiligung der Republik China. Im August 1944 trafen sich Abgesandte dieser vier Länder auf dem Landsitz Dumbarton Oaks in Washington, D.C., und erarbeiteten einen Entwurf. Sie einigten sich auf zwei maßgebliche Entscheidungsgremien: eine Generalversammlung aller Mitgliedsländer, die keine gesetzgebende Gewalt haben sollte, und den Sicherheitsrat, dessen Resolutionen für alle UN-Mitglieder verbindlich sein sollten. Zwar gab es Unstimmigkeiten bezüglich Aspekten wie Mitgliedschaft und Wahlregeln, aber die wurden auf der Konferenz von Jalta im Februar 1945 ausgeräumt.

Als zwei Monate später der Krieg im Pazifik noch im Gang war, trafen sich die Delegierten aus 50 Staaten zur Konferenz von San Francisco, um die Details der UN-Charta auszuarbeiten. Sie bestätigten die bereits ausverhandelten Rahmenbedingungen, doch es gab erhitzte Debatten über Befugnisse und Zusammensetzung des Sicherheitsrats, dem wichtigsten Organ zur Friedenssicherung. Kapitel 6 der Charta erlaubt dem Sicherheitsrat, internationale Streitigkeiten »durch Verhandlung, Untersuchung, Vermittlung, Vergleich, Schiedsspruch [oder] gerichtliche Entscheidung [...]« beizulegen. Wenn das nicht gelingt, erlaubt Kapitel 7, auf militärische Mittel wie »Blockaden und sonstige Einsätze der Luft-, See- oder Landstreitkräfte von Mitgliedern der Vereinten Nationen« zurückzugreifen.

CHARTER OF THE UNITED NATIONS

WE THE PEOPLES OF THE UNITED NATIONS
DETERMINED

to save succeeding generations from the scourge of war, which twice in our lifetime has brought untold sorrow to mankind, and

to reaffirm faith in fundamental human rights, in the dignity and worth of the human person, in the equal rights of men and women and of nations large and small, and

to establish conditions under which justice and respect for the obligations arising from treaties and other sources of international law can be maintained, and

to promote social progress and better standards of life in larger freedom,

AND FOR THESE ENDS

to practice tolerance and live together in peace with one another as good neighbors, and

to unite our strength to maintain international peace and security, and

to ensure, by the acceptance of principles and the institution of methods, that armed force shall not be used, save in the common interest, and

to employ international machinery for the promotion of the economic and social advancement of all peoples,

HAVE RESOLVED TO COMBINE OUR EFFORTS
TO ACCOMPLISH THESE AIMS.

Accordingly, our respective Governments, through representatives assembled in the city of San Francisco, who have exhibited their full powers found to be in good and due form, have agreed to the present Charter of the United Nations and do hereby establish an international organization to be known as the United Nations.

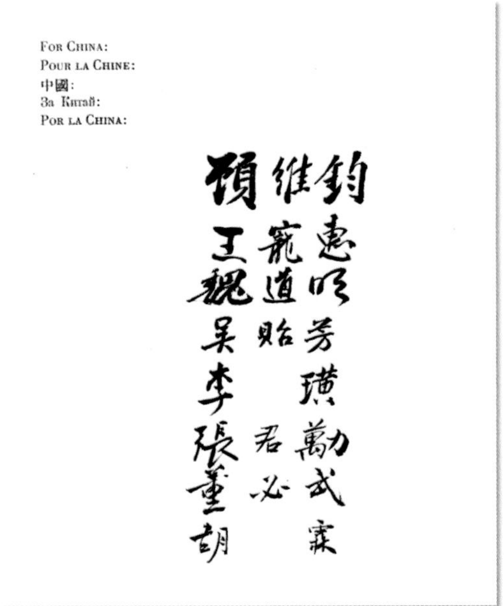

For China:
Pour la Chine:
中國:
За Китай:
Por la China:

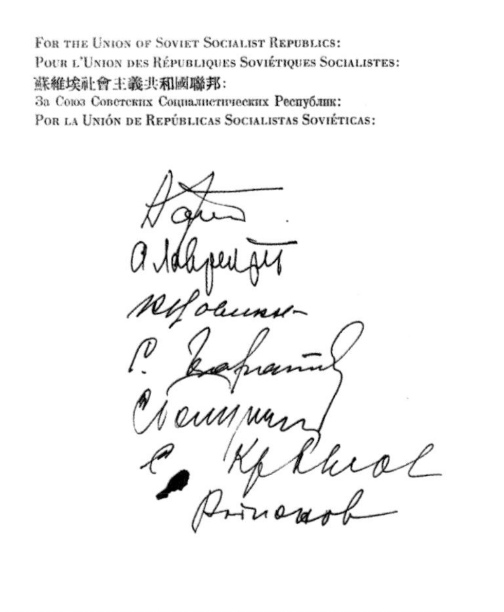

For the Union of Soviet Socialist Republics:
Pour l'Union des Républiques Soviétiques Socialistes:
蘇維埃社會主義共和國聯邦:
За Союз Советских Социалистических Республик:
Por la Unión de Repúblicas Socialistas Soviéticas:

GEGENÜBER: Präsident Harry Truman spricht am 26. Juni 1945 bei der Abschlusssitzung der Konferenz von San Francisco.

OBEN: Die Unterschriften der chinesischen und der sowjetischen Delegierten auf der UN-Charta. China erhielt das Privileg der ersten Unterschrift, weil es das erste Opfer eines Angriffs der Achsenmächte war: durch Japan.

Der Sicherheitsrat sollte fünf ständige Mitglieder haben – die Vereinigten Staaten, Großbritannien, Frankreich, die Sowjetunion (seit 1991 Russland) sowie die Republik China (seit 1971 die Volksrepublik China) – und sechs nichtständige Mitglieder (später auf zehn erhöht). Die fünf ständigen Mitglieder konnten gegen jede Resolution ein Veto einlegen, was kleinere Länder beunruhigte. Sie befürchteten, falls ein Mitglied der »Großen Fünf« ein anderes Land bedrohe, könnte es sein Vetorecht im Sicherheitsrat dafür benutzen, Gegenmaßnahmen der Vereinten Nationen zu verhindern. Trotzdem wurde eine Einschränkung des Vetorechts schließlich verworfen.

Die Delegierten vereinbarten weitere Gremien, darunter den Wirtschafts- und Sozialrat, der internationale Maßnahmen in sozialen und wirtschaftlichen Belangen leiten sollte, sowie den Internationalen Gerichtshof, der rechtliche Konflikte zwischen Staaten regeln sollte.

Am 25. Juni wurde der abschließende Entwurf im Opernhaus von San Francisco zur Wahl gestellt. Üblicherweise werden solche Entscheidungen per Handzeichen getroffen, diesmal aber wurden die Delegierten aufgefordert aufzustehen, wenn sie dem Entwurf zustimmten. Ausnahmslos alle Delegierten standen auf, zusammen mit ihren Mitarbeitern, Pressevertretern und 3.000 Besuchern. Als die Charta einstimmig verabschiedet wurde, gab es lautstarken Jubel.

Obwohl sie mit so großer Hoffnung geboren wurden, stehen die Vereinten Nationen unter strengster Beobachtung. Besonders in der Kritik steht das Vetorecht im Sicherheitsrat, weil es Maßnahmen verhindert. So legte beispielsweise Russland während des syrischen Bürgerkriegs immer wieder sein Veto ein, um Sanktionen gegen Syrien zu verhindern. Die Vereinigten Staaten wiederum nutzten ihr Veto wiederholt im Fall von Sanktionen gegen Israel. Auch der Untätigkeit wurde der Sicherheitsrat beschuldigt – so zum Beispiel, als er 1994 nichts gegen den Völkermord in Ruanda unternahm, oder neun Jahre später in Darfur.

Positiv schlägt zu Buche, dass der Sicherheitsrat 1950 erfolgreich Resolutionen verabschiedete, die die Invasion Nordkoreas in Südkorea verurteilten, was das Eingreifen von UN-Truppen im Koreakrieg ermöglichte. Auch die Invasion Saddam Husseins in Kuwait 1990 verurteilte er und ermöglichte auch hier ein internationales Eingreifen. Ebenso gibt es eine lange Liste von Erfolgen der Vereinten Nationen auf anderen Gebieten. Dazu gehören friedenssichernde Maßnahmen, Resolutionen für ehemalige Konfliktgebiete und ihren Wiederaufbau, die Verfolgung von Kriegsverbrechern, der Schutz der Menschenrechte, die Hilfe für Frauen und Kinder, Flüchtlings- und Katastrophenhilfe, Kampf gegen den Hunger sowie die Suche nach Maßnahmen gegen die Erderwärmung.

Die Gefahr, in einem bewaffneten Konflikt zu Tode zu kommen, ist heute geringer als zu jeder anderen Zeit in der Geschichte. Die Furcht vor einem Atomkrieg mit folgender gegenseitiger Vernichtung spielt dabei sicher auch eine Rolle, aber die Vereinten Nationen trugen ebenfalls dazu bei. Die Schrecken der Kriege in Vietnam, Syrien oder anderswo diskreditierten das Versprechen der Charta, »künftige Geschlechter vor der Geißel des Krieges zu bewahren«, aber wir bezweifeln nicht, dass die UN und ihre Institutionen die Welt zu einem sichereren und besseren Ort machen.

43

Die Struktur der DNA

Dieser letzte Entwurf des amerikanischen Molekularbiologen James Watson und des britischen Physikers Francis Crick für ihren Artikel über die Struktur der DNA aus dem Jahr 1953 ist eine der bahnbrechenden wissenschaftlichen Arbeiten des 20. Jahrhunderts. Dieses Dokument entschlüsselte den genetischen Code, der die Eigenschaften jedes lebenden Organismus enthält. Die wegweisende Entdeckung vom Bauplan des Lebens veränderte die biologische Forschung und ermöglichte große Fortschritte wie den genetischen Fingerabdruck, die Vermessung des menschlichen Genoms und die Biotechnologie.

OBEN: James Watson (links) und Francis Crick mit ihrem Modell eines DNA-Moleküls.

GEGENÜBER: Der letzte Entwurf des Artikels von Watson und Crick über die Struktur der Desoxyribonukleinsäure, der am 25. April 1953 im Wissenschaftsjournal »Nature« erschien.

Als am 28. Februar 1953 die Gäste des Eagle Pub im englischen Cambridge sich zum Lunch niederließen, stürmten zwei Männer herein und riefen, sie hätten »das Geheimnis des Lebens« gefunden. So erinnert sich James Watson daran, wie er und Francis Crick die Nachricht verbreiteten, dass sie endlich die flüchtige Struktur der DNA geknackt hatten. Achtzehn Monate lang hatten sie sich an einem Modell dieses wichtigsten Moleküls des Lebens versucht, und nun waren sie so weit! Der nur einseitige Artikel mit ihren Erkenntnissen erschien zwei Monate später im Magazin »Nature«, begleitet von der eleganten Zeichnung eines DNA-Moleküls, die von Cricks Künstlergattin Odile stammte. Die Reihenfolge, in der die Namen der beiden Männer auf dem Dokument erschienen, ging auf den Wurf einer Münze zurück.

Andere Wissenschaftler hatten bereits wertvolle Vorarbeit zur Erforschung von Existenz und Zusammensetzung der Desoxyribonukleinsäure (DNA) geleistet, aber es bedurfte der Intuition und der Entschlossenheit von Watson und Crick, diese Erkenntnisse zu einer kohärenten Theorie zusammenzubringen. Als Erster entdeckte der Schweizer Mediziner Friedrich Miescher 1869 in Eiterzellen die Substanz DNA. In den 1940er Jahren konnte die DNA als »transformierendes Prinzip« identifiziert werden, mit dem neue Eigenschaften auf Bakterien (durch Transformation) übertragen werden konnten, wenn Zellen sie aneinander weitergaben. Wissenschaftler vermuteten, dass die DNA Informationen für Wachstum und Entwicklung der meisten Zellen eines lebenden Organismus enthielt. Unklar blieb jedoch, wie sie Informationen über Eigenschaften wie Augenfarbe oder Blutgruppe von einer Generation auf die nächste weitergab. Watson und Crick machten sich an die Lösung des Geheimnisses, indem sie herausfanden, wie die DNA beschaffen war und wie genau sie Information verschlüsselte.

Zwei zeitgenössische Entdeckungen waren unabdingbar für ihre Forschung. Große Bedeutung hatten für Watson und Crick die wegweisenden Arbeiten des US-Chemikers Linus Pauling zur Struktur von Proteinen. Aber der vielleicht glücklichste Zufall war das Röntgenbild eines DNA-Strangs, das vermuten ließ, dass es sich eigentlich um zwei Stränge handelte, die wie ein Korkenzieher zu einer Doppelhelix gewickelt waren. Die Aufnahme stammte von den britischen Wissenschaftlern Rosalind Franklin und Maurice Wilkins. Wilkins zeigte Watson und Crick das Bild ohne Franklins Wissen, was zu Anschuldigungen führte, Franklins Beitrag zur Entdeckung der DNA sei nicht angemessen gewürdigt worden. Als Watson das Bild ansah, erfasste er seine Bedeutung sofort. »Mein Mund stand offen, und mein Puls begann zu rasen.«

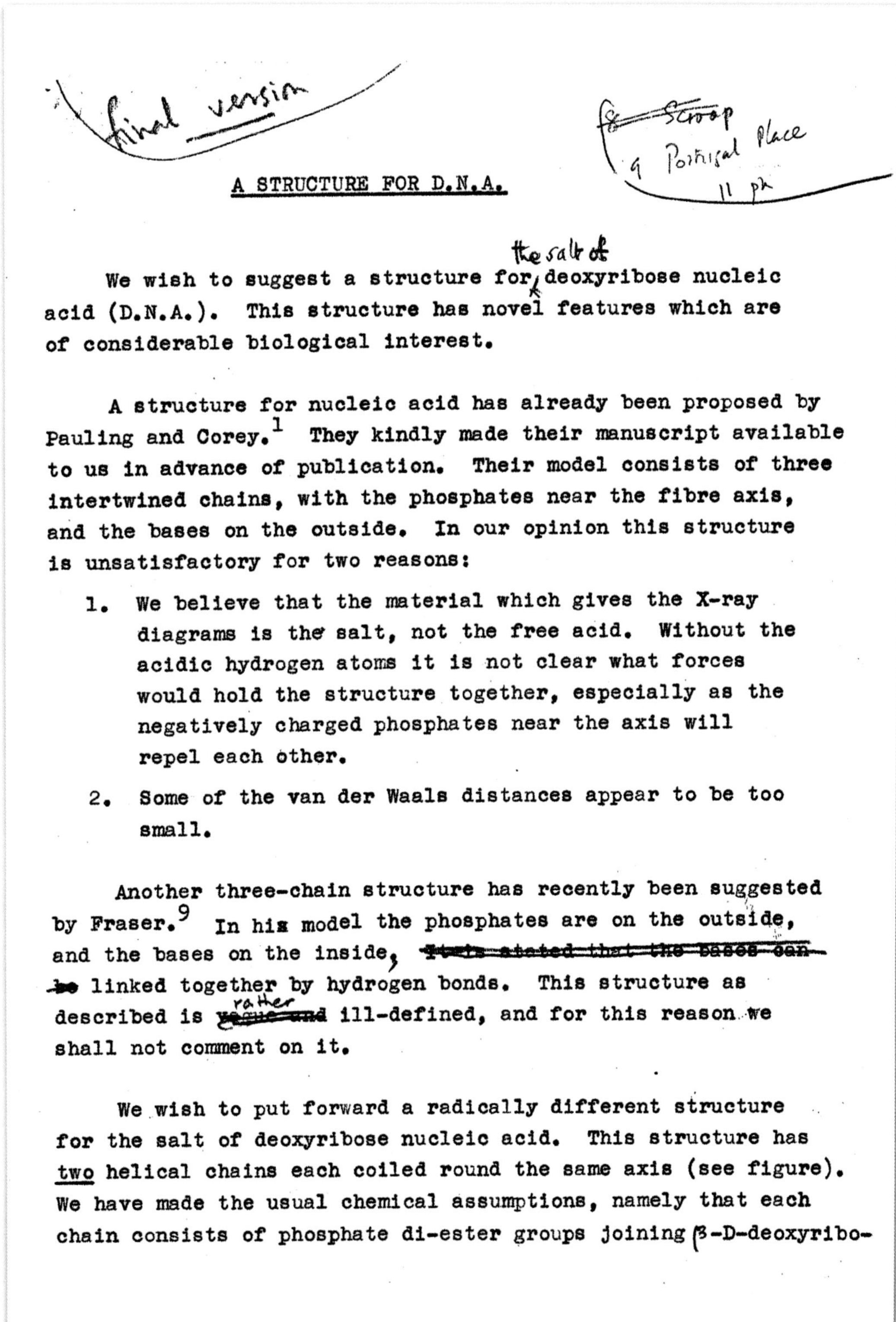

final version

Portugal Place

A STRUCTURE FOR D.N.A.

We wish to suggest a structure for the salt of deoxyribose nucleic acid (D.N.A.). This structure has novel features which are of considerable biological interest.

A structure for nucleic acid has already been proposed by Pauling and Corey.[1] They kindly made their manuscript available to us in advance of publication. Their model consists of three intertwined chains, with the phosphates near the fibre axis, and the bases on the outside. In our opinion this structure is unsatisfactory for two reasons:

1. We believe that the material which gives the X-ray diagrams is the salt, not the free acid. Without the acidic hydrogen atoms it is not clear what forces would hold the structure together, especially as the negatively charged phosphates near the axis will repel each other.

2. Some of the van der Waals distances appear to be too small.

Another three-chain structure has recently been suggested by Fraser.[9] In his model the phosphates are on the outside, and the bases on the inside, ~~It is stated that the bases can be~~ linked together by hydrogen bonds. This structure as described is ~~vague and~~ rather ill-defined, and for this reason we shall not comment on it.

We wish to put forward a radically different structure for the salt of deoxyribose nucleic acid. This structure has <u>two</u> helical chains each coiled round the same axis (see figure). We have made the usual chemical assumptions, namely that each chain consists of phosphate di-ester groups joining β-D-deoxyribo-

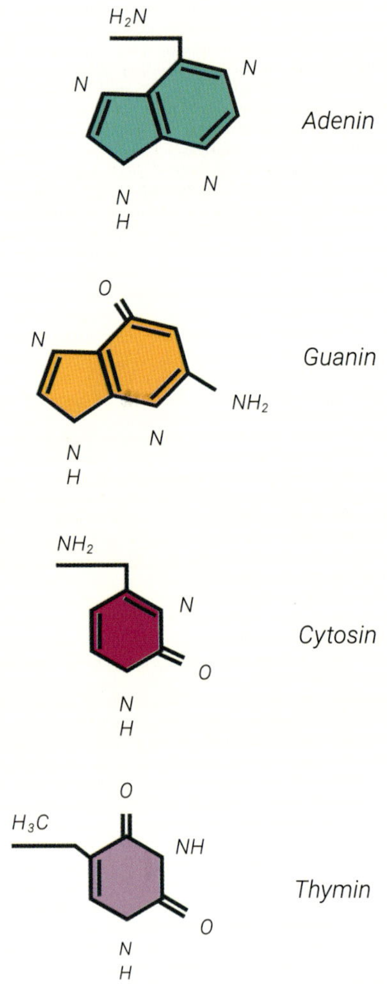

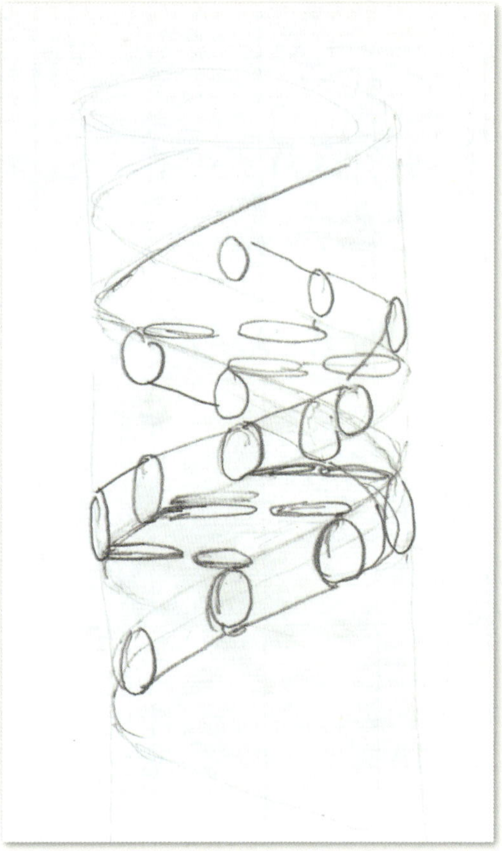

Sobald ihnen klar war, dass die Grundform eine Doppelhelix war, konnten Watson und Crick ein detailliertes Modell der Struktur bauen. Sie schnitten die chemischen Komponenten der DNA aus Karton und schoben sie auf ihrem Schreibtisch herum, um sie zusammenzusetzen. Nach mehreren vergeblichen Versuchen gelangten sie schließlich zu einem Modell, das verdeutlichte, dass die DNA wie eine »Wendelleiter« gebaut war. Außen befinden sich Phosphat- und Zuckermoleküle, während die Sprossen aus vier Paaren stickstoffhaltiger Basen bestehen: Adenin (A) mit Thymin (T) sowie Guanin (G) mit Cytosin (C) (siehe oben stehendes Diagramm). Allein die Reihenfolge von Milliarden dieser vier Basen enthält die Information, die die Eigenschaften eines lebenden Organismus bestimmt. Abschnitte der DNA werden Gene genannt, und jedes davon enthält ein bestimmtes Protein von komplexer chemischer Zusammensetzung, das vorschreibt, wie der Körper funktioniert. Zum Beispiel ist Hämoglobin ein rotes Protein im Blut oder Keratin ein Protein in Haaren, Haut und Nägeln. 2003 berichtete das Humangenomprojekt, der menschliche Körper habe mehr als 20.000 Gene. Sie sind enthalten in langen DNA-Strängen, hübsch aufgespult in den 23 Chromosomenpaaren in den meisten Kernen unserer Körperzellen.

Zusammen mit Maurice Wilkins, dem das Wissenschaftlerduo die Röntgenaufnahme der DNA verdankte, wurden James Watson und Francis Crick 1962 mit dem Nobelpreis für Physiologie oder Medizin ausgezeichnet. Der Beitrag von Wilkins' Kollegin Rosalind Franklin wurde nicht gewürdigt. Sie war vier Jahre zuvor an Krebs gestorben, und Nobelpreise werden nur an lebende Preisträger verliehen.

Das Vermächtnis von Watson und Crick ist atemberaubend. Der genetische Fingerabdruck hat die forensische Wissenschaft verändert. Winzige Spuren von Blut, Sperma, Haut, Speichel oder Haar können einen Straftäter überführen. Mit ihm kann man Vaterschaft bestimmen und erklären, wer unsere Vorfahren waren. Proben von abgestorbenen Organismen bis in die Zeit der Neandertaler können helfen, die Geschichte der Evolution zu erforschen. Die Gentechnik revolutionierte Landwirtschaft, Biotechnologie, Forschung und Medizin. Da wir nun wissen, dass Gene bei Krankheiten wie Krebs oder Alzheimer eine Rolle spielen, können neue Präventivmaßnahmen entwickelt werden, darunter Gentherapie – die Veränderung von Genen zur Behandlung oder Heilung von Krankheiten.

Heute scheint die Forschung rund um die DNA weit weg von den beiden Männern, die auf ihrem Schreibtisch Kartonschablonen hin und her schoben. Als Francis Crick am Abend des 28. Februar 1953 nach ihrem Durchbruch nach Hause kam, erzählte er seiner Frau: »Sieht aus, als hätten wir eine große Entdeckung gemacht.« Jahre später sagte sie zu ihm: »Wenn du nach Hause gekommen bist, hast du immer solche Sachen erzählt, deshalb habe ich mir gar nichts weiter dabei gedacht.«

OBEN LINKS: Die »Wendelleiter« der DNA, deren Sprossen aus vier Paaren stickstoffhaltiger Basen bestehen: Adenin (blau) mit Thymin (hellrosa) und Guanin (gelb) mit Cytosin (dunkelrot).

OBEN RECHTS: Diese Bleistiftskizze der DNA-Doppelhelix fertigte Odile Crick, Künstlerin und Frau von Francis. Sie gehörte zum Artikel über die Struktur der DNA, der in »Nature« erschien.

GEGENÜBER: Diese Schablonen aus Aluminium verwendeten Watson und Crick für ihr Modell der DNA. Sie stehen für vier stickstoffhaltige Basen: A für Adenin, T für Thymin, C für Cytosin und G für Guanin.

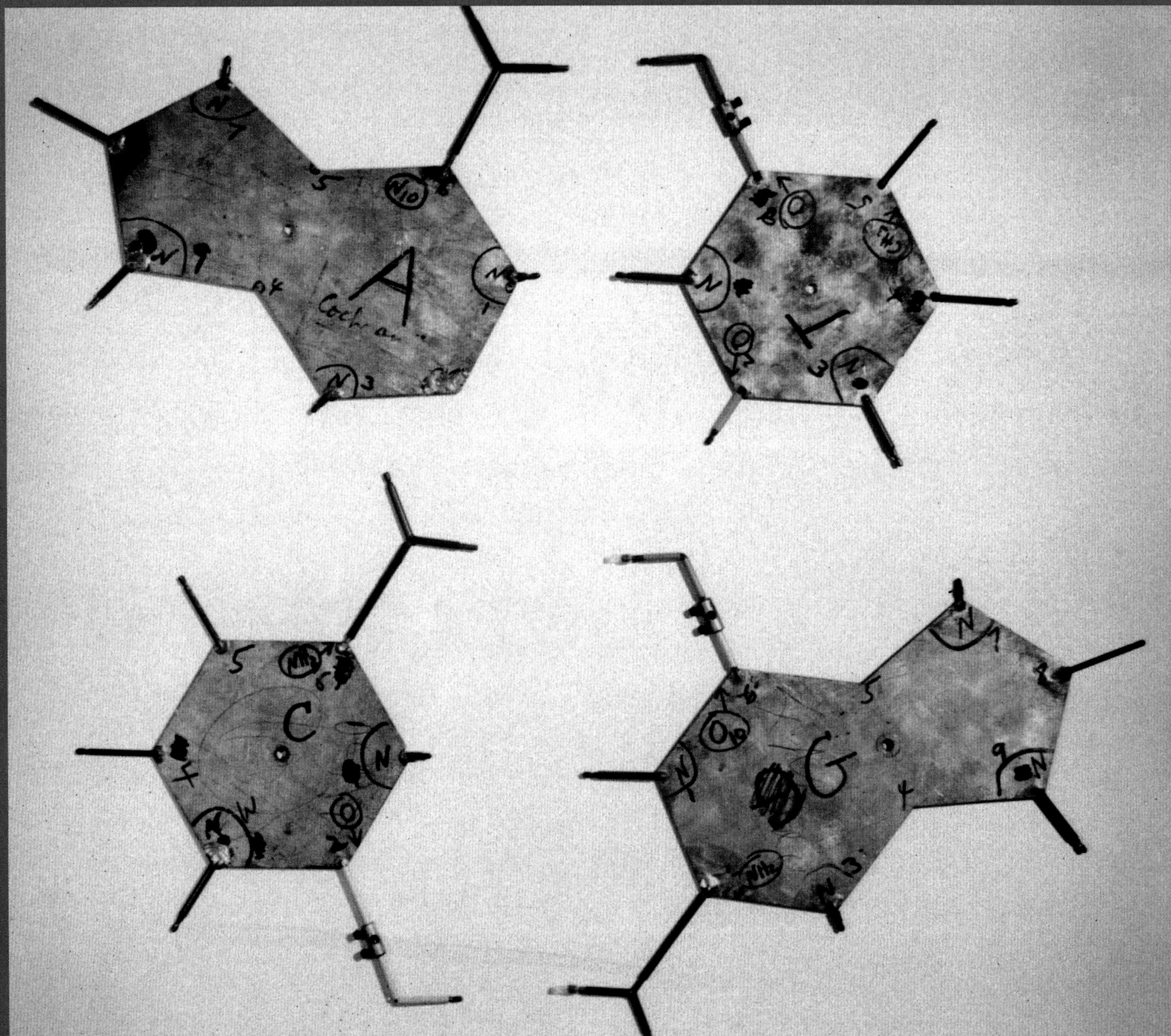
A
T
C
G

44

Die Römischen Verträge

Mit den Römischen Verträgen, unterzeichnet am 25. März 1957, wurde die Europäische Wirtschaftsgemeinschaft gegründet. Mit ihrer Unterschrift riefen die Politiker die erste friedliche Gemeinschaft eines ganzen Kontinents in der Geschichte ins Leben. In den sechzig folgenden Jahren wurde die Europäische Union zum größten Handelsblock der Welt und zur zweitproduktivsten Wirtschaftseinheit nach den Vereinigten Staaten.

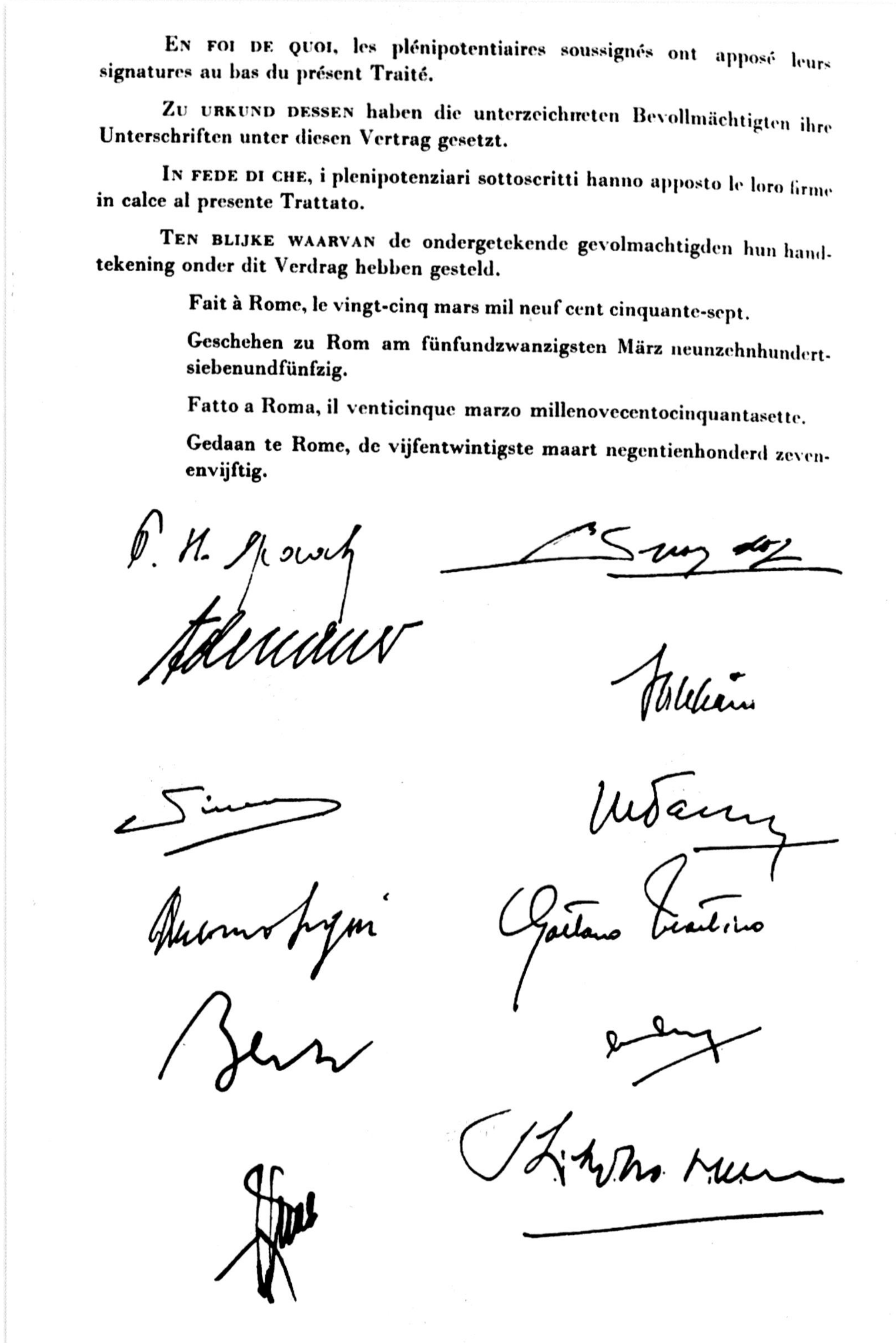

En foi de quoi, les plénipotentiaires soussignés ont apposé leurs signatures au bas du présent Traité.

Zu Urkund dessen haben die unterzeichneten Bevollmächtigten ihre Unterschriften unter diesen Vertrag gesetzt.

In fede di che, i plenipotenziari sottoscritti hanno apposto le loro firme in calce al presente Trattato.

Ten blijke waarvan de ondergetekende gevolmachtigden hun handtekening onder dit Verdrag hebben gesteld.

Fait à Rome, le vingt-cinq mars mil neuf cent cinquante-sept.

Geschehen zu Rom am fünfundzwanzigsten März neunzehnhundertsiebenundfünfzig.

Fatto a Roma, il venticinque marzo millenovecentocinquantasette.

Gedaan te Rome, de vijfentwintigste maart negentienhonderd zevenenvijftig.

OBEN: Die Unterschriften der zwölf Vertreter der sechs Gründungsstaaten auf den Römischen Verträgen. Die ersten beiden in der linken Spalte sind von Bundeskanzler Adenauer und dem ehemaligen belgischen Premier Paul-Henri Spaak. Vier Zeilen weiter unten die Unterschrift des italienischen Premierministers Antonio Segni.

GEGENÜBER: Die Unterzeichnung der Römischen Verträge am 25. März 1957 im Palazzo dei Conservatori. In der ersten Reihe sitzt Bundeskanzler Adenauer als Fünfter von links.

Der Zweite Weltkrieg ließ Europa verwüstet zurück, nur eine Handvoll Staaten entging der Zerstörung. Alle waren sich einig, dass ein solcher Krieg nie wieder stattfinden durfte. Selbst Winston Churchill, der Großbritannien zum Sieg geführt hatte, plädierte 1946 für die Vereinigten Staaten von Europa. Doch vom großen Unternehmen, das vier Jahre später begann, hielt sich Großbritannien auffällig fern. Ermutigt durch die Erklärung des französischen Außenministers Robert Schuman 1950, »Krieg nicht nur undenkbar, sondern materiell unmöglich« zu machen, begab sich eine Gruppe begnadeter Politiker an die Arbeit.

Ihr erstes Unternehmen war 1951 die Europäische Gemeinschaft für Kohle und Stahl (EGKS) oder Montanunion. Sechs Länder – Belgien, Frankreich, Italien, Luxemburg, die Niederlande und die Bundesrepublik – vereinbarten, unter Leitung einer zentralen, supranationalen Behörde ihre Industrieproduktion gemeinsam zu regeln. Damit begann ein Prozess, staatliche Souveränität zusammenzulegen, der sechs Jahre später zur Gründung der Europäischen Wirtschaftsgemeinschaft (EWG) führte. Ermutigt durch die europäischen Visionen wie die von Jean Monnet aus Frankreich, einem politischen Unternehmer, der erster Präsident der EWG wurde, aber auch des früheren belgischen Premierministers Paul-Henri Spaak und des deutschen Professors und Diplomaten Walter Hallstein, gingen die sechs Staaten voran und erarbeiteten die Römischen Verträge.

Sie wurden am 25. März 1957 in einer feierlichen Zeremonie im Palazzo dei Conservatori auf dem Kapitolshügel in Rom unterzeichnet. Zu den Unterzeichnern aus den Mitgliedsstaaten gehörten Spaak und der westdeutsche Bundeskanzler Konrad Adenauer (ganz oben auf der linken Seite des Dokuments). Die Italiener mussten sich mit den Vorbereitungen so sehr beeilen, dass sie jeweils nur die erste und die letzte Seite des umfänglichen Dokuments hatten drucken können. Ganz oben standen die Worte, mit denen die Politiker ihren Willen bekräftigten, »die Grundlagen für einen immer engeren Zusammenschluss der europäischen Völker zu schaffen«. Sie beschlossen außerdem, »den wirtschaftlichen und sozialen Fortschritt ihrer Länder zu sichern, indem sie die Europa trennenden Schranken beseitigen [...] durch diesen Zusammenschluss ihrer Wirtschaftskräfte Frieden und Freiheit zu wahren und zu festigen, und mit der Aufforderung an die anderen Völker Europas, die sich zu dem gleichen hohen Ziel bekennen, sich diesen Bestrebungen anzuschließen«.

Kern der Verträge war eine Zollunion, die alle Zollschranken abschaffte. Um die neue Gemeinschaft

zu organisieren, begründeten die Verträge drei neue Behörden: Der Rat der Europäischen Gemeinschaft (bestehend aus den Staats- und Regierungschefs der sechs Länder) sollte die großen Entscheidungen treffen, die Kommission die Tagesgeschäfte der Europäischen Gemeinschaft führen und dem Rat Empfehlungen geben, das Europäische Parlament schließlich, gewählt vom Volk der Mitgliedsstaaten, beschränkte gesetzgeberische Kompetenzen erhalten. Von einer großen Gruppe Kritiker gab es wachsende Opposition gegen das neue System. Sie beklagten einen eklatanten Mangel an Demokratie, insbesondere in der Struktur der Kommission, deren Mitglieder von den sechs Regierungen ernannt wurden, aber nicht gewählt waren.

Abgesehen von der Politik traten die wirtschaftlichen Vorteile der neuen Konstruktion bald klar zutage. Der gemeinsame Markt der EWG blühte auf, und weitere Staaten wollten ihm beitreten. Trotz des anfänglichen Zögerns der Franzosen wurden 1973 Großbritannien, Dänemark und Irland Mitglieder. 1981 folgten Griechenland, 1986 Spanien und Portugal, 1995 Österreich, Finnland und Schweden, zehn weitere Staaten 2004, Bulgarien und Rumänien 2007, und als 28. Mitgliedsstaat trat 2013 Kroatien bei.

Die Gemeinschaft hat seit der Unterzeichnung der Römischen Verträge große Schritte in Richtung einer weiteren Integration unternommen. 1993 wurde der Europäische Binnenmarkt ins Leben gerufen, der den freien Verkehr von Gütern, Kapital, Dienstleistungen und Arbeit ermöglicht. Die meisten europäischen Länder führten die Einheitswährung Euro ein. 22 der bis zum Austritt Großbritanniens 28 Mitgliedsstaaten beendeten die Grenzkontrollen, und im Ministerrat wird häufiger per Mehrheitsbeschluss entschieden.

All diese Maßnahmen im Geist eines »immer engeren Zusammenschlusses«, wie es in den Römischen Verträgen heißt, führten zu Befürchtungen in manchen Ländern über einen Verlust an Souveränität. In Großbritannien führte der Widerstand gegen einen wachsenden Einfluss der Union im Juni 2016 zu einem Referendum. Eine Mehrheit stimmte für den Austritt aus der EU. Die beiden wichtigsten Aspekte in Großbritannien und anderen skeptischen Ländern sind Einwanderung und Demokratie. Kritiker beklagen, die Freizügigkeit für Arbeitskräfte erlaube Migranten aus ärmeren EU-Staaten, die Löhne in reicheren Ländern zu unterbieten. Sie sorgen sich außerdem um zu viel Kontrolle durch »nicht gewählte Bürokraten« der Europäischen Kommission in Brüssel.

Die Europäische Union entwickelte sich zu einem Binnenmarkt von über 500 Millionen Menschen. Manche von ihnen schauen jetzt vielleicht anders auf Churchills lichte Prophezeiung, ein vereinigtes Europa werde »keine Grenzen kennen für das Glück, den Wohlstand und den Ruhm, den seine Menschen genießen könnten«. Aber kaum jemand kann in Abrede stellen, dass dieses einzigartige Experiment überstaatlicher Regierungsführung Stabilität und Frieden auf einen Kontinent brachte, der eine schreckensreiche Vergangenheit hat.

OBEN: Jean Monnet, der Unternehmer und Wegbereiter der Römischen Verträge.

Die Karte zeigt alle 28 Mitgliedsstaaten der Europäischen Union vom Februar 2020. Dunkelrot sind die Gründungsstaaten, die 22 später beigetretenen (von Großbritannien, Irland und Dänemark 1973 bis Kroatien 2013) sind braun. Großbritannien befindet sich derzeit im Austrittsprozess.

45

Der Tourneeplan der Beatles

Diese Liste amerikanischer Städte, von Beatles-Manager Brian Epstein auf einen Briefumschlag gekritzelt, schickte die Liverpooler »Fab Four« auf ihren Weg, die erfolgreichste Band der Musikgeschichte zu werden. Der Tourneeplan entstand vor der ersten Nordamerikatournee der Band 1964. Die 32 Konzerte in nur 33 Tagen katapultierten die »Merseyside-Pilzköpfe« John Lennon, Paul McCartney, George Harrison und Ringo Starr an die Weltspitze.

OBEN: George Harrison, Paul McCartney, Ringo Starr und John Lennon mit ihrem Manager Brian Epstein, am 22. September 1964 auf dem Flughafen Heathrow, bei der Rückkehr von der triumphalen Nordamerikatournee der Beatles.

GEGENÜBER: Der benutzte Briefumschlag, auf den Brian Epstein Daten und Städtenamen für die erste Nordamerikatournee der Beatles kritzelte. Man beachte das Datum des Poststempels: 25. März 1964, nur Wochen nach dem Auftritt der Band in der »Ed Sullivan Show«.

1963 war Großbritannien längst unwiderruflich von der »Beatlemania« erfasst, doch in Nordamerika waren die vier Jungs aus Liverpool noch eher unbekannt. In England schossen Hits wie »Love Me Do«, »Please Please Me« oder »From Me to You« an die Spitze der britischen Charts, aber jenseits des Atlantiks wurde die Musik der Band nur wenig gehört. Zunächst hatte Capitol Records, die US-Plattenfirma im Besitz der britischen EMI, auf deren Label Parlophone die Beatles-Platten in Großbritannien erschienen, eine Veröffentlichung abgelehnt, weil »britische Bands kein Publikum in Amerika haben«. Die Firma änderte ihre Meinung im Dezember 1963, nachdem ein Diskjockey aus Washington eine Stewardess der BOAC gebeten hatte, ihm die neueste Single der Band mitzubringen. Als er »I Want to Hold Your Hand« im Radio spielte, war das Echo der Zuhörer so überwältigend, dass die Single schnell auch in den USA herausgegeben wurde. Sie erwies sich als Nummer-eins-Hit und verkaufte sich eine Million Mal, doch die amerikanischen Medien blieben skeptisch. Zwar verhehlten die Beatles nicht, wie sehr sie von amerikanischen Künstlern wie Elvis, Little Richard, Buddy Holly oder Carl Perkins beeinflusst worden waren, doch das ignorierten die amerikanischen Journalisten überwiegend. Berichte über sie konzentrierten sich mehr auf ihre Frisuren, die passenden Anzüge und Schuhe der Beatles. Journalisten spielten mit dem Wort »beetle« (Käfer) und sprachen von einer Käferplage in Großbritannien. Berichte verunglimpften die Band als »Englands neuer Wahnsinn« und »Kuriosität«.

Der Großteil negativer Berichterstattung verstummte nach dem Live-Auftritt der Band am 9. Februar 1964 in der »Ed Sullivan Show«. Rekordverdächtige 73 Millionen Zuschauer (40 Prozent der Bevölkerung) schalteten ein, um John, Paul, George und Ringo fünf Songs aufführen zu sehen, darunter »All My Loving«, »She Loves You« und »I Saw Her Standing There«. Elvis Presley und sein Manager Tom Parker schickten ein Glückwunsch-

Pop 430
Aug 18
19 San Fran Cow Palace
20 Las Vegas Convention Hall
21 Seattle Municipal Stadium
22 Vancouver Empire Stadium
23 Los Angeles Hollywood Bowl
24
25
26 Denver Red Rocks Stadium
27 Cincinnati
28 Forest Hills
29 Atlantic City
30
31
Sep 1 Philadelphia Convention Hall
2
3 State Fair Indiana (Indianapolis
Milwaukee Auditorium
4 Chicago Int Amphitheatre
5 Detroit Olympia
6
7 Toronto Maple Leaf Gdns
8 Montreal Forum
9
10
11 Jacksonville Florida
12 Montgomery Alabama
13 Baltimore
14
15 Charlotte N Carolina Municipal Stadium
16 New Orleans
17
18 Dallas Texas Trade Mart
19 Houston Texas
20
GREAT BRITAIN 3d
LONDON 25 MAR 1964 E.C.4
THE INDEPENDENT NEWSPAPER
DAILY EXPRESS
7 Toronto
6 or 8 Montreal
9 Springfield Massachusetts
$2000
67

LINKS: Kreischende Teenager in San Francisco heißen die Beatles am 18. August 1964 zum Auftakt ihrer Amerikatournee willkommen. Dutzende Polizisten mussten verhindern, dass die Fans die Absperrungen durchbrachen.

GEGENÜBER OBEN: Beim Konzert am 20. August in der Las Vegas Convention Hall schirmen Polizisten die Bühne ab. Beide Konzerte dieses Tages waren ausverkauft.

GEGENÜBER UNTEN: Nach diesem Auftritt am 21. August im Seattle Center Coliseum bildeten Polizisten, unterstützt von US-Matrosen, eine Menschenkette, damit die Beatles in ihre Garderobe gelangen konnten.

telegramm. Später als wichtigster Moment in der Geschichte des Rock 'n' Roll bezeichnet, war Nordamerika danach verrückt nach den Beatles. Band-Manager Brian Epstein machte Pläne für eine ehrgeizige Tournee, die die Band quer durch die USA und Kanada führen sollte, mit 32 Konzerten in 24 Städten in nur 33 Tagen.

Epstein war 1961 Manager der Beatles geworden, nachdem er sie im Liverpooler »Cavern Club« spielen gehört hatte. Die Band hatte nacheinander diverse Namen gehabt (The Quarrymen, Johnny and the Moondogs, Silver Beetles), bis sie zu den Beatles wurden. Sie spielten vor kleinem, aber wachsendem Publikum in ihrer Heimatstadt Liverpool und in Hamburg. Die originalen Beatles bestanden aus John, Paul und George sowie dem Schlagzeuger Pete Best. 1962 kam für Best Ringo Starr dazu. Epstein brachte die Band zunächst zu Decca Records, die sie ablehnten. Dann spielten sie bei Electrical and Musical Industries (EMI) vor und bekamen einen Plattenvertrag. Ein Jahr später hatten sie eine Reihe Hits in Großbritannien und wurden Nationalhelden. Und nun wollte Epstein aus ihnen eine internationale Sensation machen.

Die Beatles landeten in den USA zu unruhigen Zeiten. Neun Monate zuvor war Präsident Kennedy ermordet worden, der Vietnamkonflikt schwelte, und die Rassenunruhen im Sommer hatten die Nation erschüttert. Die Beatles mit ihrer peppigen Musik, den einprägsamen Texten und ihrer Bühnenpräsenz versprachen eine nie dagewesene Zuflucht in dieser Situation. Ihr erstes Konzert am 19. August 1964 in San Francisco gaben sie vor einem Meer kreischender Fans. Neunzehn Mädchen fielen in Ohnmacht, fünfzig Fans versuchten die Bühne zu stürmen, und weitere fünfzig wurden im Tumult verletzt. Weil ihre Limousine belagert wurde, musste sich die Band in einem Krankenwagen ins Hotel flüchten. In New York randalierten die Fans, in Atlantic City entkamen die Beatles ihren rasenden Bewunderern auch nur knapp. Mit den ausverkauften Konzerten verdiente die Band über eine Million Dollar und schlug die Rekorde von Frank Sinatra und Judy Garland. In New York trafen sie Bob Dylan: »Alle dachten, das wäre etwas für Teenies ... aber für mich lag auf der Hand, dass sie sich halten würden.« Es gab Kritik, vor allem von der älteren Generation, aber das störte die Band wenig. Als man ihnen berichtete, dass ein bekannter Psychiater sie als »Bedrohung für die Gesellschaft« bezeichnet hatte, erwiderte George Harrison: »Das sind Psychiater auch.«

Die Beatles tourten weiter um die Welt. 1966 hatten sie allerdings genug davon. John beschwerte sich: »Die Leute achten gar nicht mehr auf die Musik.« Paul hasste das Warten auf eine gepanzerte Limousine, um zum Hotel zurückgebracht zu werden: »Ich sitze da und sage mir: ›Ich möchte das wirklich nicht mehr mitmachen. Wir haben genug verdient. Lasst uns nach Brighton abhauen.‹« Die Tournee wurde beendet, und die Band nahm unter wachsenden Spannungen weitere Schallplatten auf. Im September 1969 erschien ihr elftes Album »Abbey Road«. Nur Monate später erklärte die Band ihre offizielle Auflösung. Neun Jahre hatten die Beatles als Band existiert, aber ihre Musik steht für die Transformation der Jugendkultur in den 1960er Jahren und findet auch in späteren Generationen weiter ihre Hörer.

THE
BEATLES

46

Nelson Mandelas Rede vor Gericht

Dies ist die letzte Seite einer Erklärung Nelson Mandelas, eines der größten Helden der Menschheit, an seinem letzten Prozesstag am 20. April 1964. Heute bekannt als seine »Ich bin bereit zu sterben«-Rede, hielt er sie an einem entscheidenden Moment in der Geschichte Südafrikas. Mandela wurde der Sabotage für schuldig befunden und zu lebenslanger Haft verurteilt, doch er bot der Apartheid weiterhin mutig die Stirn, inspirierte damit die Welt und spielte eine Schlüsselrolle, als das System schließlich kollabierte.

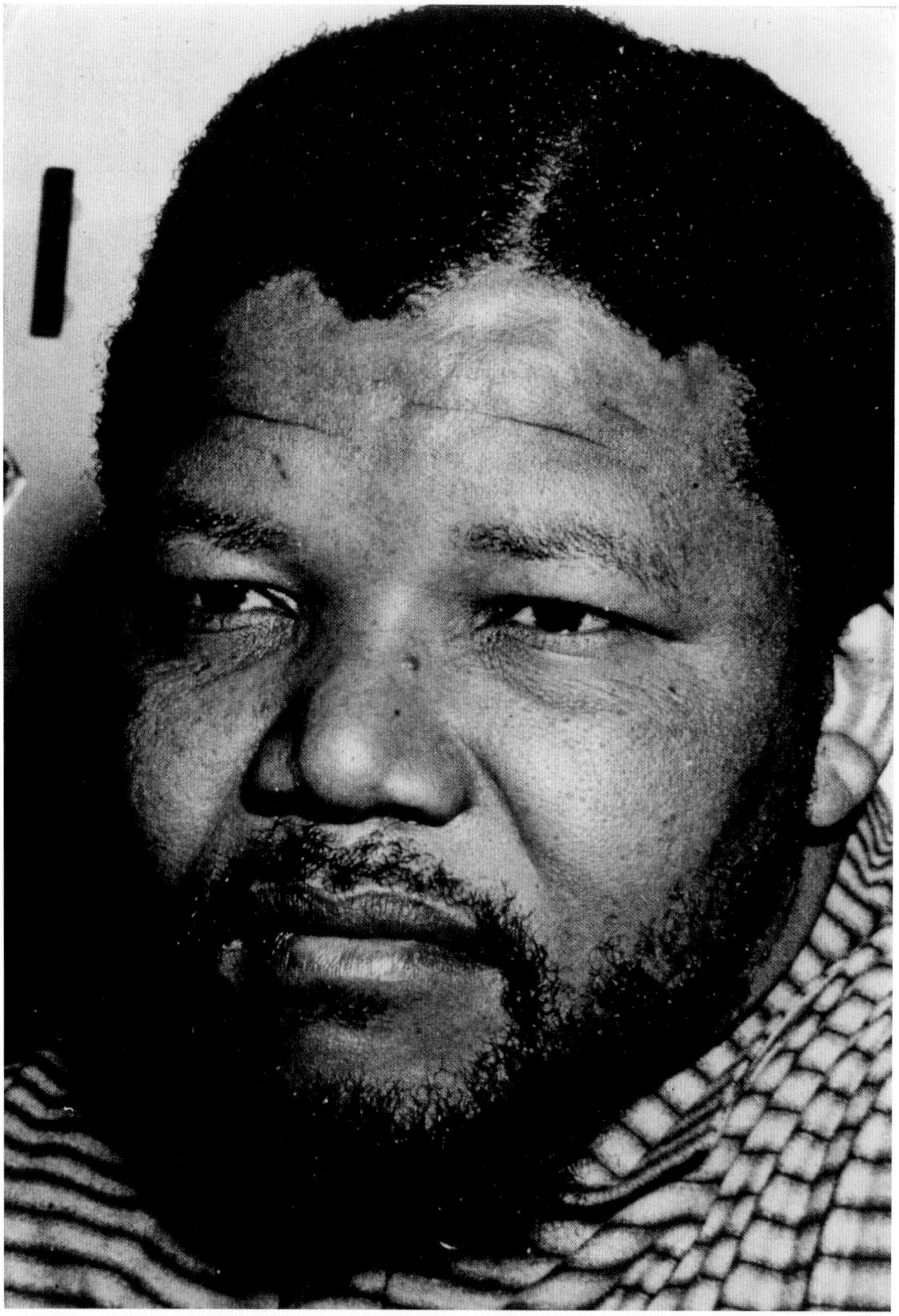

OBEN: Nelson Mandela 1962, dem Jahr seiner Verurteilung zu fünf Jahren Gefängnis, weil er Südafrika unerlaubt verlassen und Arbeiter zum Streik angestiftet hatte. 1963/64 stand er erneut vor Gericht.

GEGENÜBER: Der letzte Absatz von Mandelas »Ich bin bereit zu sterben«-Rede. Er fügte eine handschriftliche Nachricht bei, unterschrieb und datierte die Kopie. Dann schenkte er sie einem befreundeten politischen Aktivisten.

Als im würdigen, holzgetäfelten Gerichtssaal des Justizpalastes von Pretoria der 45-jährige Nelson Mandela aufstand, stellte er seine Beteiligung an Sabotageaktionen gegen den südafrikanischen Staat nicht in Abrede. Langsam und mit Bedacht verlas er seine 81-seitige Erklärung und legte eloquent dar, warum er sich für den bewaffneten Kampf entschieden hatte. »Ich habe das weder im Geist der Rücksichtslosigkeit getan noch aus irgendeiner Liebe zur Gewalt. Ich habe es geplant im Ergebnis einer ruhigen und kühlen Betrachtung der politischen Situation, die sich aus vielen Jahren der Tyrannei, Ausbeutung und Unterdrückung meines Volkes durch die Weißen ergab.« Mandela gelang es mit dieser Rede, die Apartheid – das System der Rassentrennung in Südafrika – auf die Anklagebank zu setzen.

During my lifetime I have dedicated myself to this struggle of the African people. I have fought against White domination, and I have fought against Black domination. I have cherished the ideal of a democratic and free society in which all persons live together in harmony and with equal opportunities. It is an ideal which I hope to live for and to achieve. But if needs be, it is an ideal for which I am prepared to die.

The invincibility of our cause and the certainty of our final victory are the impenetrable armour of those who consistently uphold their faith in freedom and justice in spite of political persecution.

Amandla Ngawethu!

NMandela April 1964

Der Prozess begann im Oktober 1963, drei Monate nachdem Sicherheitskräfte auf einer Farm in Rivonia, einem Vorort von Johannesburg, eine Razzia durchgeführt hatten. Der militärische Arm des Afrikanischen Nationalkongresses (ANC), dessen Mitgründer Mandela war, nutzte die Farm als Versteck, und die Polizei stellte eine Reihe Waffen sicher. Zur Zeit der Razzia verbüßte Mandela eine fünfjährige Haftstrafe, weil er Südafrika unerlaubt verlassen hatte. Zusammen mit mehreren Männern, die auf der Farm festgenommen worden waren, wurde er vor Gericht gestellt. Alle erklärten sich in den 221 Anklagepunkten von Sabotageaktionen, »um einen gewaltsamen Umsturz zu befördern«, für unschuldig. Mandela beschloss, statt als Zeuge aufzutreten eine Erklärung abzugeben, und verbrachte Wochen mit der Arbeit an seiner Rede, für die ihm die Schriftstellerin Nadine Gordimer und der britische Journalist Anthony Sampson wertvolle Ratschläge gaben. Seine Anwälte empfahlen, die letzten Worte wegzulassen – »das ist ein Ideal, für das ich zu sterben bereit bin« –, weil sie befürchteten, der Richter könnte daraufhin das Todesurteil verhängen, aber Mandela ließ sich nicht davon abbringen.

In seiner Erklärung vor Gericht spiegelt sich ein halbes Jahrhundert des Kampfes zwischen der Regierung der weißen Minderheit, die Südafrika beherrschte, und dem ANC, der die Apartheid bekämpfte. Mandela sprach über das schändliche Massaker im schwarzen Township Sharpeville am 21. März 1960, bei dem 69 unbewaffnete Menschen getötet und 180 verletzt wurden. Die Polizei hatte das Feuer auf eine Demonstration eröffnet, die sich gegen Passgesetze richtete, weil sie die Bewegungsfreiheit einschränkten. Es war nach Sharpeville, sagte er, als die südafrikanische Regierung den Notstand ausrief und den ANC verbot: »Die harten Fakten besagen, dass fünfzig Jahre gewaltfreien Protests den Afrikanern nicht mehr eingebracht haben als immer mehr repressive Gesetze sowie immer weniger Rechte.« Er gab zu, im Herbst 1961 den militärischen Arm des ANC mit aufgebaut zu haben, »weil die Regierung uns keine andere Wahl ließ«. Er gestand die Planung von Angriffen auf Regierungsgebäude und andere Symbole der Apartheid und dass er Anweisung gegeben hatte, Kraftwerke in die Luft zu sprengen und Eisenbahn- und Telefonverbindungen zu unterbrechen. Er sagte, er habe die Wirtschaft Südafrikas treffen wollen, »um damit die Wähler des Landes dazu zu bewegen, ihre Haltung zu überprüfen«, hatte aber seine Gefolgsleute davor gewarnt, sie sollten »auf kei-

nen Fall bei der Planung oder Ausführung ihrer Operationen Menschen verletzen oder töten«.

Mit seiner Erklärung reagierte Mandela auch auf Anklagepunkte, nach denen die Kommunistische Partei Südafrikas den ANC beeinflusst habe, und führte aus, die Kommunisten seien die einzige politische Gruppierung gewesen, »die bereit war, Afrikaner als Menschen und ihresgleichen zu behandeln; die bereit war, mit uns zu essen, zu reden, zu leben und zu arbeiten«. Aber ebenso sagte er vor Gericht in Worten, die sich offensichtlich an seine Unterstützer im Ausland richteten, er sei im Unterschied zu den Kommunisten ein großer Bewunderer des parlamentarischen Systems: »Rund um die Welt halten Demokraten die Magna Charta, die Petition of Rights und die Bill of Rights in höchsten Ehren.«

Bei seinen letzten Worten schaute Mandela den Richter direkt an: »Ich bin bereit zu sterben.« Für den Rest der Verhandlung vermied der Richter jeden Augenkontakt mit ihm. Er befand alle Angeklagten für schuldig, ersparte ihnen aber die Todesstrafe. Mandela wurde zu lebenslanger Haft verurteilt und zunächst auf die berüchtigte Gefängnisinsel Robben Island vor Kapstadt gebracht.

Der UN-Sicherheitsrat verurteilte den Prozess und leitete Schritte ein, um Sanktionen gegen Südafrika zu verhängen, aber es dauerte noch fast drei Jahrzehnte, bis die Regierung Mandela freiließ. Als er am 11. Februar 1990 das Gefängnis verließ, hielt er eine Ansprache, die er mit den berühmten letzten Worten seiner Erklärung vor Gericht aus dem Jahr 1964 beendete.

Als wir Robben Island besuchten und man uns die winzige Zelle zeigte, in der Nelson Mandela so viele Jahre verbracht hatte, dachten wir daran, wie seine Inhaftierung letztlich zum Ende der Apartheid und zu Mandelas Aufstieg zum Präsidenten Südafrikas führte. Mandelas Beispiel und das Zusammenleben der Rassen, für das er und seine Regierung sich einsetzten, sind für uns ein Vermächtnis der Kraft von Menschlichkeit.

GEGENÜBER: Nach dem Massaker von Sharpeville am 21. März 1960. Die Polizei eröffnete das Feuer auf unbewaffnete schwarze Demonstranten, tötete 69 und verletzte viele weitere.

OBEN: Die geballten Fäuste einiger der acht Männer, darunter Mandela, die nach ihrer Verurteilung zu lebenslanger Haft am 12. Juni 1964 vom Justizpalast in Pretoria weggebracht werden.

47

Der Mission Report von Apollo 11

Als wir im Mission Report der Apollo-11-Mission auf diesen Eintrag stießen, der die Herzfrequenz des Kommandeurs des Raumschiffs beim Aufsetzen aufzeichnete, mussten wir daran denken, wie sich unser eigener Herzschlag beschleunigte, als wir der ersten Mondlandung zuschauten. Am 20. Juli 1969 setzte Neil Armstrong seinen Fuß auf den Erdtrabanten. Kein Ereignis in unserem Leben hat uns jemals derart gefangen genommen.

OBEN: Mehr als eine Million Zuschauer waren dabei, als am 16. Juli 1969 die Saturn-V-Rakete mit Apollo 11 von Cape Kennedy in Florida gestartet wurde. Fünf Tage später betraten zwei der drei Astronauten zum ersten Mal den Mond.

GEGENÜBER OBEN: Ein Ausdruck von Neil Armstrongs Herzfrequenz, als die Mondfähre auf dem Mond landete. Beim Aufsetzen erreichte sie 150 Schläge pro Minute.

GEGENÜBER UNTEN: Die drei Astronauten der Apollo 11: Mission Commander Neil Armstrong, Michael Collins und Buzz Aldrin. Collins blieb in der Kommandokapsel, während die beiden anderen auf dem Mond landeten.

Als die Sowjets im April 1961 Juri Gagarin als ersten Menschen ins All schickten, forderten sie die Amerikaner damit heraus. Wir mussten nicht allzu lange warten. Nur fünf Wochen darauf kündigte Präsident John F. Kennedy das ehrgeizige Ziel an, »noch vor Ende dieses Jahrzehnts einen Menschen auf dem Mond landen zu lassen und sicher wieder zur Erde zurückzubringen«. Kurz vor diesem Versprechen schickte die National Aeronautics and Space Administration (NASA) Alan Shepard als ersten US-Astronauten ins Weltall. Danach startete die NASA das Apollo-Programm und überholte die Russen. 1967 wurden die Risiken der Raumfahrt auf tragische Weise offensichtlich, als die erste Apollo-Mission in Brand geriet und ihre drei Astronauten ums Leben kamen. Aber die NASA machte weiter. Im Dezember 1968 wurde Apollo 8 in der Mondumlaufbahn getestet, und fünf Monate später erprobte Apollo 10 die Mondlandefähre zum ersten Mal in der Mondumlaufbahn.

Apollo 11, die Mission, die zum ersten Mal Menschen auf den Mond bringen sollte, war für Juli 1969 geplant. Drei Astronauten wurden ausgewählt, allesamt Veteranen früherer Missionen: Kommandeur Neil Armstrong, der Pilot der Landefähre Eagle Buzz Aldrin sowie der Pilot der Kommandokapsel Columbia Michael Collins. Collins sollte in der Columbia um den Mond kreisen, während Aldrin und Armstrong auf der Eagle zum Mond fliegen und ihn betreten sollten. Am folgenden Tag sollten die beiden wieder zu Collins stoßen und zur Erde zurückkehren. Armstrong beschloss, als Glücksbringer ein Stück eines Propellers der Brüder Wright mitzunehmen (siehe Seite 150).

Um 4 Uhr morgens am 16. Juli standen die drei Astronauten auf und aßen ihr übliches Frühstück vor einem Raumflug: Steak und Spiegeleier. Um 7 Uhr saß Armstrong an seinem Platz im Raumschiff, und kurz darauf kamen Aldrin und Collins in

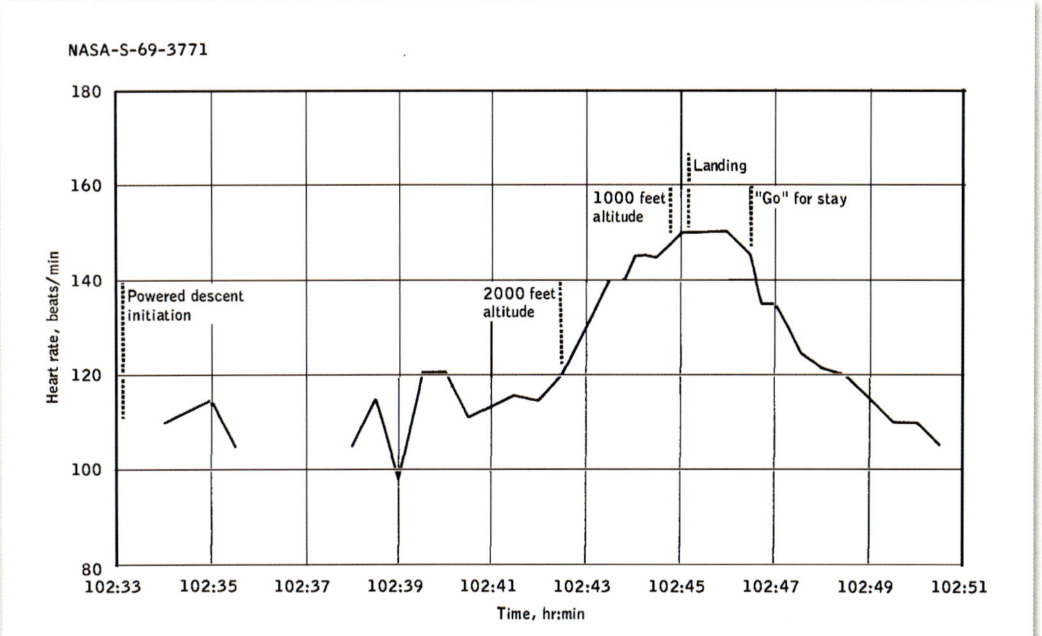

Figure 12-1.- Heart rates of the Commander during lunar descent.

die winzige Kapsel, die in über 100 Meter Höhe an der Spitze der Saturn-V-Rakete saß.

Kurz nach 9.30 Uhr hörten Millionen Zuschauer in 33 Ländern die folgenden Worte aus Cape Kennedy: »T minus 15 seconds. Guidance is internal. 12, 11, 10, 9. Ignition sequence starts. 6, 5, 4, 3, 2, 1, 0. All engines running. Lift-off. We have a lift-off, 32 minutes past the hour, lift-off on Apollo 11.« Zwölf Minuten später erreichte das Raumschiff die Erdumlaufbahn, und nach neunzig Minuten wurde die dritte Raketenstufe der Saturn gezündet und brachte das Raumschiff auf seinen Kurs zum Mond. Wie geplant erreichte es drei Tage später die Rückseite des Mondes und schwenkte ein auf die Mondumlaufbahn. Aldrin und Armstrong kletterten in die winzige Mondlandefähre und starteten zum gefährlichsten Teil der Mission – die Landung auf dem »Meer der Ruhe« auf dem Mond, wo Krater oder Geröll vermieden werden konnten. Sie schossen über die geplante Landezone hinaus, und Armstrong warnte Aldrin vor einem Krater, der plötzlich auftauchte. Doch aufgrund von Treibstoffmangel mussten sie landen. Sie erreichten einen flachen Punkt und setzten in einer riesigen Staubwolke auf. Es ist kein Wunder, dass in diesem Moment Armstrongs Herzfrequenz so hoch war. Er soll-

GEGENÜBER: Buzz Aldrin läuft auf dem Mond herum. Er spricht dabei mit Armstrong und bezeichnet die Umgebung als »großartige Ödnis«.

RECHTS: Die Mondlandefähre Eagle bereitet sich auf die Landung auf der Mondoberfläche vor. Die dünnen, wie Antennen aussehenden Fühler unter den Landebeinen sollten die Crew informieren, damit sie beim Aufsetzen das Abstiegstriebwerk abschaltete.

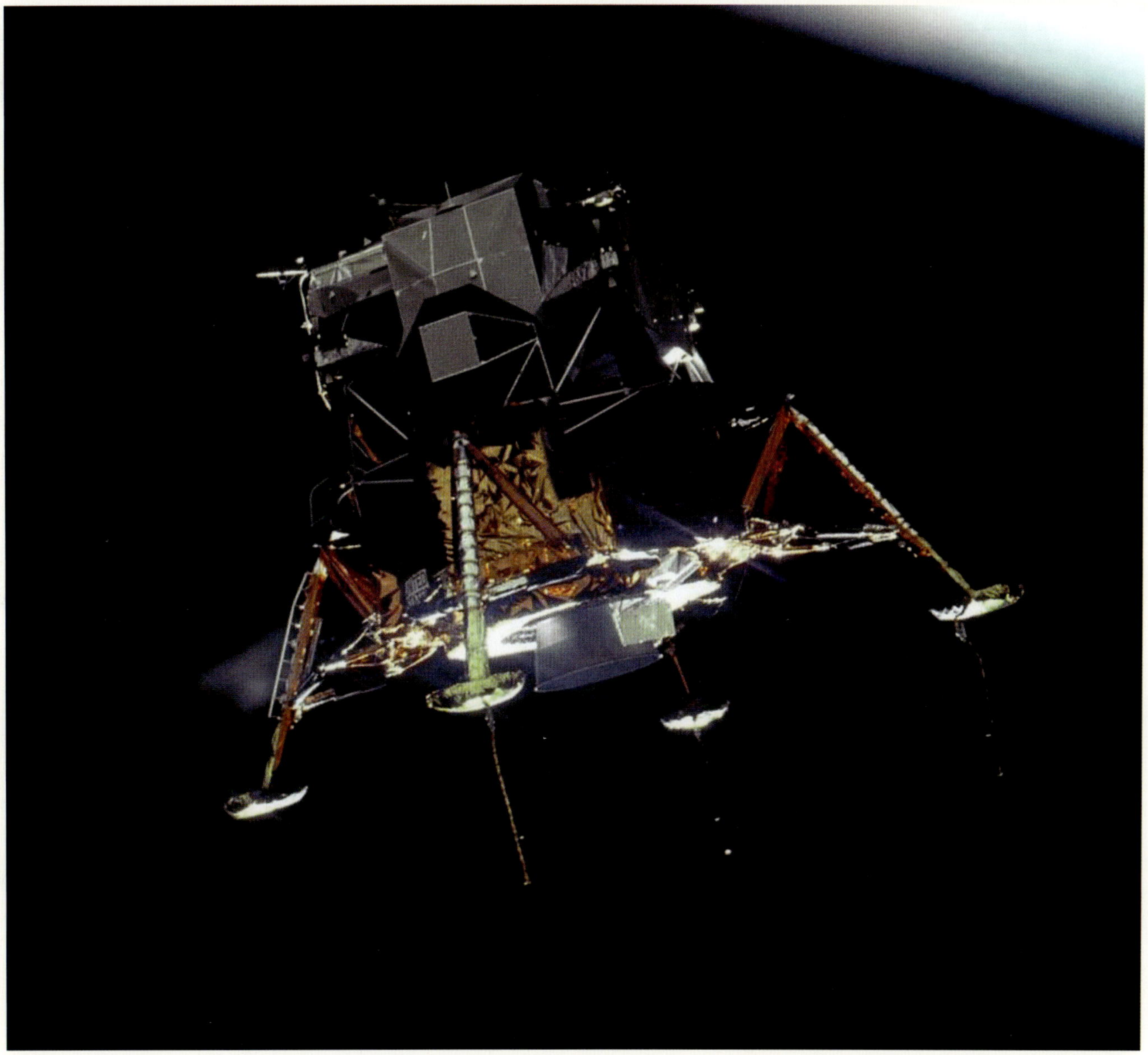

te die Maschinen sofort abschalten, um einen Rückstoß zu vermeiden, der die Fähre hätte zerstören können, aber das vergaß er. Sekunden später, als die Eagle sicher auf dem Boden stand, sagte er: »Okay. Maschinen stoppen.« Weniger als eine Minute später wäre der Landefähre der Treibstoff ausgegangen.

Um 21.17 Uhr MEZ am Sonntag, den 20. Juli, ertönten die Worte: »Houston, hier ist *Tranquility Base*. Der Adler ist gelandet.« Erleichterte Ausrufe kamen von den 450 Mitarbeitern in den Kontrollräumen auf der Erde. »Wir können wieder Luft holen«, sagte die Mission Control. Weil sie viel zu aufgeregt waren, um wie geplant schlafen zu können, verließen die Astronauten ihre Fähre früh. Als Erster betrat Armstrong um 3.56 Uhr MEZ den Erdtrabanten und sagte seinen berühmten Satz: »Das ist ein kleiner Schritt für einen Menschen, aber ein riesiger Sprung für die Menschheit!«

Zwei Stunden liefen die beiden Männer auf dem Mond herum, sprachen mit Präsident Richard Nixon und versuchten, einen Fahnenmast für die US-Flagge in die Mondoberfläche zu rammen. Es gelang ihnen nur bis 5 Zentimeter Tiefe. In zwei Boxen packten sie 21,5 Kilo Mondgestein, darunter Felsbrocken, und hinterließen eine Nachricht, dass sie »friedlich im Namen der Menschheit« gekommen seien, und kletterten dann in ihre Landefähre zurück. Als sie nach etwas mehr als 22 Stunden auf dem Mond mit einem zweiten Triebwerk abhoben, sah Armstrong im Abflug noch, wie die Triebwerkszündung die US-Flagge umriss.

Danach lief alles wie am Schnürchen. Sie dockten an der Kommandokapsel an, entließen die Mondlandefähre in den Weltraum und nahmen Kurs zur Erde. Am 24. Juli um 17.50 Uhr MEZ wasserten sie 21 Kilometer vom Flugzeugträger USS HORNET entfernt im Pazifik. Präsident Nixon, Sicherheitsberater Henry Kissinger und Außenminister William Rogers empfingen sie mit Glückwünschen. Nach drei Wochen Quarantäne gegen eine mögliche Kontamination gab es in New York für die drei Astronauten eine triumphale Konfettiparade.

Für die Vereinigten Staaten und für die drei mutigen Männer an Bord war Apollo 11 ein erstaunlicher Erfolg. Seitdem hat kein Mensch mehr einen anderen Himmelskörper betreten.

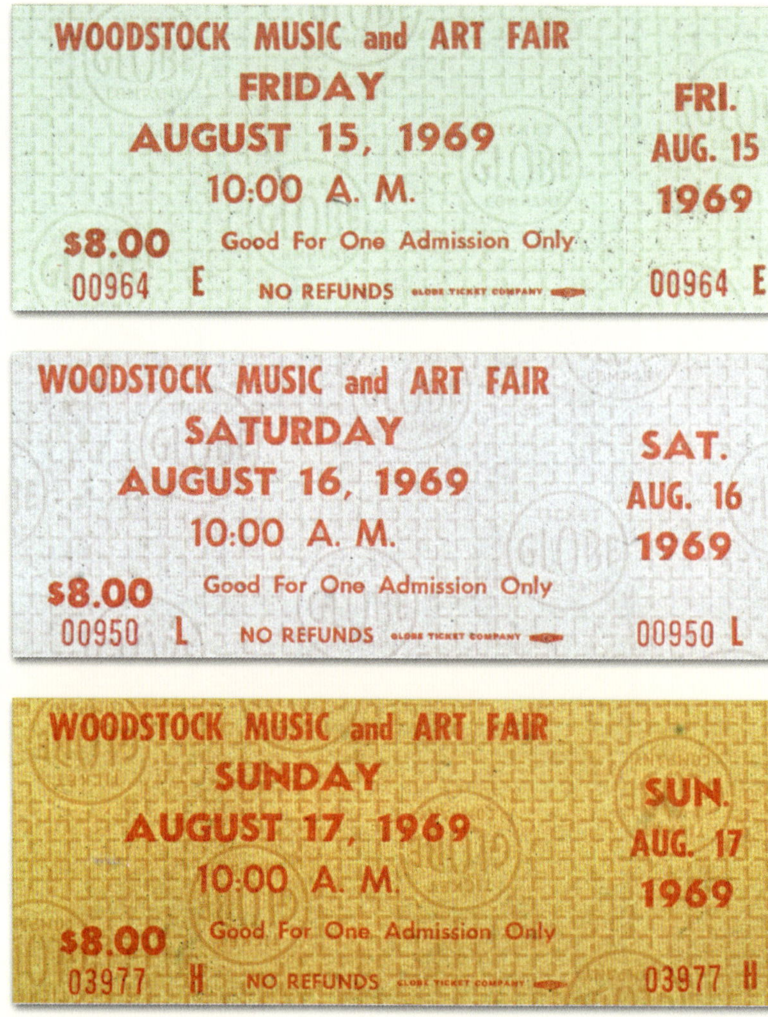

48

Woodstock-Tickets

In der Geschichte der Popkultur nimmt das Festival von Woodstock einen wohlverdienten Spitzenplatz ein. Die »Drei Tage Frieden und Musik« im August 1969 brachten eine Vielzahl bekannter und aufstrebender Künstler zusammen, von Joan Baez bis Jimi Hendrix. Es wurde zur meistgefeierten Open-Air-Musikveranstaltung und zum Inbegriff für eine ganze Generation.

Um kurz nach 17 Uhr kam der afroamerikanische Folksänger Richie Havens als Eröffnungs-Act des Festivals von Woodstock auf die Bühne. Er war schlecht vorbereitet. Eigentlich war er für vier Songs viel später an diesem Abend gebucht worden, doch die Auftakt-Band Sweetwater war noch gar nicht eingetroffen. Aufgehalten hatten sie Staus, für die Woodstock legendär werden sollte. Havens stand mit einem Gitarristen und einem Congaspieler auf der Bühne: »Ich spielte alle Songs, die ich kannte, und dachte die ganze Zeit darüber nach, was ich noch bringen könnte.« Ihm fiel der Song »Freedom« ein. Während er auf seiner Gitarre spielte, dachte er sich den Text aus, und diese improvisierte Zugabe verschaffte ihm bleibenden Ruhm.

Die Veranstalter hatten sich nicht vorstellen können, was daraus werden würde, als sie ein dreitägiges Musikfestival im Norden des US-Bundesstaates New York planten. Mehrere Städte lehnten als Veranstaltungsort ab – eine wegen der unvorstellbar großen Zahl mobiler Toiletten. Nur einen Monat vor dem Termin willigte der Milchfarmer Max Yasgur endlich ein, für das Projekt ein paar Felder seines Besitzes nicht weit von White Lake in Bethel zu vermieten. Im Vorverkauf wurden mehr als 100.000 Tickets abgesetzt, aber wegen der hektischen Vorbereitungen in letzter Minute fehlte die Zeit, Tickethäuschen aufzubauen oder das Gelände abzusichern. Als auf dem Gelände mehr als 400.000 Menschen eintrafen und durch die Lücken in den Zäunen strömten, mussten die Veranstalter das Festival zu einem kostenlosen Event machen. Hippies, Gegner des Vietnamkriegs, Bürgerrechtsaktivisten und eingefleischte Musikfans trafen sich zu einem langen Wochenende mit »Sex, Drugs and Rock 'n' Roll«.

Das Line-up der 32 Bands und Künstler war so vielseitig wie beeindruckend: Janis Joplin, Grateful Dead, Joan Baez, Ravi Shankar, Jefferson Airplane, Crosby, Stills, Nash & Young. Es regnete, aber das kümmerte niemanden. »Make love not war« stand als Motto über allem, Frieden und Eintracht gaben den Ton an.

Die logistische Herausforderung war riesig. Im Umkreis von acht Kilometern waren die Straßen so verstopft, dass der Verkehr stillstand. Frustrierte Konzertbesucher ließen ihre Autos stehen und liefen zu Fuß zum Veranstaltungsgelände. Auftretende Künstler mussten eingeflogen werden. Gregg Rolie, Sänger und Keyboarder der Band Santana (die durch Woodstock berühmt wurde), erinnerte sich: »Wir flogen da hin, und es war wie in dem Film ›Field of Dreams‹. ›Baut auf, dann werden sie kommen.‹« Ärzte und Krankenschwestern kümmerten sich als Freiwillige um kleinere Verletzungen und Lebensmittelvergiftungen und die vielen Wunden an den bloßen Füßen. Nur ein Dutzend Polizisten war auf dem Festival im Dienst, aber es wurde kein einziger Vorfall von Gewalt gemeldet. Als der Farmer Max Yasgur, der das Festival ermöglicht hatte, zur Menge sprach, sagte er: »Eine halbe Million Leute kommen hier zusammen und haben drei Tage lang Spaß ... Wenn die einmal die Welt übernehmen, macht mir das keine Angst.«

Wegen des Regens begann der letzte Auftritt des Festivals verspätet, weshalb Jimi Hendrix mit seiner Band Gypsy Sun and Rainbows erst am Montagmorgen um 9 Uhr auftrat. Da waren die meisten Zuschauer auf dem Weg nach Hause, aber wer den Auftritt erlebt hat, wird ihn nie vergessen. Hendrix spielte zwei Stunden ohne Pause, es war einer der längsten Auftritte seiner Laufbahn. Zum Ende hin gab es eine unerhörte Interpretation der amerikanischen Nationalhymne. Eine verzerrte Sologitarre ließ zur Melodie immer wieder Raketen und Bomben detonieren. Die respektlose Version eines geheiligten Lieds wurde zum Inbegriff der Zeit.

Es war nicht sofort klar, welche Bedeutung Woodstock erlangen würde. Nachdem sie es zum kostenlosen Event gemacht hatten, gingen die Veranstalter fast bankrott. Erst als Film- und Plattenrechte davon Geld einspielten, erwirtschafteten sie Gewinn. Selbst auftretende Künstler wie Gregg Rolie von Santana erkannten die Bedeutung

GEGENÜBER: Tickets für jeden der drei Tage von Woodstock. Es sind begehrte Sammlerstücke und kosten ein Vielfaches des Originalpreises von acht Dollar.

UNTEN: Die Veranstalter erwarteten 200.000 Teilnehmer bei dem dreitägigen Festival auf einer Farm im Norden des US-Bundesstaats New York. Es kamen mehr als doppelt so viele.

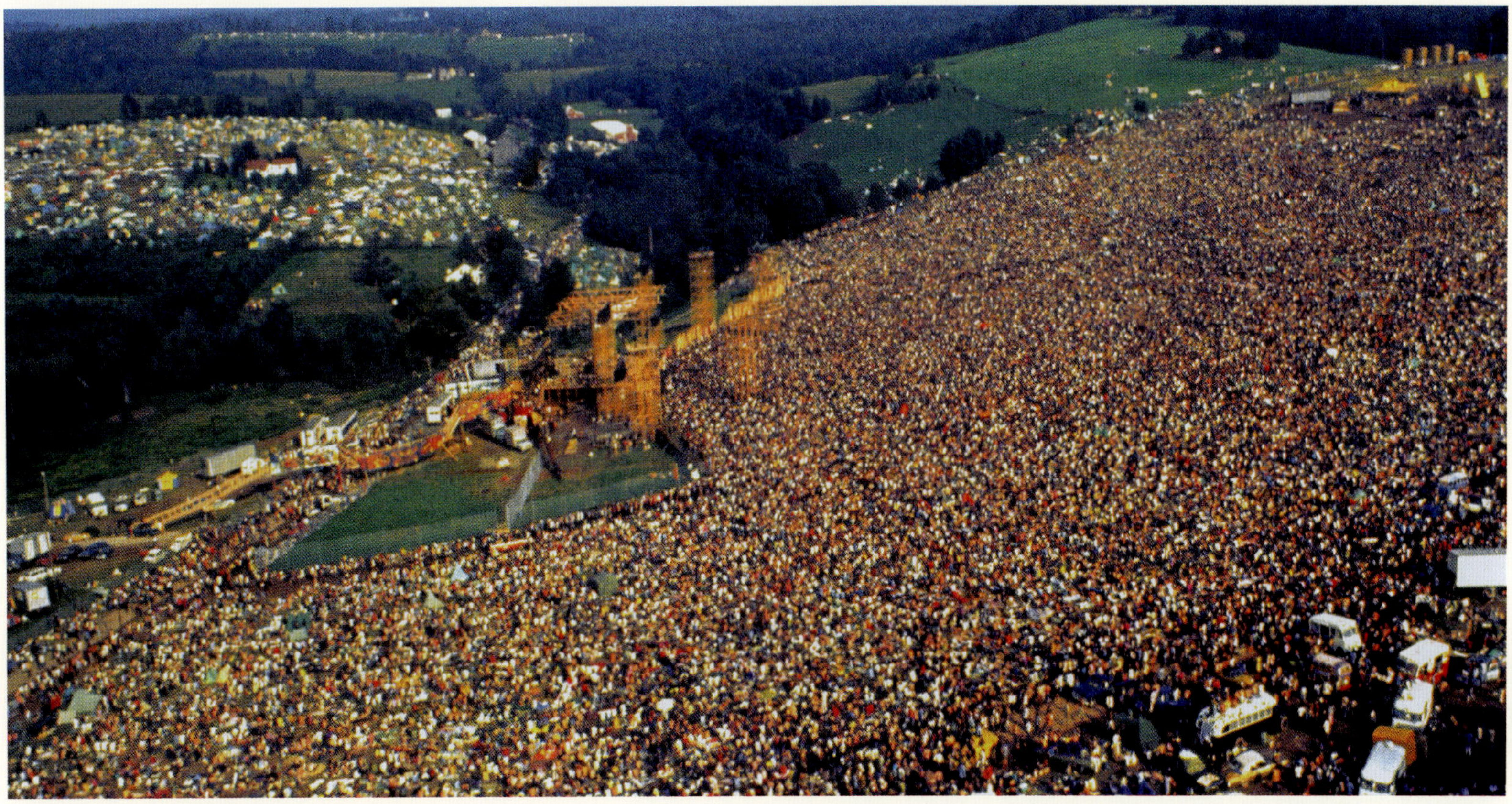

zunächst nicht: »Damals war es für uns irgendein Auftritt. Aber es wurde die Mutter aller Auftritte.«

Heute gilt Woodstock als entscheidender Moment in der modernen Musikgeschichte. In den Worten von Joni Mitchell (die bedauerte, das Angebot für einen Auftritt auf dem Festival abgelehnt zu haben, und später einen Song darüber schrieb): »Woodstock war ein Funke der Schönheit«, der einer halben Million Leute »zeigte, dass sie Teil eines größeren Ganzen waren«.

Heute steht auf dem Hügel, wo das Festival von Woodstock stattfand, das Bethel Woods Center for the Arts, und in dem auffälligen muschelförmigen Amphitheater finden Konzerte aller Art statt.

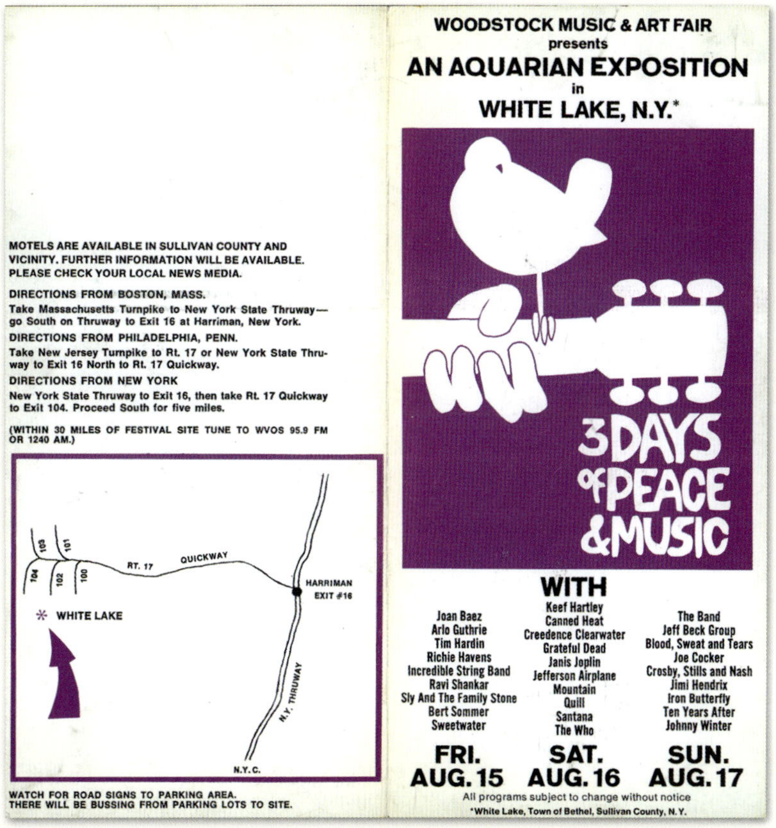

GEGENÜBER: Jimi Hendrix beendet das Woodstock-Festival am Montagmorgen, 18. August 1969. Er sollte am Abend vorher auftreten, aber wegen Regen und technischer Verzögerungen musste sein abschließender Auftritt verschoben werden.

LINKS: Das Programmheft des Woodstock-Festivals. Vorne sind die auftretenden Künstler aufgeführt. Auf der Rückseite stehen Informationen zu Übernachtungsmöglichkeiten und Wegbeschreibungen.

UNTEN: Frühankömmlinge konnten direkt auf das Festivalgelände fahren. Am zweiten Tag rieten die Behörden den Motorisierten wegzufahren, weil die Straßen rund um das Gelände verstopft waren.

49

Tim Berners-Lees Memo zum World Wide Web

Die Idee hinter Tim Berners-Lees Memo von 1989 war, Wissenschaftlern den Austausch von Informationen zu erleichtern. Sein World Wide Web sollte die Welt verändern. Heute nutzt mehr als die Hälfte der Weltbevölkerung das Internet zum Browsen, zum Kaufen und Bloggen, doch sehr zum Missfallen des Erfinders wurde es auch zum Vehikel für Hass, Betrug und Überwachung.

OBEN: Ein Screenshot der weltweit ersten Website mit Instruktionen, wie man mit einem Browser umgeht, einen Webserver aufbaut und eine Website erstellt. Sie ging im August 1991 online.

GEGENÜBER: Tim Berners-Lees Originalvorschlag für das, was einmal das World Wide Web werden sollte. Der Kommentar »vage, aber aufregend« oben auf dem Dokument stammt vom Chef Berners-Lees, der ihm auftrug, weiter daran zu arbeiten.

Die Begabung von Tim Berners-Lee war schon in frühester Kindheit offensichtlich. Er hatte in seinem Kinderzimmer in London eine Modelleisenbahn und baute mit Vorliebe elektrische Anlagen, um seine Züge fahren zu lassen. Er bekennt: »Am Ende habe ich mich mehr für Elektronik interessiert als für Züge.« Als er später an der Oxford University Physik studierte, baute er sich einen Computer aus einem alten Fernsehapparat.

In den 1980er Jahren nutzte Berners-Lee seine Fähigkeiten als Software-Ingenieur am CERN, der Europäischen Organisation für Kernforschung, in der Schweiz. Es beschäftigte ihn, dass es für die vielen Wissenschaftler, die mit dem CERN zu tun hatten, so schwer war, sich über ihre Versuchs- und Forschungsergebnisse miteinander auszutauschen. Weil das Material auf unterschiedlichen Computern gespeichert war, mussten sich Nutzer jedes Mal einloggen und manchmal auf jedem Computer mit einem anderen Programm zurechtkommen. »Oft genug«, erzählt er, »war es einfacher, sich mit anderen bei einem Kaffee auszutauschen.«

Also machte sich Berners-Lee an den Aufbau eines Systems, das den Austausch von Dateien ermöglichte – über eine noch eher unbekannte Plattform namens Internet, über das Computer miteinander kommunizieren konnten. Das Internet war Ende der 1960er Jahre im US-Verteidigungsministerium als Kommunikationsnetzwerk entwickelt worden, das im Kalten Krieg einen Atomangriff überdauern würde. Der Austausch von Informationen darüber, insbesondere von Dokumenten, war jedoch schwierig und zeitaufwendig. Wenn er aber eine andere aufstrebende Technologie einsetzte, genannt Hypertext, mit dem Dokumente und Texte verlinkt werden konnten, erkannte Berners-Lee, konnte er das Internet für den Datenaustausch nutzen. Im März 1989 entwarf er in diesem berühmt gewordenen Dokument seine Vision eines bedienerfreundlichen, globalen Informationssystems. Sein Chef schrieb auf das Titelblatt: »Vage, aber aufregend«. Unbeirrt machte Berners-Lee weiter. In seinen NeXT-Computer schrieb er die drei Bausteine des World Wide Web: Hypertext Markup Language (HTML), die Dokumente im Web formatiert und darstellt, Uniform Resource Identifier (URI – im Allgemeinen URL genannt), eine individuelle Adresse für den Namen und die Position einer Datei, sowie Hypertext Transfer Protocol (das vertraute »http« von Webadressen), mit dem man die Dateien aufrufen kann. Berners-Lee entwarf und baute außerdem den ersten Web-Browser der Welt (»WorldWideWeb«) und den ersten Webserver (»CERN httpd«) der Welt. Sein epochemachendes Konzept veröffentlichte er am 20. Dezember 1990.

Anfangs war das Web nur für Nutzer am CERN und von anderen Forschungseinrichtungen gedacht, aber im August 1991 wurde die Öffentlichkeit eingeladen, sich zu beteiligen. Der Zugang zu einem kostenlosen Browser vom heimischen Computer aus machte das Internet erstmals in größerem Umfang zugänglich, auch wenn diese

Vague but exciting ...

Tim Berners-Lee, CERN/DD

March 1989

Information Management: A Proposal

Abstract

This proposal concerns the management of general information about accelerators and experiments at CERN. It discusses the problems of loss of information about complex evolving systems and derives a solution based on a distributed hypertext sytstem.

Keywords: Hypertext, Computer conferencing, Document retrieval, Information management, Project control

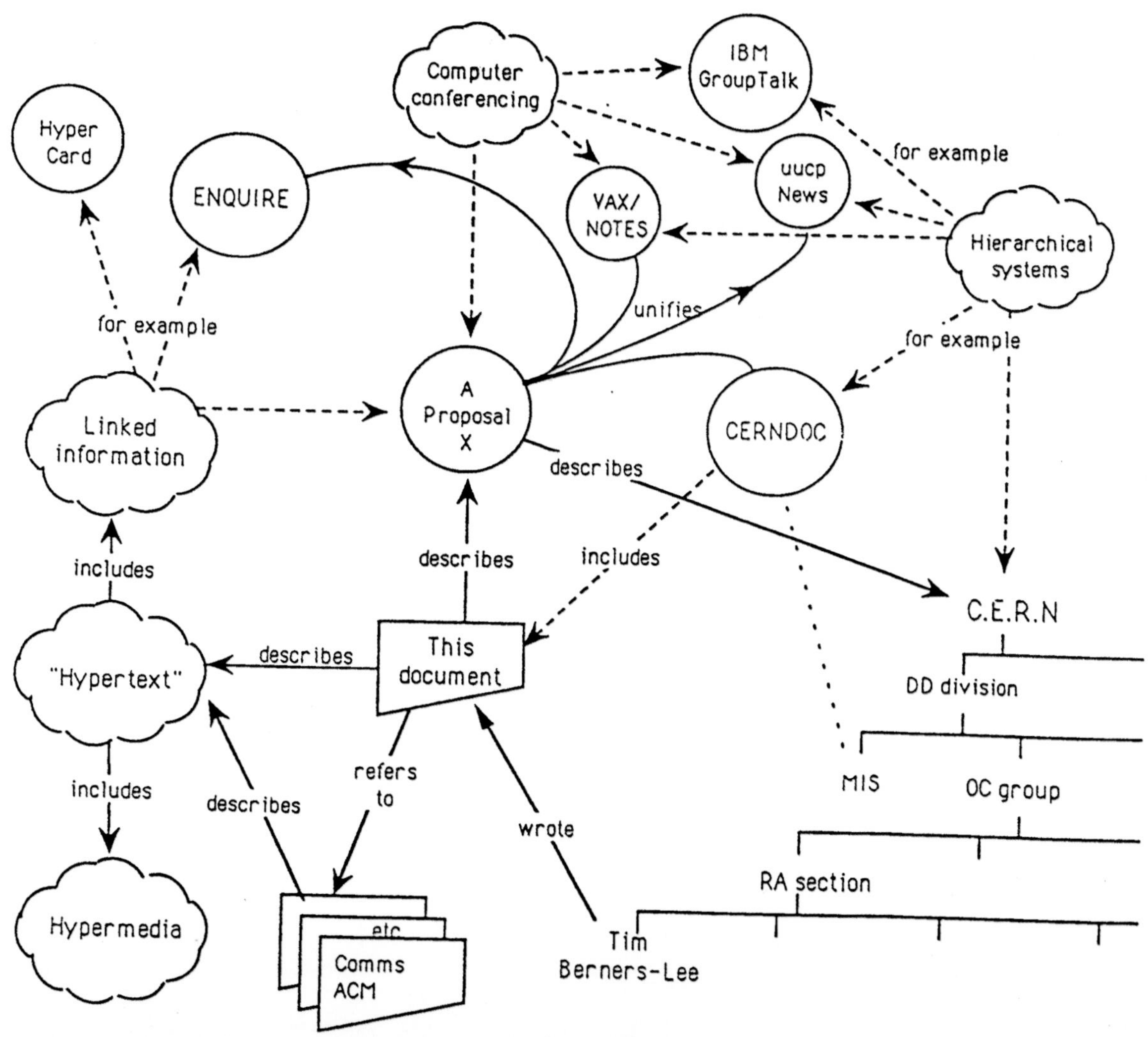

wegweisende Technik zunächst kein Renner war: 1993 gab es im Netz gerade mal 130 Websites. Doch zwei Jahre später waren es bereits 23.500. Im Jahr 2000 sprang die Zahl auf 17 Millionen, und zwanzig Jahre später waren es um die zwei Milliarden Websites.

Als er das Web erfand, ging Berners-Lee davon aus, dass es das Leben der Menschen radikal verändern würde, aber er befürchtete auch, es könne zerstörerische Kraft entfalten. Er behielt mit beidem recht. Das Web hat unsere Art zu kommunizieren, einzukaufen, zu lernen und zu spielen verändert, aber es hat auch, so sein Erfinder, »Möglichkeiten geschaffen für Betrüger, Hassbotschaften eine Stimme gegeben und alle möglichen Arten des Verbrechens erleichtert«. Hassrede, der Missbrauch persönlicher Daten und von Staaten finanzierte Hacker sind längst Teil des Lebens im Netz. Zudem ist Berners-Lees Vision eines für jedermann offenen Netzes bedroht von Tech-Giganten wie Google, Facebook oder Twitter.

Am 30. Geburtstag seiner Erfindung gab Berners-Lee zu, dass »viele Leute sich Sorgen machen und unsicher sind, ob das Web wirklich eine Kraft zum Guten ist«. Seine World Wide Web Foundation entwickelt neue Standards und Richtlinien, die dem Missbrauch entgegenwirken sollen. Regierungen, Unternehmen und Bürger sollen dazu ermuntert werden, eine aktivere Rolle bei der Schaffung eines »guten Netzes« zu spielen. Für seinen Erfinder ist »der Kampf für das Web eine der wichtigsten Aufgaben unserer Zeit [...] Es wird nicht einfach. Aber wenn wir ein bisschen davon träumen und hart daran arbeiten, können wir das Web bekommen, das wir wollen.«

Berners-Lee hat vom Web finanziell nicht profitiert, aber er wurde reich geehrt. Die britische Königin Elisabeth II. schlug ihn zum Ritter, und er hat seinen Platz als einer der bedeutenden Erfinder der Neuzeit mit Zurückhaltung eingenommen. Für uns ist der außergewöhnliche Sir Tim Berners-Lee diejenige lebende Persönlichkeit, die unser Leben mehr als alle anderen geprägt hat.

GEGENÜBER: Tim Berners-Lee. Heute befasst er sich damit, die Zukunft des World Wide Web zu schützen und zu verbessern.

OBEN: Der weltweit erste World-Wide-Web-Server, ausgestellt im Besucherzentrum des CERN nahe Genf. Die handschriftliche Warnung in Rot lautet: »NICHT ABSCHALTEN!!«

50

Die Karte des Universums

Diese Karte des »näheren Universums« aus dem 21. Jahrhundert zeigt eine Reihe Galaxien – jede ist ein Punkt –, die der Erdgalaxie Milchstraße einigermaßen nahe liegen. Sie verdeutlicht die außergewöhnliche Größe und Komplexität des Universums. Erarbeitet wurde sie von einem Astronomen-Team aus den USA, Frankreich und den Niederlanden, die Farbe jeder Galaxie zeigt ihre Entfernung von der Erde an – Blau am nächsten, Rot am weitesten entfernt.

GEGENÜBER OBEN: Die »Karte des Universums«. Der dunkle Schatten in der Mitte ist unsere Galaxie Milchstraße, durch die Astronomen auf Milliarden weiterer Galaxien schauen können – jede ist ein Punkt. Die nächstgelegenen sind blau, die am weitesten entfernten rot. Der umkringelte schwarze Punkt oben links ist Andromeda, die uns am nächsten gelegene Galaxie.

GEGENÜBER UNTEN: Unsere Nachbargalaxie Andromeda kann man mit dem bloßen Auge erkennen, und doch ist sie beachtliche 2,5 Millionen Lichtjahre von der Erde entfernt – das sind 2,5 Millionen mal zehn Billionen Kilometer! Andromeda besteht aus rund einer Billion Sterne.

Die Ausmaße des Universums sprengen jede Vorstellungskraft, aber diese erstaunliche Karte hilft, sich der Sache anzunähern. Die Astronomen, die die Karte 2013 erstellten, präsentierten sie als ein 3D-Videomodell. Sie bildet nur einen winzigen Teil des gesamten Universums ab, das aber Hunderte Milliarden Galaxien umfasst und daher eine Karte bräuchte, die 160-mal so groß ist wie diese.

Unser näheres Universum ist schon gigantisch genug. Die Entfernungen im Weltall werden in Lichtjahren gemessen. Ein Lichtjahr ist die Entfernung, die das Licht in einem Jahr zurücklegt – bei einer Geschwindigkeit von fast 300.000 Kilometern pro Sekunde. Das Licht unserer Sonne, 150 Millionen Kilometer von der Erde entfernt, braucht zu uns nur acht Minuten. Also entspricht ein Lichtjahr fast 10 Billionen Kilometern. Sonne und Planeten unseres Sonnensystems sind aber nur ein winziger Teil unserer Galaxie Milchstraße. Unser nächstgelegener Stern ist die Sonne. Als nächster Stern liegt Proxima Centauri mehr als 4 Lichtjahre entfernt von unserer Sonne, also 40 Billionen Kilometer. Die Karte zeigt alle Galaxien im Umkreis von 300 Millionen Lichtjahren. Daher ist die Entfernung von uns auf der Erde zu jedem einzelnen dieser bunten Punkte – jeder davon eine Galaxie – unvorstellbar groß. Die nächstgelegene Galaxie zu unserer Milchstraße ist Andromeda, in sternenklaren Nächten kann man sie mit einem Fernrohr gut erkennen. Sie ist der schwarze Punkt ganz links auf der Karte und liegt 2,5 Millionen Lichtjahre entfernt.

Es war der amerikanische Astronom Edwin Hubble, der den unendlichen Kosmos außerhalb unserer Galaxie so anschaulich gemacht hat. 1919 bezog er einen Posten am kalifornischen Mount-Wilson-Observatorium, das damals das größte Teleskop der Welt besaß – das Hooker. Sein Reflektorspiegel maß 2,5 Meter Durchmesser. Hubble fand heraus, dass das Universum sich ausdehnt und dass die weit entfernten Galaxien sich in einem Höllentempo von uns wegbewegen. Seine Entdeckungen halfen späteren Astronomen, ein vollständigeres Bild zu gewinnen. Ein Ergebnis war, dass unser nächster Nachbar Andromeda sich vielmehr sogar auf uns zubewegt. Die gegenseitige Anziehungskraft von Andromeda und der Milchstraße übersteigt die Fliehkräfte des restlichen Universums, weswegen unsere Galaxie in vier oder fünf Milliarden Jahren mit der Galaxie Andromeda kollidieren wird!

Man nimmt inzwischen an, dass die Anfänge des Universums in einem riesigen Energieausstoß liegen – dem Urknall vor 13,8 Milliarden Jahren. Es gibt zahlreiche Versionen dieser Theorie, aber die unter Astronomen vielleicht meistakzeptierte heißt »Inflation«. Danach entstanden Zeit, Raum und Materie in zwei Phasen: einer sehr kurzen der »kalten« Expansion, als unser Universum von einer Singularität ungefähr die Größe eines Basketballs annahm, bei einer Geschwindigkeit, die viel größer war als die des Lichts. Danach folgte ein »heißer« Urknall, mit dem alle elementaren Partikel des sichtbaren Universums entstanden und dazu eine geheimnisvolle dunkle Materie und dunkle Energie, aus der 95 Prozent des Kosmos bestehen. Winzige Quantenfluktuationen vor der Inflation verursachten eine leichte Klumpenbildung von Materie, was die Entstehung von Sternen, Planeten und Galaxien in einem ansonsten gleichförmigen Raum ermöglichte. Seither kühlte das Universum beständig ab und expandierte. Ein auffälliger Galaxienhaufen – rechts der Kartenmitte blau gefärbt – wird Virgo-Galaxienhaufen genannt. Es ist der uns nächstgelegene Galaxienhaufen, ist aber unfassbare 50 Millionen Lichtjahre entfernt.

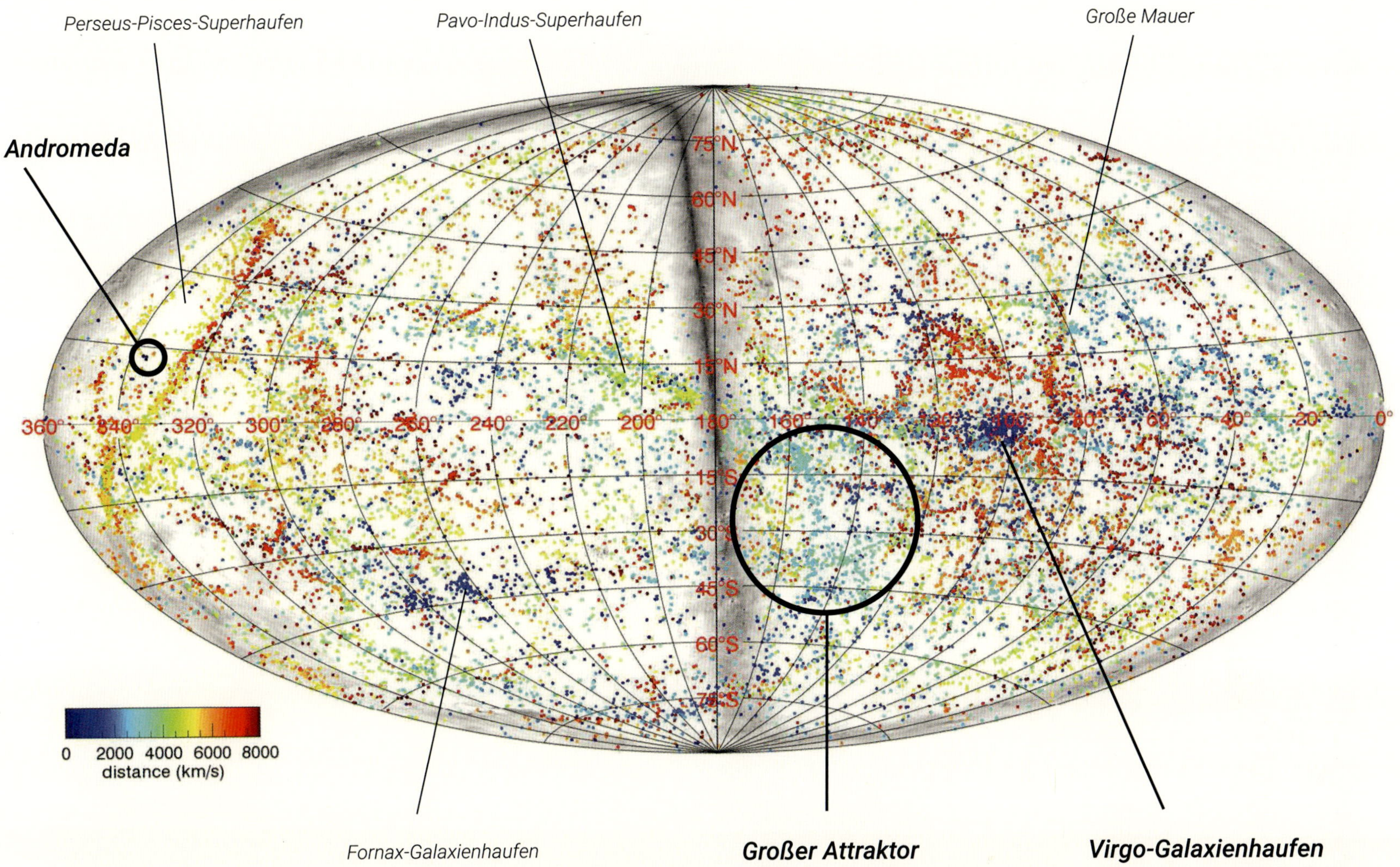
Perseus-Pisces-Superhaufen
Pavo-Indus-Superhaufen
Große Mauer
Andromeda
75°N
60°N
45°N
30°N
15°N
360°
340°
320°
300°
280°
260°
240°
220°
200°
180°
160°
140°
120°
100°
80°
60°
40°
20°
0°
15°S
30°S
45°S
60°S
75°S
0 2000 4000 6000 8000
distance (km/s)
Fornax-Galaxienhaufen
Großer Attraktor
Virgo-Galaxienhaufen

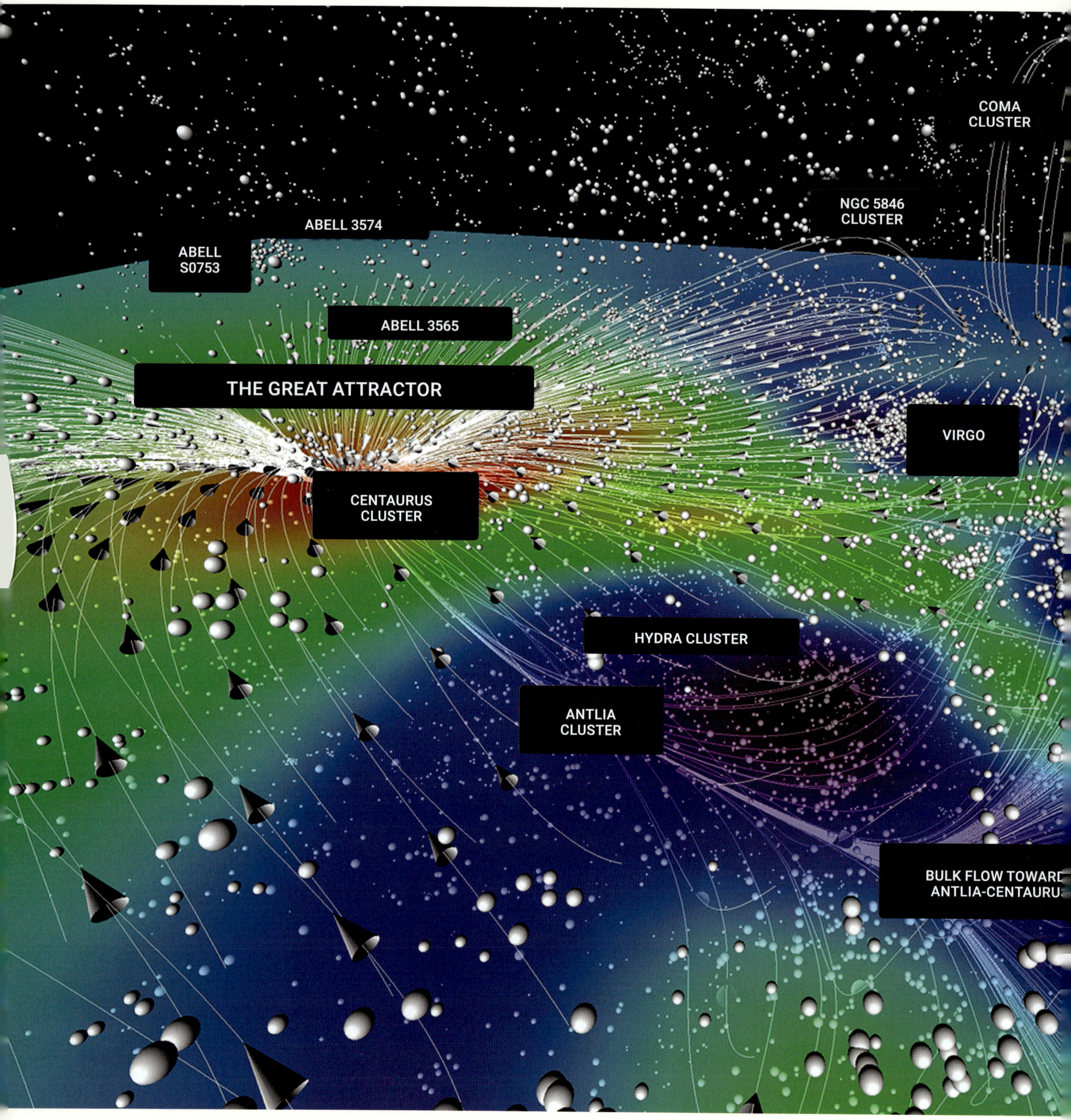
COMA
CLUSTER
NGC 5846
CLUSTER
ABELL 3574
ABELL
S0753
ABELL 3565
THE GREAT ATTRACTOR
VIRGO
CENTAURUS
CLUSTER
HYDRA CLUSTER
ANTLIA
CLUSTER
BULK FLOW TOWARD
ANTLIA-CENTAURU

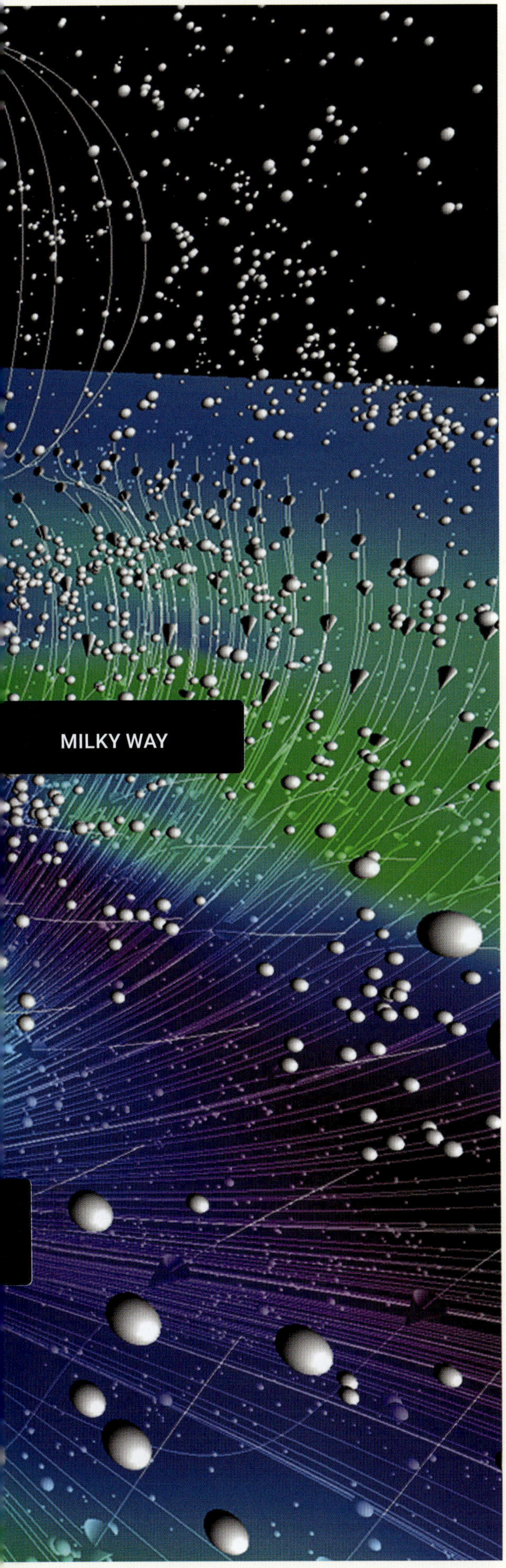

Der Große Attraktor – noch weiter weg – schluckt viele seiner Nachbarn.

Unser Wissen wächst rapide, weil die Teleskope immer besser werden. Je größer der Spiegel, desto mehr leistet das Teleskop. Interessanterweise besteht die Astronomie, die den Wissenschaftlern heutzutage die Kartierung des Universums ermöglicht, inzwischen weniger im Blick mit dem nackten Auge durch ein Teleskop als in der Untersuchung des Datenmaterials, das die digitale Sensortechnik des Teleskops liefert. Mit Hilfe der amerikanischen CCD-Technik aus den 1960er Jahren können Teleskope weiter ins All schauen als jemals zuvor. Dieser bemerkenswerte Durchbruch wird einen weiteren Sprung machen mit dem sogenannten Extremely Large Telescope – ELT –, das auf dem Cerro Amazones in Chile gebaut wird. Sein Spiegelreflektor wird einen Durchmesser von 39 Metern haben, das entspricht annähernd einem halben Fußballfeld.

Der 2,5 Meter große Spiegel des Hooker-Teleskops von Hubble wird damit in den Schatten gestellt, doch der große Astronom wurde unsterblich mit dem Weltraumteleskop, das seinen Namen trägt. Das Hubble-Teleskop liefert viel präzisere Bilder als Erdteleskope, doch auch Hubble wird bald vom neuen James-Webb-Weltraumteleskop überflügelt, das die NASA 2021 in Betrieb nehmen will. Dieses Superteleskop wird eine Million Meilen von der Erde entfernt stationiert und verspricht, unser Wissen vom Universum abermals beträchtlich zu erweitern.

Je mehr wir lernen, desto mehr sind Astronomen davon überzeugt, dass irgendwo da draußen noch Leben sein muss. Tom Kerss vom Greenwich-Observatorium in London sagte uns: »In all den Galaxien sollte es mehr bewohnbare Planeten geben, als je ein Menschenherz hat Schläge tun können.«

LINKS: Ein Ausschnitt des uns nächsten Universums. Die weißen Kugeln sind Galaxien. Der unserer Milchstraße am nächsten gelegene Galaxienhaufen ist Virgo. Der Große Attraktor in Rot und Gelb schluckt Galaxien aus den dunkelblauen Weiten.

OBEN: Das Planck-Weltraumteleskop, das die Europäische Weltraumorganisation ESA 2009 in Betrieb nahm. Es hat eine Menge neuer Details über Größe und Beschaffenheit des Universums geliefert.

Index

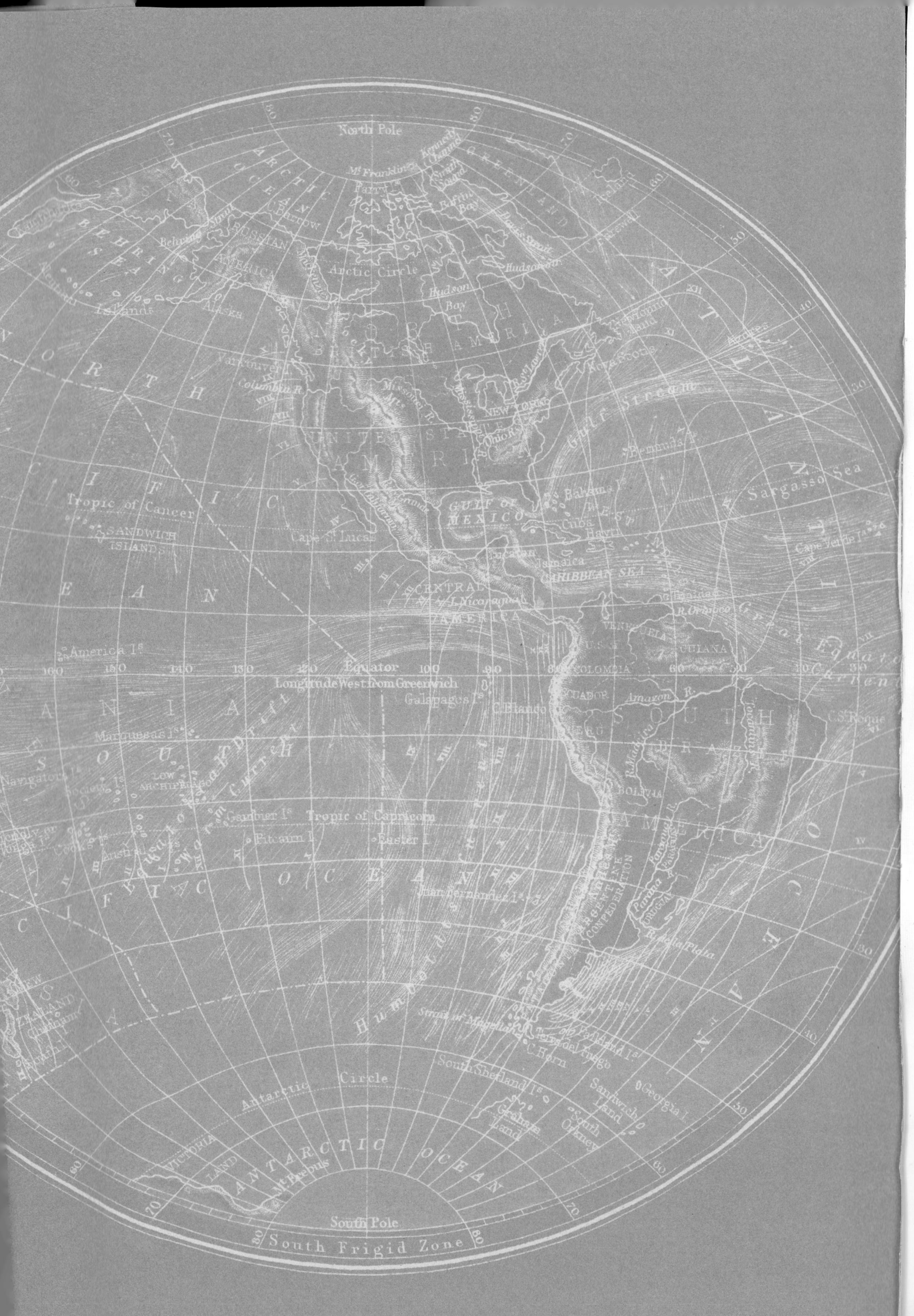

North Pole
Arctic Circle
Hudson's Bay
Gulf of Mexico
Caribbean Sea
Sargasso Sea
Tropic of Cancer
Equator
Longitude West from Greenwich
Tropic of Capricorn
Antarctic Circle
South Pole
South Frigid Zone

Bildnachweis

Der Verlag bedankt sich bei folgenden Quellen für ihre Erlaubnis zur Reproduktion der Bilder in diesem Buch.

AKG-Images: 158, 183; /Album/Oronoz 69; /Bible Land Pictures 42, 43; /Liszt Collection 28; /North Wind Picture Archives 108

Alamy: 182; /Art Collection 22; /Ancient Art & Architecture 57; /Art Collection 73; / Chronicle 21, 142; /Granger Historical Picture Archive 96, 174 u, 174 o; /George Grassie/ Zuma Press 217; /Peter Horree 54; /Interfoto 194; /JV Photo: 23; /Erich Lessing 65; / The Picture Art Collection 32-33; /Sciencireland.com/Christopher Hill Photographic 58; / Tracksimages.com 199; /Fabrizio Troiani 46–47; /World History Archive 140

Alexander Turnbull Library, Wellington, New Zealand: 146–147

Archives New Zealand: 145

Australian War Memorial: 154, 155

Bridgeman Images: 12, 24–25, 36–37, 38 o, 38 u, 49, 64 l, 67, 75 u; /Archives Charmet 86; /Artothek 104; /Photo © Boltin Picture Library 18; /© British Library Board. All Rights Reserved 62–63, 81, 101, 103; /Brooklyn Museum Libraries, Special Collections 168; / Harry Burton/Hulton Archive 19; / Photo © Christie's Images 78 r, 115; /Culture Club 77; /G. Dagli Orti /De Agostini Picture Library 13, 68 o, 68b l, 68 r, 100, 107; /De Agostini Picture Library 75 u; /Godong 27 u; /Granger 26, 61 u und r, 76 o; /Photo © GraphicaArtis 110; /Lebrecht Authors 33, 105, 106; /© Look and Learn 86; /PHAS/UIG 31; /Peter Newark American Pictures 111; /Pictures from History 35; /Luisa Ricciarini 17; /Tarker 102; /Universal History Archive/UIG 72

© British Library Board. All Rights Reserved: 82 r, 141 o, 141 u

© Cern 214, 215

Deutsches Textarchiv: Cover (Kommunistisches Manifest)

ESA/NASA: 221

Adam Evans via Wikimedia Commons: 219 u

French National Archives: 97

Getty Images: 27 o; /AFP 205; /Anne Frank Foundation, Basel 7, 171 o, 172; / Anne Frank House, Amsterdam 171 u; /Art Media/Print Collector 16, 40–41; /Bettmann 128, 162, 169; /Blank Archives 210, 213 o; /Ron Bull/Toronto Star 139 u; /Christophel Fine Art/Universal Images Group 86–87; /Condé Nast 166; /Corbis 165; /Culture Club 77; /Henry Diltz 212; /Daily Mirror/Mirrorpix 198; /DeAgostini 44, 88–89; /Peter Dejong/AP 173 u; /John Dominis/The LIFE Picture Collection 213 u; /Elliot & Fry/Royal Geographical Society 143; /Express 201 o; /Christopher Furlong 82 l; /Granger 74, 174 o; /The Hebrew University of Jerusalem 159; /Heinrich Hoffmann/ullstein bild 179 o, 179 m; /Hulton Archive 39, 164; /Imagno 76 m; /ITAR-TASS/Mark Redkin 184–185; /Keystone 179 u, 204; /Keystone-France/Gamma-Keystone 120, 196; /Leemage/Corbis 98-99; /Barry Z. Levine 211; / William Lovelace/Express 201 u; /Mansell/Mansell/The LIFE Picture Collection 50–51; /Thomas D. Mcavoy/The LIFE Picture Collection 188; /John D McHugh/AFP 83 u; /Gjn Mili/The LIFE Picture Collection 186; /MPI 174; /Michael Nicholson/Corbis 122; /Werner Otto/ullstein bild 84 o; /Popperfoto via Getty Images 127; /Rolls Press/Popperfoto 200; / Roger Viollet 167; /Uriel Sinai 45; /SSPL 131, 151 u, 193; /Mario Tama 129; /Bob Thomas/ Popperfoto via Getty Images 126; /Ullstein bild/ullstein bild 79, 122–123; /Universal History Archive 30, 115, 130; / Eric Vandeville/Gamma-Rapho 195

SS Great Britain Trust: 116, 117, 119

Library of Congress: 133, 134, 135, 150, 151 o, 152–153, 154

Luebeckische Stadt-Bibliothek: Cover (Beethoven Sinfonie)

Maryland Historical Society: 109

Museum of London: 144

NASA: 148–149, 206, 207, 208, 209

National Archives, Kew: 61 l

National Football Museum: 124 o, 125

Nelson Mandela Foundation: 203

Parliamentary Archives: 137, 138

Private Collection: 34–35 o, 53, 59, 60, 70–71, 156, 157, Cover und 160 (Mind Experiment), 161, 178–179

Public Domain: 90 l, 90 r, 91, 92, 93, 94–95, 118, 121, 132, 176, 177, 178–179

pxhere.com: Cover (Internet, Natural History Museum, Nelson Mandela Wandgemälde, Woodstock)

Carole Raddato: 48

Service historique de la Défense, départment de L'Armee de Terre, Paris: 113

Shanghai Museum: 20

Science Photo Library: A.Barrington Brown. © Gonville & Caius College 190; /Sam Ogden 216

Shutterstock: 8; /Shevchenko Andrey: 78 l; /Lance Bellers 83 o; /The FA 125 u; /Gianni Dagli Orti 10–11; /Design Pics Inc 99 o; /Global Warming Images 56 o; /Granger 29, 76 o, 84 u; /Kharbine-Tapabor 14; /James Kirkikis 61 r; /SIPA 202; /Benjamin C. Tankersley/ For The Washington Post 80; /Universal History Archive 30, 66, 99 u,170

Topfoto: 139 o

Courtois, Tully, et al: 219 o, Cover und 220–221 (Star Atlas)

United Nations: 187, 189

Wellcome Library: 191, 192 r

Nicht bei allen Abbildungen konnten die Inhaber der Bildrechte ermittelt werden.
Der Verlag bittet freundlich um Kontaktaufnahme:
Maximilian Verlag GmbH & Co. KG, Stadthausbrücke 4, 20355 Hamburg

Schlüssel: o = oben, u = unten, m = Mitte, l = links, r = rechts

Bildnachweis

Der Verlag bedankt sich bei folgenden Quellen für ihre Erlaubnis zur Reproduktion der Bilder in diesem Buch.

AKG-Images: 158, 183; /Album/Oronoz 69; /Bible Land Pictures 42, 43; /Liszt Collection 28; /North Wind Picture Archives 108

Alamy: 182; /Art Collection 22; /Ancient Art & Architecture 57; /Art Collection 73; / Chronicle 21, 142; /Granger Historical Picture Archive 96, 174 u, 174 o; /George Grassie/ Zuma Press 217; /Peter Horree 54; /Interfoto 194; /JV Photo: 23; /Erich Lessing 65; / The Picture Art Collection 32-33; /Scienicireland.com/Christopher Hill Photographic 58; / Tracksimages.com 199; /Fabrizio Troiani 46–47; /World History Archive 140

Alexander Turnbull Library, Wellington, New Zealand: 146–147

Archives New Zealand: 145

Australian War Memorial: 154, 155

Bridgeman Images: 12, 24–25, 36–37, 38 o, 38 u, 49, 64 l, 67, 75 u; /Archives Charmet 86; /Artothek 104; /Photo © Boltin Picture Library 18; /© British Library Board. All Rights Reserved 62–63, 81, 101, 103; /Brooklyn Museum Libraries, Special Collections 168; / Harry Burton/Hulton Archive 19; / Photo © Christie's Images 78 r, 115; /Culture Club 77; /G. Dagli Orti /De Agostini Picture Library 13, 68 o, 68b l, 68 r, 100, 107; /De Agostini Picture Library 75 u; /Godong 27 u; /Granger 26, 61 u und r, 76 o; /Photo © GraphicaArtis 110; /Lebrecht Authors 33, 105, 106; /© Look and Learn 86; /PHAS/UIG 31; /Peter Newark American Pictures 111; /Pictures from History 35; /Luisa Ricciarini 17; /Tarker 102; /Universal History Archive/UIG 72

© British Library Board. All Rights Reserved: 82 r, 141 o, 141 u

© Cern 214, 215

Deutsches Textarchiv: Cover (Kommunistisches Manifest)

ESA/NASA: 221

Adam Evans via Wikimedia Commons: 219 u

French National Archives: 97

Getty Images: 27 o; /AFP 205; /Anne Frank Foundation, Basel 7, 171 o, 172; / Anne Frank House, Amsterdam 171 u; /Art Media/Print Collector 16, 40–41; /Bettmann 128, 162, 169; /Blank Archives 210, 213 o; /Ron Bull/Toronto Star 139 u; /Christophel Fine Art/Universal Images Group 86–87; /Condé Nast 166; /Corbis 165; /Culture Club 77; /Henry Diltz 212; /Daily Mirror/Mirrorpix 198; /DeAgostini 44, 88–89; /Peter Dejong/AP 173 u; /John Dominis/The LIFE Picture Collection 213 u; /Elliot & Fry/Royal Geographical Society 143; /Express 201 o; /Christopher Furlong 82 l; /Granger 74, 174 o; /The Hebrew University of Jerusalem 159; /Heinrich Hoffmann/ullstein bild 179 o, 179 m; /Hulton Archive 39, 164; /Imagno 76 m; /ITAR-TASS/Mark Redkin 184–185; /Keystone 179 u, 204; /Keystone-France/Gamma-Keystone 120, 196; /Leemage/Corbis 98-99; /Barry Z. Levine 211; / William Lovelace/Express 201 u; /Mansell/Mansell/The LIFE Picture Collection 50–51; /Thomas D. Mcavoy/The LIFE Picture Collection 188; /John D McHugh/AFP 83 u; /Gjn Mili/The LIFE Picture Collection 186; /MPI 174; /Michael Nicholson/Corbis 122; /Werner Otto/ullstein bild 84 o; /Popperfoto via Getty Images 127; /Rolls Press/Popperfoto 200; / Roger Viollet 167; /Uriel Sinai 45; /SSPL 131, 151 u, 193; /Mario Tama 129; /Bob Thomas/ Popperfoto via Getty Images 126; /Ullstein bild/ullstein bild 79, 122–123; /Universal History Archive 30, 115, 130; / Eric Vandeville/Gamma-Rapho 195

SS Great Britain Trust: 116, 117, 119

Library of Congress: 133, 134, 135, 150, 151 o, 152–153, 154

Luebeckische Stadt-Bibliothek: Cover (Beethoven Sinfonie)

Maryland Historical Society: 109

Museum of London: 144

NASA: 148–149, 206, 207, 208, 209

National Archives, Kew: 61 l

National Football Museum: 124 o, 125

Nelson Mandela Foundation: 203

Parliamentary Archives: 137, 138

Private Collection: 34–35 o, 53, 59, 60, 70–71, 156, 157, Cover und 160 (Mind Experiment), 161, 178–179

Public Domain: 90 l, 90 r, 91, 92, 93, 94–95, 118, 121, 132, 176, 177, 178–179

pxhere.com: Cover (Internet, Natural History Museum, Nelson Mandela Wandgemälde, Woodstock)

Carole Raddato: 48

Service historique de la Défense, départment de L'Armee de Terre, Paris: 113

Shanghai Museum: 20

Science Photo Library: A.Barrington Brown. © Gonvillle & Caius College 190; /Sam Ogden 216

Shutterstock: 8; /Shevchenko Andrey: 78 l; /Lance Bellers 83 o; /The FA 125 u; /Gianni Dagli Orti 10–11; /Design Pics Inc 99 o; /Global Warming Images 56 o; /Granger 29, 76 o, 84 u; /Kharbine-Tapabor 14; /James Kirkikis 61 r; /SIPA 202; /Benjamin C. Tankersley/ For The Washington Post 80; /Universal History Archive 30, 66, 99 u,170

Topfoto: 139 o

Courtois, Tully, et al: 219 o, Cover und 220–221 (Star Atlas)

United Nations: 187, 189

Wellcome Library: 191, 192 r

Nicht bei allen Abbildungen konnten die Inhaber der Bildrechte ermittelt werden. Der Verlag bittet freundlich um Kontaktaufnahme:
Maximilian Verlag GmbH & Co. KG, Stadthausbrücke 4, 20355 Hamburg

Schlüssel: o = oben, u = unten, m = Mitte, l = links, r = rechts

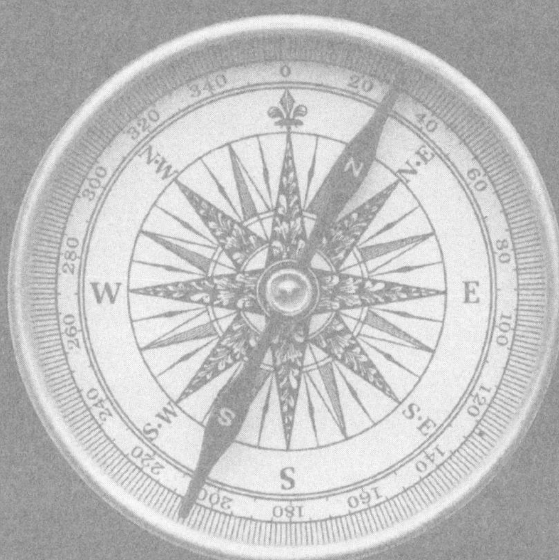
0
20
40
60
80
100
120
140
160
180
200
220
240
260
280
300
320
340
N·E
E
S·E
S
S·W
W
N·W
N
S

North Pole
Arctic Circle
Hudson Bay
Baffins Bay
Davis Strait
Behring Sea
Aleutian Islands
Alaska
British America
Vancouver
Columbia R.
Missouri R.
New York
United States America
Gulf Stream
Bermuda
Sargasso Sea
Gulf of Mexico
Cuba
Hayti
Jamaica
Caribbean Sea
Yucatan
Tropic of Cancer
Sandwich Islands
Cape St. Lucas
Central America
L. Nicaragua
Cape Verde Is.
R. Orinoco
Guiana
Venezuela
Colombia
Ecuador
Amazon R.
Peru
Bolivia
South America
Brazil
C. S. Roque
America Is.
Equator
Longitude West from Greenwich
Galapagos Is.
Marquesas Is.
Navigators Is.
Society Is.
Gambier Is.
Pitcairn I.
Easter I.
Tropic of Capricorn
Friendly or Tonga Is.
New Caledonia
Norfolk I.
New Zealand
Juan Fernandez Is.
Argentine Confederation
Uruguay
La Plata
Strait of Magellan
Falkland Is.
Tierra del Fuego
C. Horn
South Shetland Is.
Graham Land
South Orkney
Sandwich Land
Georgia I.
Antarctic Circle
Antarctic Ocean
Victoria Land
Mt. Erebus
South Pole
South Frigid Zone
North Pacific Ocean
South Pacific Ocean
Atlantic Ocean
Oceania
Humboldt Current
Cold Current